Pat McCraw
Duocarns – Alien War Planet

Pat McCraw

DUOCARNS

Alien War Planet

Roman

Pat McCraw
DUOCARNS – Alien War Planet

ISBN: 978-3-9437-6417-8

Covergestaltung und Grafiken: Norbert Nagy
Korrektorat: Brigitte Mel

Alle Rechte bei:
2012 Elicit Dreams Verlag
Lieselotte Heinrich
Schieferweg 19
56727 Mayen

verlag@elicitdreams.de

Mehr über die Duocarns auf
http://www.duocarns.com

Was bereits geschah:
Die Duocarns haben sich aufgeteilt. Nur der fungide Hybride Tervenarius mit seinem Geliebten Mercuran, sowie der Mediziner Patallia und sein Freund Smu wohnen noch in Vancouver.

Auf Duonalia leben nun alle in Ruhe und Frieden: der blitzschnelle Duocarn Meodern mit seiner Familie, die Pärchen Halia und Luzifer sowie Arinon und Jake und natürlich auch die gesamte Kriegerschaft des Planeten Occabellar. Solutosan hat den Duocarn Xanmeran zur Unterstützung mit nach Sublimar genommen. Xanmeran berührt den Stein der Unsterblichen und verliert seine wichtigste Gabe sowie sein ewiges Leben.

Solutosan lernt auf Sublimar den Rest seiner Familie kennen: seine Halbschwester Tabathea sowie seine Halb-Brüder Troyan und Xerxes. Allerdings zeigt sich Xerxes von seiner übelsten Seite. Als Halbleben geboren, ist der machtgierige Xerxes verrückt nach Energie. Er entführt Ulquiorra und Marina, Solutosans jüngste Tochter, verstümmelt Troyan und saugt sämtliche Kraft aus Ulquiorra, so dass dieser verstirbt. Solutosan kann nur einen winzigen Lebensfunken Ulquiorras retten und in sich aufnehmen. Nun ist er auf der Suche nach einem neuen Körper für seinen Freund und Geliebten.

Eine genaue **Personenliste** befindet sich am Ende des Buches.

Solutosan kam mitten in der Nacht auf Duonalia an. Er war müde und ließ sich schwer in einen der weißen Korbsessel im Innenhof der Karateschule fallen, der leise protestierend knarrte. Die Bewohner der Schule schliefen bestimmt alle tief und fest. Das war ihm in diesem Moment sehr lieb, denn er wollte alleine sein. Nach den sich überschlagenden Ereignissen brauchte er dringend Ruhe. Er streckte die Beine von sich und seufzte.

Er war nun der einzig verbliebene Torwächter. Also war es seine Pflicht, alle anstehenden Transporte zu erledigen. Er hatte die kleine Marina, Patallia, den verletzten Xanmeran und Tervenarius auf die Erde zurückgebracht. Patallia hatte versprochen, sich gut um das Mädchen zu kümmern, solange er fort war.

Es ist mein Schicksal, immer wieder mit einem mutterlosen Kind dazustehen, dachte er. Erst Halia, die ohne Aiden aufwachsen musste und nun Marina. Aber er hatte die Kleine nicht auf Sublimar bei dessen Tante und Onkel lassen wollen. Xerxes trieb dort weiterhin sein Unwesen, und Marina war als angehende Energetikerin nach wie vor in Gefahr. Troyan war auf Sublimar geblieben und kümmerte sich um ihre Schwester Tabathea, die sie ebenfalls aus Xerxes Fängen befreit hatten. Die beiden aquarianischen Krieger waren zu ihrem Volk zurückgekehrt.

Allein sein, überlegte er. Er war ja nun nicht mehr allein, ein Zustand, der sich wohl in absehbarer Zeit nicht ändern würde.

»*Es tut mir sehr leid, wenn ich nun dein Bedürfnis nach Ruhe nun störe, Solutosan*«, bemerkte Ulquiorra, der seine Gedanken mitempfunden hatte.

»Du störst mich nicht«, antwortete Solutosan und lächelte. »*Ich bin einfach nur glücklich, dass du noch lebst. Du bist mir willkommen. Auch wenn es etwas gewöhnungsbedürftig ist, zu zweit in einem Körper zu sein.*« Er machte eine nachdenkliche Pause. »*Ich habe dich immer als mein Gegenstück empfunden. Zusammen werden wir eine Einheit bilden. Ich glaube, dass dein Einfluss mich zu einem besseren Lebewesen machen wird.*«

Er spürte Ulquiorra in sich lächeln. »*Ich werde mich niemals ungefragt in deine Angelegenheiten mischen, Solutosan.*«

Als Antwort streichelte Solutosan ihn liebevoll mit seiner Energie, umhüllte ihn und gab ihm eine erneute goldene Kraftwelle. Er würde seinen Freund aufbauen, bis er sich so weit erholt hatte, dass dieser wieder einen Körper ausfüllen konnte. Das war machbar, das wusste Solutosan.

Er streckte seine Glieder und lauschte dem Zirpen der Tamasilen-Grillen, das sich anhörte wie ein Streichorchester, das seine Geigen stimmt. Er war in Vancouver mit Vergnügen ins Opernhaus gegangen. Meistens ohne Begleitung, denn keiner der anderen Duocarns hatte einen Sinn für diese Art von Musik. »*Möchtest du gern mit mir in die Oper gehen, Ulquiorra? Das ist ein Haus, in dem sehr schöne Musik gemacht wird. Es sind Lieder der Menschen, wie du sie sicherlich noch nie gehört hast.*«

Er fühlte Ulquiorra wieder lächeln. »*Ich würde mich freuen, das mit dir zu erleben, Solutosan. Ich will allerdings nicht, dass du auf Vergnügungen verzichtest, die ich vielleicht nicht so mag. Ich bin zu Gast bei dir. Ich finde nur, du solltest jetzt nach diesem anstrengenden Tag wirklich schlafen gehen. Morgen müssen wir versuchen, dem Duonat die Problematik klarzumachen. Venas Bestattung steht noch an. Das wird ebenfalls Kraft kosten.*«

»Du hast recht.« Solutosan erhob sich. Sein Körper schmerzte von den ungewohnten Unterwasserkämpfen. Sein Kopf fühlte sich unwirklich an durch die aufgewühlten Gefühle. Besonders der Hass auf Xerxes hämmerte weiterhin darin.

Langsam und erschöpft lief Solutosan in eines der Gästezimmer, entzündete ein kleines Energiefeuer im Kamin und ließ sich schwer auf die schmale Lagerstatt fallen. Er besaß nicht mehr die Kraft, um sein Gewand auszuziehen. Es stimmte, was Ulquiorra gesagt hatte. Er war am Ende. Er spürte die sanfte Ruhe, die sein Freund in ihm verbreitete. Ulquiorra bemäntelte schützend seinen Hass, legte ein dünnes Energietuch darüber, damit er ihn in Frieden ließ, und schon kam der Schlaf über ihn wie zarte, graue Flügel.

»Herr, die Dinge haben sich nicht wunschgemäß entwickelt.« Gregan sprach in demütiger Haltung, jedoch war in seiner Stimme ein leichter Vorwurf. Die hervorquellenden Augen gesenkt, wartete er auf seine Antwort. An den nervös zuckenden Atem-Tentakeln erkannte Xerxes allerdings dessen Ungeduld und Missmut.

Erbost bündelte Xerxes seine Energie, schleuderte den Körper aus dem Sessel und stand in Sekundenschnelle vor seinem Adjutanten. »Was soll an meinem Plan falsch gewesen sein, du Wicht?«, zischte er. »Siehst du nicht, dass dein Gebieter hier vor dir steht? War das nicht die Mühe wert?«

Gregan buckelte tiefer. »Selbstverständlich, Herr.«

Xerxes schwamm die wenigen Schritte, von der Energie getragen, zurück zu seinem Stuhl. Es hatte keinen Sinn sich aufzuregen. Er musste Gregan besänftigen. Er brauchte ihn noch. »Ich weiß, dass wir Tabathea verloren haben. Ich wollte ebenfalls, dass du dich mit ihr paarst. Hast du den verantwortlichen Schergen bestraft?«

Hoheitsvoll ließ er sich auf den Sitz gleiten und zog die Energie in sich zurück. Im Grunde waren ihm der Scherge und auch seine Schwester gleichgültig. Ihn beschäftigten ganz andere Dinge. Die gestohlene Kraft verlieh ihm nun die Stärke, den verkrüppelten Leib besser zu bewegen. Er hatte gehofft, diese neue Möglichkeit in irgendeiner Form stabilisieren zu können, um seinen Körper zu vervollständigen. Jedoch gelang ihm das nicht. War der goldene Armreif, den der Freund seines verhassten Halbbruders getragen hatte, nicht auch aus Energie gewesen? Er hatte die Festigkeit eines Metalls. Wütend kniff Xerxes sein intaktes Auge zusammen. Er hatte es versäumt dem Mann die Hand abzuschlagen, um sich den Reif anzueignen. Nun hätte er ihn untersuchen – sein Geheimnis erforschen können.

Irritiert blickte er auf Gregan, der immer noch abwartend, in gebeugter Haltung, vor ihm verharrte. Er musste etwas Besänftigendes sagen. »Gregan, du hast gut gearbeitet. Die

Unterkunft ist zufriedenstellend. Von hier aus werden wir den Angriff auf Tertes starten. Nun geh und überzeuge dich von der Anzahl und dem Zustand der uns verbliebenen Schergen.«

»Sehr wohl, Herr.« Gregan musterte ihn mit einem Blick, den er nicht zu deuten vermochte. Er war Lob nicht gewöhnt.

»Nun gaffe mich nicht an, sondern verschwinde«, fauchte Xerxes.

Das hatte gewirkt. Der Adjutant verließ ihn sofort. Xerxes sah ihm missmutig hinterher. Endlich besaß er die lang ersehnte Energie, hatte jedoch sein Ziel nicht erreicht. Er hätte diesem energetischen Mann wesentlich mehr Wissen entlocken müssen. Aber er war sich nicht sicher, ob dieser ihm viel verraten hätte, zumal er durch Solutosans Anrücken zeitlich unter Druck geraten war.

»Ich hätte Solutosan umbringen sollen, als ich die Möglichkeit dazu hatte«, knurrte er und holte das Buch hervor. Er starrte es an, wagte jedoch nicht, es aus seiner lebendig wirkenden Hülle zu ziehen und zu öffnen. Das Buch. Sein Schatz, den er seinem Vater vor langer Zeit gestohlen hatte. Er tastete über die verschlungenen Linien auf dem Einband. Bewegten sie sich nicht wie Seeschlangen? Wanden sie sich nicht unter seinen Fingern wie lebendige Wesen?

Er erinnerte sich noch ganz genau daran, wie er das Buch zum ersten Mal in den Händen gehalten hatte. Damals war Aufregung und Panik durch Pallasidus' Palast im Südmeer gebrandet. Zuerst die Ankunft der vielen Gäste, die zur Geburtsfeier eingeladen waren, dann der irrsinnige Zornesausbruch Pallasidus', der den Sumpfkönig und Solutosans Mutter das Leben gekostet hatte. Der ganze Palast war ins Chaos gestürzt, als sein Vater wütete. Aber er, Xerxes – er war bereits als Junge ein kluger Kopf gewesen. Er hatte immer gewusst, wo Pallasidus das Buch aufbewahrte. Geistesgegenwärtig hatte er das Durcheinander genutzt, um es sich anzueignen. Als er das Werk in Sicherheit bringen wollte, waren ihm er die beiden Säuglinge in einem Nebenraum des großen Saales aufgefallen. Niemand hatte auf die Kinder geachtet. Alle waren vor Pallasidus' Zorn geflohen. Warum nur hatte er die Bälger nicht getötet? Ein Versäumnis, das ihn immer noch wütend machte. Nein, er hatte die Jungen zusammengebunden, auf den Rücken geladen und war mit ihnen zur nahe gelegenen Raumstation geschwommen. Er hatte sie einfach in eine Fracht-Luke geschoben und die Klappe verschlossen, in der Annahme, dass die beiden Säuglinge dort verhungern würden.

Als Gregan ihm von der Rückkehr Solutosans nach Sublimar erzählte, war er beinahe geplatzt vor Wut. Wie konnte dieser Abschaum auf einem anderen Planeten überleben, derartig stark werden und als unsterblicher Sternenkrieger nach Sublimar zurückkehren?

Der Gedanke daran ließ ihn fast seine langen, gebogenen Nägel vor Zorn in den Einband des Schriftstücks graben. Nach dieser Erfahrung hatte er nie wieder einen Feind am Leben gelassen.

Mutig zog er das Buch aus der Hülle und schlug es auf.

Das Frühstück war ein voller Erfolg. Jake blickte zufrieden in die Runde. Nein, es gab nicht nur Dona und Warrantzfleisch, sondern auch noch Fladenbrot aus dem von ihm angebauten Quinoa. Sogar die beiden Trenarden hatten es ge ..., na ja, eher gefressen als gegessen, sagte sich Jake. Dafür, dass Luzifer und Slarus reine Fleischfresser waren, war das ein enormer Erfolg für seine Gärtner- und Kochkünste.

Arinon neben ihm grinste zufrieden und klopfte sich erst auf den flachen Bauch und dann Jake auf die Schulter. Auch Halia war voll des Lobes.

Sie hatte ihren Kopfschleier über die strahlenden, rotgoldenen Locken gezogen und küsste Luzifer zum Abschied, denn sie war auf dem Weg ins Silentium, als sich die Tür der Küche öffnete. Solutosan! Halia stieß einen kleinen Schrei aus, stürmte auf ihren Vater zu und warf sich ihm an den Hals.

Jake hatte Solutosan ja erst ein Mal gesehen. Damals hatte er ausgeglichen und entspannt gewirkt. Aber so wie er nun dort in der Tür stand, die Arme der freudigen Halia vorsichtig von sich löste und in die Runde blickte, fragte sich Jake, was an ihm verändert war. Er war ernst, vielleicht etwas steif, lächelte nur gequält. Oder hatte er sich getäuscht? Als der starke, goldene Mann mit dem weißen, wallenden Haar dann ins Licht getreten war, sah er aus wie immer. Es war still geworden in der Küche.

Ich wollte euch nicht stören«, entschuldigte sich Solutosan mit seiner dunklen Stimme.

»Aber du störst doch nicht!« Halia küsste ihn auf die Wange und hielt ihn in Armeslänge von sich.

»Ich bin in der vergangenen Nacht angekommen, weil ich im Silentium etwas zu erledigen habe. Ich wollte euch nicht überfallen.« Solutosan blickte freundlich in die Runde.

Die beiden Trenarden antworteten nicht, sondern schoben sich getrocknetes Warrantzfleisch zusammen mit Fladenbrot in die Münder und betrachteten ihren Besucher kauend.

»Setz dich.« Arinon an Jakes Seite blickte den goldenen Duocarn mit einem einladenden Lächeln an. »Komm, trink einen Becher Dona.« Dankend nahm Solutosan das Gefäß an und schob sich neben Jake auf die hölzerne Bank.

»Ich muss auch ins Silentium, Daddy. Wollen wir zusammen gehen?« Halia strahlte.

»Wenn du noch so lange Zeit hast, bis ich gefrühstückt habe.« Solutosan lächelte. Jake blickte auf seine starke, geäderte Hand, die den Becher umspannt hielt. Ja, er war Polizist mit Leib und Seele. Daran hatte auch sein Aufenthalt auf Duonalia nichts geändert. Er fühlte einfach, wenn irgendetwas nicht stimmte. Und mit Solutosan war etwas. Auf der anderen Seite ... War er den Duocarns irgendwie verpflichtet? Nein. Sie hatten ihn damals entführt, ihn dann wieder freigelassen und er war auf Duonalia geblieben bei Arinon. Alles hatte gut geendet, aber die unglückliche Sache mit den Duocarns hatte ihm einiges Leid zugefügt. Sein Körper war nun voller Narben, die oftmals schmerzten. Jake sah Solutosan von der Seite an. Nein, er war nicht nachtragend.

»Ich muss euch noch etwas sagen«, hob Solutosan an. »Ulquiorra hat sich als Oberhaupt Duonalias zurückgezogen und ist auch kein Torwächter mehr. Ich bin nun die Verbindung zur Erde. Wenn jemand von euch reisen will, muss er zukünftig zu Meodern, der einen Ring von mir bekommen wird. Meos Haus auf Duonalia-Stadt ist einfach zu finden.«

»Ulquiorra ist fort?«, fragte Halia bestürzt. »Aber warum denn?«

»Er hat sich zurückgezogen. Mehr kann ich im Moment leider nicht sagen. Mir war wichtig, euch diese Nachricht zu überbringen, damit ihr wisst, auf welche Art Duonalia zukünftig mit der Erde verbunden ist.« Er sah Jake an. Seine Augen schimmerten tiefdunkelblau ohne die üblichen blitzenden Sterne. »Vielleicht möchtest du ja wieder einmal zurück.«

Jake nickte nachdenklich. Er war glücklich mit Arinon, jedoch hatte er in der vergangenen Zeit öfter an die Erde gedacht. Versonnen nahm er Arinons Hand, die ruhig neben seiner auf dem blankgewetzten Holztisch lag, öffnete sie und legte die Fingerspitzen in deren glatte, empfindliche Handfläche. »Ja, danke, Solutosan. Das ist gut zu wissen.«

Die Trenarden scharrten unzufrieden mit den Füßen. Sie betraf das ganze Thema nicht, was sie offensichtlich ärgerte. Mit ihrem bizarren Äußeren kamen für sie Besuche auf der Erde nicht in Frage.

»Wir müssen die Warrantz füttern. Los, Slarus.« Luzifer sprang auf und spuckte Slarus eine kleine Ladung Lava über, die auf dem Boden landete, was Halia sofort auf den Plan rief.

»Luzifer!« Mit einem Satz war sie an der Küchenanrichte, hatte eine Kohlenschaufel gepackt und sie dem Trenarden in die Hand gedrückt. »Aufheben! Sonst fackelst du doch noch irgendwann das Haus ab!«

Gehorsam bückte sich der schwarze Mann und schob die Lava auf die Schaufel, die ein dunkelbraunes Loch in den Holzfußboden gebrannt hatte. Der komplette Fußboden war bereits übersät mit unterschiedlich großen Brandlöchern, die ein gleichmäßiges Muster auf dem Boden bildeten.

Als Luzifer sich aufrichtete, blickte er in grinsende Gesichter, was er mit einem Knurren quittierte. »Vielen Dank, mein Schatz!« Halia nahm ihm die Schaufel ab und schüttete den Inhalt in einen Wassereimer, in dem er zischend erlosch. Bei dem Wort »Schatz« veränderte sich Luzifers Miene in eine Mischung aus Freude, Geilheit und Demut, was das Grinsen der Männer in der Runde noch verstärkte.

Solutosan leerte seinen Becher und klopfte auf den Tisch. »Ihr wisst Bescheid. Komm Halia!« Er legte den Arm um sie und ging mit ihr hinaus.

»Ich kann es nicht leiden, wenn er sie anfasst«, grunzte Luzifer.

»Meine Fresse«, züngelte Slarus neben ihm. »Er ist ihr Vater. Was ist denn schon dabei?«

Luzifers dicker, schwarzer Schwanz peitschte auf den Boden und er bleckte die Reißzähne. »Trotzdem«, fauchte er.

Es war einer der wenigen regnerischen Tage auf Duonalia. Halia zog ihre Schleier fester um sich, während Solutosan mit finsterem Gesicht an ihrer Seite durch den Nieselregen schritt. Er war kaum fähig mit Halia ein nettes Wort zu wechseln. Er merkte, wie ihm die vergangenen Erlebnisse noch in den Gliedern steckten. Aber er wollte Halia nicht mit seinen Problemen belasten. Das rief er sich fest ins Bewusstsein, während sie zusammen auf dem Transportband standen. Fürsorglich und liebevoll streichelte er ihre Wange und ermunterte sie, von sich zu berichten.

Halia strahlte zu ihm hoch. Sie erzählte, rollte dabei lebhaft mit den blitzenden Sternenaugen. Natürlich ging es um ihr Studium, das sie fast abgeschlossen hatte, um Luzifers Schandtaten, um die Karateschule und selbstverständlich auch um die Warrantz-Zucht.

Plötzlich wurde Halia ernst. »*Die Warrantz schaden dem Planeten, Daddy*«, berichtete sie. »*Wir haben in einiger Zeit die gleichen Probleme wie die Erdlinge, denn mit ihrer Vielzahl steigt die Menge ihrer Absonderungen. Duonalias Atmosphäre und Boden sind für so zahlreiche Nutztiere nicht geeignet. Der Duonat muss dringend etwas unternehmen und den Quinari Beschränkungen auferlegen die Anzahl der Tiere betreffend.*« Solutosan blickte sie erstaunt an. Er hatte Halia nicht so viel Klugheit und Weitblick zugetraut.

»*Haben die Wissenschaftler des Silentiums deine These bestätigt?*«, fragte Solutosan wissbegierig, denn er fühlte, dass Ulquiorra dies unbedingt wissen wollte.

Halia blickte ihn fest an. »*Ja, nur trauen die Gelehrten sich bisher nicht, es dem Duonat beziehungsweise dann auch dem König der Quinaris zu unterbreiten. Sie fürchten deren Unmut.*«

Solutosan nickte. Er nahm sich vor, dieses Thema zumindest anzusprechen. Er hatte keine Angst vor Arishar. Vielleicht würden sie sich ja wieder mal ein bisschen prügeln. Bei diesem Gedanken spürte er Ulquiorra leicht tadelnd in sich lächeln.

Er sah Halia an und musste lachen. »*Entschuldige, dass ich lache. Ich weiß, das Problem ist ernst. Mach dir keine Sorgen, Halia. Ich werde dieses Thema in Ulquiorras Namen ansprechen.*«

Halia nickte ergeben und eine rotgoldene Locke fiel ihr in die Stirn. Wie schade, dass sie den Trenarden liebt, überlegte Solutosan kurz. Aus dieser Verbindung würden keine Enkel entstehen. Er blickte versonnen auf die weißen Häuser von Duonalia-Stadt, die nun in Sicht kamen – in der Mitte thronte das Silentium. Was dachte er denn da? Enkel? Er hatte wahrlich genügend eigene Probleme mit seiner kleinen Tochter Marina.

Solutosan drückte die schwere Tür des Silentiums auf und ließ Halia den Vortritt. »*Komm bald wieder, Daddy!*« Sie umarmte und küsste ihn liebevoll. Er sah ihr nach, wie sie in einem der vielen Gänge verschwand.

Gedankenverloren machte er sich auf den Weg zu den Verwaltungsräumen des Duonats.

»*Es ist bestimmt interessant für dich, die Welt einmal aus meinen Augen zu betrachten*«, überlegte er. »*Sieh mal, Ulquiorra, hier ist dein altes Domizil.*« Solutosan stand vor den Räumen des Marschalls und stieß die Tür auf. Er bemerkte die Unruhe seines Freundes, aber ignorierte sie. Er wollte sehen, ob sich etwas verändert hatte.

»*Nein, Solutosan*«, warnte Ulquiorra.

Solutosan trat ein, stand vor dem wunderschönen Intarsien-Schreibtisch und blickte durch die große Fensterfront auf die nebelverhangenen Monde. »*Warum nicht?*«, fragte er. Sein Blick schweifte zu Ulquiorras Schlafzimmer. Wie an Fäden gezogen schritt er näher zu dessen Tür.

»*Bitte nicht*«, bat Ulquiorra eindringlicher. Aber Solutosans Hand öffnete bereits wie von selbst die Tür und er betrat das Gemach. Bewegungslos starrte er auf Ulquiorras weißes, leeres Bett.

Alle belastenden Emotionen bündelten sich augenblicklich in ihm, drückten seine Brust zusammen, drängten seinen Hals empor und endeten in seinen Augen. Er hatte seine eigenen Gefühle verborgen, sie in sich eingeschlossen. Aber nun konnte er die Tränen, die in ihm hochstiegen, die ohne sein Zutun aus seinen aufgerissenen Augen quollen, nicht zurückhalten. Ein gequältes Schluchzen entfuhr seiner Brust. Er ging in die Knie, den Kopf auf das weiße Lager gepresst und weinte hemmungslos. Die Erlebnisse der letzten Zeit schlugen wie eine niederschmetternde Welle über ihm zusammen: Die Angst um Ulquiorra, der Überfall, Venas Ermordung, Xanmerans Schicksal, das tote Kind auf dem Fußboden, Troyans zerschnittenes Gesicht, das viele Blut, der zerstörte Leib Ulquiorras, seine kleine, weinende Tochter, misshandelt und gefoltert. Und da war das Bett, **ihr** Bett. Wie lange war es her, dass Ulquiorra, lachend und nackt wie ein weißer Apoll, vor diesem gestanden hatte? In diesem Moment schien es Solutosan, als würde alles über ihm zusammenstürzen – wäre rettungslos verloren. Verzweifelt klammerte er sich an das Bettzeug. Er presste seine Nase hinein – suchte Ulquiorras Duft. Aber da war nichts mehr. Es war einfach ein leeres, weißes Bett.

Er fühlte, wie Ulquiorra in ihm all seine Kraft sammelte und in seine Glieder strömte, wie eine ruhige, warme Welle. Er besänftigte ihn, tröstete ihn. Wortlos. Selbst traurig, jedoch entrückt von allem Körperlichen.

Aber er, er war ein Mann. Er war gesund und stark. Er wollte seinen Geliebten wieder haben! Wollte lieben! Er würde sich nicht mit dieser Situation abfinden. Ulquiorra brauchte einen Leib. Den intakten Körper eines jungen Mannes.

»*Solutosan*«, die Stimme seines Freundes klang sanft und floss in sein Innerstes. »*Ich bitte dich, gib der Sache Zeit. Lass uns ein Problem nach dem anderen angehen. Bitte!*«

Erschüttert löste Solutosan die verkrampften Finger aus dem weißen Bettlaken und fuhr sich mit dem Handrücken übers Gesicht. »*Du hast recht – wie immer. Es tut mir leid, ich habe mich gehenlassen.*«

»*Das ist der Grund, warum ich dich liebe*«, gestand Ulquiorra.

Solutosan hob den Kopf. »*Das hast du mir noch nie gesagt.*« Er schloss die Augen, um seinen Freund besser wahrnehmen zu können.

Der umfloss sein Selbst, streichelte ihn sanft. »*Ich liebe dich, weil du so bist. Voller Gefühl, manchmal auch so unvollkommen, trotz all deiner Autorität und Kraft. Ich fühle mich von dir gebraucht. Das macht mich sehr glücklich.*«

Solutosan erhob sich, ging langsam in das kleine Badekabinett neben dem Schlafzimmer. Dort strömte klares, sauberes Wasser in einem dünnen Strom ununterbrochen aus der weiß getäfelten Wand – verschwand in dem steinernen Becken im Boden. Ein Luxus, der in seiner Residenz auf Sublimar selbstverständlich, aber der auf Duonalia selten war. Entschieden hielt er den Kopf unter den Wasserstahl. Sein klarer Verstand und seine Lebensgeister kehrten wieder zurück. Er umfasste seine Brust, als könne er Ulquiorra darin umarmen. So verließ er die Marschalls-Gemächer und machte sich auf den Weg zum Duonat.

Nach der Ankunft in Vancouver hatten sich alle in ihre Zimmer zurückgezogen. Niemand wollte über die Geschehnisse sprechen. Dafür war die Erschütterung, die die Duocarns getroffen hatte, zu groß. Terv hatte den angeschlagenen Xanmeran in eines der Gästezimmer begleitet, da in dessen eigenem Raum ja immer noch kein Bett stand. Patallia war inzwischen mit der schläfrigen Marina auf dem Arm in seinem und Smus Zimmer verschwunden.

Tervenarius wollte Patallia nicht zusätzlich mit seiner eigenen Wunde belästigen, zumal diese wahrscheinlich dabei war sich zu schließen. Deswegen ging er leise in sein Zimmer und ließ sich vorsichtig, um Mercuran nicht zu wecken, aufs Bett nieder. Er zog an dem Klebeband, das er provisorisch um sein Bein gewunden hatte. Mercuran hatte die Nachttischlampe brennen lassen. In ihrem schwachen, rötlichen Licht konnte er nun seine Verletzung anschauen.

Mercuran war sofort wach. »Terv?« Er grunzte zustimmend. »Du bist da!«

Terv bückte sich und betrachtete sein Bein. Der Speer war tief in die Wade gedrungen, aber, so wie er bereits vermutet hatte, begann sich die Wunde zu schließen. Wie gewöhnlich bewies seine Pilzhaut ihre schnelle Heilfähigkeit. Die Klinge war nicht vergiftet gewesen. In diesem Fall hätte er ein Gegengift in seinem Körper aktivieren müssen. Die Verletzung beeindruckte ihn wenig.

Mercuran wollte die Arme von hinten um ihn schlingen, als er das verschmutzte Stück Isolierband in seiner Hand sah. »Du bist verletzt! Tut das weh?«

»Nur ein bisschen, David. Wie lange war ich weg?«

»Fast eine Woche.«

Er drehte sich zu Mercuran um. Sie kannten sich so gut. Er würde die Stunden bis zu seiner Rückkehr gezählt haben. Und jetzt konnte sein Schatz kaum die Tränen zurückhalten. Das wird sich nie mehr ändern, dachte Terv. Er ist durch diese vier Jahre, in denen ich verschollen war, traumatisiert. Er wird immer Angst um mich haben. Auch wenn das gegen jede Logik ist.

Wortlos zog er seinen Geliebten in die Arme und streichelte sein schlafwarmes Haar, drückte das Gesicht in Mercurans Halsbeuge um seinen Duft einzuatmen. »Jetzt bin ich ja da, David«, brummte er.

Ihr Götter, er war so froh wieder bei ihm zu sein! Das Duocarns-Haus und Mercuran – sie waren sein zu Hause. Nie war ihm das klarer gewesen als in diesem Moment.

»Wir kamen zu spät«, berichtete er mit schwerer Zunge und hob den Kopf. Sein Schädel fühlte sich hohl und leer an. »Ulquiorra war tot.« Mercuran riss die metallisch-blauen Augen entsetzt auf. »Das heißt, dass sein Körper zerstört worden ist.« Terv machte eine Pause. Fast glaubte er selbst nicht, was er dann sagte: »Ich habe miterlebt, wie Solutosan ihn in den Armen hielt und seinen Lebensfunken, sein Selbst, in seinen eigenen Leib aufgenommen hat.«

»Wahnsinn«, flüsterte Mercuran. »Zwei Männer in einem Körper«, er verbesserte sich, »ein Paar, das sich liebt, in einem Körper vereint.

»Ja«, nickte Terv, »man kann es sich kaum vorstellen.«

Er ließ sich rücklings in die Kissen sinken.

»Nein, Terv. Zieh bitte wenigstens das schmutzige Gewand aus.« Mercuran kniete sich auf das Bett, wand ihm das Kleidungsstück vom Leib und schubste es zu Boden. Anschmiegsam wie ein Kater kuschelte er sich eng an ihn und zog die warme, weiche Decke über sie beide.

»Hättest du das für mich ebenfalls getan?«, fragte Mercuran leise. Tervenarius verstand sofort, was sein Liebster meinte. Er blickte in den Spiegel über dem Bett, sah sich, bleich und nachdenklich, mit dem langen, silberweißen Haar, mit Mercurans dunklem Schopf auf seiner Brust. »Ja, David.«

In diesem Moment fühlte er sich fast erdrückt von den vielen Äonen seines Lebens, die dröhnend und belastend auf ihm ruhten – und es würde weitergehen, bis in alle Ewigkeit. Der liebenswerte Mann in seinen Armen war sein Trost, sein Halt. »Ja, David«, bestätigte Terv noch einmal und zog ihn ganz nah zu sich heran.

»Ich habe übrigens erledigt, was du mir auftragen hast«, erklärte Mercuran nach einer Weile mit leichtem Stolz in der Stimme.

Terv überlegte. Was konnte das gewesen sein? Die Probleme auf der Erde erschienen ihm in diesem Moment so weit weg, aber er wollte nicht nachfragen, um Mercuran nicht zu verletzten. Er dachte zurück an die Dinge, die er erledigen wollte, bevor er nach Sublimar aufbrach. Er hatte auf dem Bett gesessen und mit Ptar telefoniert, als Solutosan mit blutbefleckten Gewand in der Tür stand. Genau, Skar und Ptar, die beiden Söhne von Bar. Und Daisy. Er hatte Mercuran geschickt, die Dinge juristisch regeln zu lassen. »Und hat es geklappt?«, fragte Terv.

Mercuran strahlte zu ihm hoch. »Besser als gedacht. Der Anwalt hat knallhart alles durchgesetzt und Skar war so groß mit Hut.« Er zeigte mit Daumen und Zeigefinger eine winzige Spanne. Terv lachte. Ihr Götter, er war glücklich bei ihm zu sein! »Das heißt also, dass er nie wieder nach Kanada darf, Ptar sein Vormund ist und die Mirrorclubs gerecht aufgeteilt wurden?«

Mercuran nickte. »Von dem korrupten Jim haben wir nichts mehr gehört. Das wird Buddy erledigt haben.«

»Gut so!« Er streichelte Mercurans weiche Wange. Er empfand es als angenehm, dass sein Geliebter nach seiner Verwandlung bis auf sein Haupthaar sämtliche Körperhaare verloren hatte. Mercuran war nun wie alle Duonalier – weißhäutig, mit schönem Haar und bartlos. Aufstöhnend legte Terv sich ins Kissen zurück.

»Ich weiß, warum du dich so unwohl fühlst.« Mercuran glitt aus dem Bett.

»Wo willst du denn hin?«

»Ich werde ein Bad für dich einlassen. Keine Widerrede! Du bist tagelang in Meerwasser herumgeschwommen. Welcher Pilz mag sowas? Jetzt kommt erst einmal das Salz von der Haut.« Er verschwand im Badezimmer.

Wie gut er mich kennt, dachte Terv. Und er wird recht haben. Zu viel Salz bekam seiner Pilzhaut nicht. Er kuschelte sich ins Kissen. Es war so schön wieder zu Hause zu sein!

Patallia bettete die kleine Marina auf das rote Ledersofa und nahm nochmals ihr linkes Ärmchen. Dort waren mit Gewalt Schuppen entfernt worden. Er hatte die großflächige Wunde bereits desinfiziert und mit einer Heilsalbe bestrichen, war jedoch noch nicht ganz zufrieden. Ob die Schuppen wohl nachwachsen würden? Er kannte nicht die auranische Physiognomie. Es blieb abzuwarten.

Patallia hatte kaum geschlafen, denn Xanmerans Verletzungen hatten seine Aufmerksamkeit gefordert. Er musste diesem die Dermastrien-Reste chirurgisch vom Leib entfernen, da sie anfingen, sich zu entzünden. Dann waren nacheinander der verletzte Troyan mit der geschwächten Tabathea und schließlich auch Solutosan mit Tervenarius und dem gefolterten Kind in die Residenz auf Sublimar zurückgekehrt. Er hatte kurz mit Ulquiorra gesprochen. Ihn aus Solutosans Mund zu vernehmen, hatte ihn schockiert. Patallia strich sich erschöpft über den blanken Schädel.

Smu hatte die ganze Zeit wortlos neben ihnen gestanden und das Kind betrachtet. »Ist das Solutosans Tochter?«, flüsterte er.

»Die Kleine ist so fertig, du kannst ruhig laut sprechen, Smu.« Er sah sich im Zimmer um. Smu hatte offensichtlich an seinem Laptop gesessen, Computerspiele gespielt und Kekse gefuttert, denn um seinen Stuhl war der Teppichboden mit Krümeln bedeckt. Er sah zu Smu, in seinem hellblauen Jogginganzug auf, der ihn neugierig mit seinen grünen Augen musterte. Sein Herz machte einen Satz.

Es war eine Erlösung in die Normalität in Seafair zurückzukehren. Schnell erhob er sich, bevor Smu noch etwas sagen konnte, und zog ihn in seine Arme. Smu war wunderbar warm, der Stoff des Jogginganzugs fühlte sich kuschlig an. Unter ihm spürte Pat die harten Muskeln seines sehnigen Körpers. Patallia rieb die Lippen an Smus leicht stoppelige

Wangen, berührte den weichen Mund und stöhnte erleichtert auf.

Smu hielt ihn eine Armeslänge von sich. »War es so schlimm?« Er nickte. »Ja, Smu.«

Wie Pat erwartet hatte, kam von Smu nun eine für ihn typische Rettungsaktion. »Aha! Dann weiß ich, was zu tun ist. – Zuerst wirst du duschen, damit du überhaupt erst mal riechst wie ein Mensch. Arme hoch!« Mit diesen Worten zog Smu ihm das befleckte Gewand über den Kopf.

»Ich bin aber kein Mensch.« Fast war Pat zu müde, um zu sprechen.

»Egal. Hauptsache du duftest wie einer. Komm mit!« Smu führte ihn ins Badezimmer und drückte ihn in die Duschkabine. Energisch riss Smu mit einem Ruck den Reißverschluss seiner Joggingjacke auf, zog sie aus und warf sie über das Waschbecken. Mit nacktem Oberkörper griff er in sein Sortiment von exklusiven Duschgels. »So, jetzt Wasser marsch.«

Mit konzentriertem Gesicht begann sein Freund ihn zu waschen. Patallia stand in der Dusche mit hängenden Armen und ließ alles mit sich geschehen. Er genoss das warme Wasser, den duftenden Seifenschaum, Smus geschickte Finger, die über seinen Leib strichen. Jetzt merkte er erst richtig, wie fertig er war. Fast wäre er im Stehen eingeschlafen.

»Details erzählst du mir am besten morgen.« Patallia ließ sich willenlos von Smu abfrottieren. »So und nun ab in die Kiste mit dir.«

»Und Marina?«

»Die schläft. Sollte sie wach werden, kümmert Onkel Smu sich um sie, okay?« Er nickte dankbar, ließ sich zum Bett führen und zudecken. »Und jetzt hole ich dir etwas zu essen. Dann wird geschlafen.« Er nahm nur noch schemenhaft wahr, dass Smu mit einem Glas Kefir vor dem Bett stand und es kopfschüttelnd fortstellte.

»Bitte geh zu Dana, Solutosan. Sie wird die Einzige sein, die unser Anliegen versteht.«

Solutosan blieb einen Moment im Flur des Silentiums stehen. »Dana, die Chemikerin?«

»Ja. Kennst du sie?«

Solutosan schluckte betroffen. »Ja, aber es ist sehr lange her. Damals bat sie mich um eine Samenspende für eine künstliche Befruchtung.«

»Oh!« Ulquiorra verstummte. »Hast du sie ihr gegeben?« Seine Stimme klang leise und zurückhaltend.

»Nein, Ulquiorra. Ich habe sie allen Frauen verweigert, die jemals danach gefragt haben.« Solutosan stand nachdenklich an die Wand gelehnt. »Bist du sicher, dass ich mit ihr unter diesen Umständen sprechen soll?«

Er spürte, wie Ulquiorra überlegte. »Ich schätze Dana nicht als nachtragend ein. Außerdem ist es lange her. Versuche es, ja?«

Solutosan nickte, obwohl er wusste, dass Ulquiorra es nicht sehen konnte und klopfte an die weiße Tür von Danas Verwaltungszimmer. Die blonde Duonats-Frau öffnete ihm. »Ich habe Ulquiorra erwartet, denn wir haben gleich eine Konferenz.« Es dauerte einen Moment, bis sie wahrnahm, wer da eigentlich vor ihr stand. Augenblicklich erhellte ein Lächeln ihr Gesicht und zauberte hübsche Grübchen auf ihre bleichen Wangen. »Solutosan!«

»Darf ich eintreten? Ich muss dringend etwas mit dir besprechen.«

Dana gab ihm errötend die Tür frei und er trat ein. Ihr Büro war klein, wesentlich kleiner als das des Marschalls, aber dafür mit den schönsten Pflanzen Duonalias dekoriert, die ihre schlanken Ausläufer bis hoch in die Lichtkuppel des Raumes gewunden hatten. Dort ringelten sie sich anmutig an den milchigen Scheiben. Solutosan betrachtete sie einen Moment fasziniert und vergaß sein Anliegen. Eine von Danas Gaben schien mit Pflanzen zu tun zu haben. Aber er wollte nicht danach fragen. Die Frau setzte sich an den zierlichen, weißen Schreibtisch und deutete auf einen gemütlichen Korbsessel.

»Ich komme in einer schwierigen Angelegenheit zu dir, Dana. Denn ich muss dir berichten, dass Ulquiorra Duonalia verlassen hat und nicht mehr zurückkehren wird.«

Dana erbleichte bei seinen Worten. »Aber warum? Was ist mit ihm?«

»Bitte sag ihr nicht die Wahrheit«, bat Ulquiorra ihn. »Wir müssen sie dazu bringen dir zu glauben.«

»Er hat sich aus persönlichen Gründen zurückgezogen, Dana. Ich bin nicht ermächtigt, diese weiter auszuführen.«

Dana sprang auf. Ihr violettes Übergewand wehte, als sie erregt in dem kleinen Raum auf und ab eilte. »Aber Ulquiorra ist das Herz des Duonats! Wie soll ich den anderen Mitgliedern das verständlich machen? Einige werden ein Verbrechen oder noch Schlimmeres dahinter vermuten!«

»Auch wenn ich derjenige bin, der die Sache vorträgt?«, fragte Solutosan eindringlich.

Sie blieb stehen und blickte ihn mit ihren strahlendblauen Augen forschend an. »Ich weiß es nicht, Solutosan. - Natürlich vertraut die duonalische Staatsführung den Duocarns. Ihr habt unser Vertrauen auch wahrlich verdient. Am besten wäre es, du begleitest mich zur Konferenz.«

Erleichtert stand Solutosan in der strahlenden Sonne vor dem Silentium. Das war erledigt. Was für ein Kampf! Besonders der Biologe Tadorus hatte ihn mit Fragen bombardiert, auf die er keine Antwort wusste. Ulquiorra hatte ihm in diesen Fällen souffliert - hatte ihm wohlklingende, ausweichende Worte in den Mund gelegt. Unter dem Strich war herausgekommen, dass ein neues Duonats-Mitglied gewählt werden und danach die Wahl des Marschalls stattfinden musste. Man hatte ihm letztendlich abgenommen, dass Ulquiorra sich nach Sublimar zur Meditation zurückgezogen hatte, da es ihm gesundheitlich nicht gutging. Es war eine lahme Lüge, aber wer hätte ihm die Wahrheit geglaubt? Nein, wie es sich tatsächlich verhielt, würden nur die Duocarns und deren engste Freunde erfahren. Er war nicht dazu gekommen, das Warrantz-Problem anzusprechen. Sein Erscheinen hatte genug Aufruhr verursacht.

Solutosan schritt durch die sonnenbeschienenen Straßenschluchten von Duonalia-Stadt. Meoderns Haus lag nicht weit vom Silentium entfernt. Auch ihm würde er nun die Botschaft überbringen müssen. Er hatte Meo schon längere Zeit nicht gesehen. Die letzten Neuigkeiten hatte er von Smu bekommen, der ihm vor einer Weile von Meos Model-Karriere als „Adam der Ägypter" berichtet hatte. Danach war lediglich die Nachricht gekommen, dass der Duocarn Vater geworden wäre. Sie hatten sich wirklich lange Zeit aus den Augen verloren. Er erwiderte lächelnd die Grüße der freundlichen Duonalier, die ihm in ihren farbigen Gewändern begegneten. Er lief zügig, freute sich auf seinen alten Kameraden.

Erwartungsvoll drückte er das große Holztor zum Innenhof des Stadthauses auf. Verwirrt rieb er sich die Augen. Hatte er nicht eben etwas in der Luft gesehen? Eine Gestalt kam vor ihm zum Stillstand. Es war ein kleiner, blonder Junge mit einem Ball in der Hand. Der Knabe betrachtete ihn neugierig.

Im gleichen Augenblick stand Meo neben dem Kind. »*Solutosan!*« Meodern strahlte. »*Cesare und ich spielen Ball!*«

»Ich habe es gesehen«, antwortet er verblüfft. »*Ähm, eigentlich habe ich es nicht gesehen. Jetzt sag nicht, dass Cesare deine Schnelligkeit geerbt hat.*«

Meo beantwortete diese Frage mit einem Grinsen, nahm dem Knaben den Ball aus der Hand und warf ihn in Richtung der großen, bepflanzten Kübel des Innenhofs. Im Bruchteil einer Sekunde stand der Junge erneut mit dem Ball vor ihnen. Solutosan lachte. Es tat wirklich gut, wieder einmal unbeschwert zu sein. Vater und Sohn machten einen glücklichen Eindruck.

»*Komm doch herein und trink einen Becher Dona mit uns. Trianora ist wohl nicht da, aber sie hat vorhin Donakuchen gemacht. Davon stibitzen wir uns ein Stück.*« Nur zu gerne nahm er die Einladung an.

»*Donakuchen, Solutosan.*« Ulquiorras Stimme in ihm klang sehnsüchtig. »*Erinnerst du dich?*«

»*Ja, ich weiß es noch. Ich werde nichts, das zwischen uns war, jemals vergessen.*« Solutosan lächelte wehmütig und folgte Meo und Cesare in eine kleine, hell getünchte Küche mit gemütlichen Flechtmöbeln.

Meodern sah ihn mit seinen blitzenden, grünen Augen prüfend an und schickte den Jungen unter einem Vorwand fort. Sie kannten sich schon so lange. Solutosan brauchte nicht zu sagen, dass ihn ein gewichtiger Grund zu Meo führte.

»*Ich will versuchen die ganze Sache in groben Zügen zu berichten, Meo.*« Solutosan aß ein Stück Donakuchen, um etwas Zeit zu gewinnen, denn er wollte sich möglichst kurz fassen. Jedes Mal wenn er die vergangenen Ereignisse berichtete, wühlte er die schmerzvolle Erinnerung auf, und das quälte ihn. »*Zuerst zu Xanmeran. Tabathea, meine Halbschwester ist im Besitz eines Steines, der die Unsterblichkeit aufheben kann. Xan hat diesen Stein berührt, hat seine Dermastrien verloren und ist wieder sterblich geworden.*« Meodern starrte ihn mit offenem Mund an. »*Meine Frau Venu ist bei einem Angriff der Piscanier getötet worden, mein Halbbruder Troyan wurde verletzt. Ich hatte in Erfahrung gebracht, dass die Attacke von meinem älteren Halbbruder Xerxes ausgelöst wurde, der ein Krüppel ist. Xerxes hoffte, mit der Energie eines Energetikers seinen verkrüppelten Leib wiederherstellen zu können. Er hat Ulquiorra entführt und seinen Körper vernichtet. Ulquiorra ist jetzt in mir.*« Er übergab Ulquiorra das Wort.

»Ich grüße dich, Meodern«, sagte Ulquiorra durch seinen Mund.

Meodern entgleisten verblüfft die Gesichtszüge. Dann raufte er sich sein blondes Stachelhaar. »Bei den Göttern! Wenn es jemand anders wäre und nicht du, der das erzählt - ich würde kein Wort glauben!«

»Nur die Duocarns wissen davon«, erläuterte Ulquiorra durch ihn. »Ich möchte dich bitten, es nicht weiter zu tragen.«

Meo nickte. »*Kann ich euch irgendwie helfen?*«

»Ja.« Solutosan ergriff wieder das Wort. »Ich möchte, dass du der Verbindungsmann zur Erde wirst, denn ich bin nun der einzig verbliebene Torwächter. Duonalia hat sonst keine Tor-Verbindung mehr zu anderen Planeten.«

»Solutosan?«, fragte Meo verunsichert.

»Ja, ich bin es. Ulquiorra dankt dir ebenfalls für dein Vertrauen.«

»Ich bekomme einen Ring?«

»Spricht etwas dagegen?« Solutosan nahm einen Schluck Dona und blickt Meodern an. »Ich bin unhöflich, Meo. Ich überfalle dich hier so unvermutet und habe dich nicht gefragt, wie es dir geht und ob es überhaupt machbar ist, dass du einen Ring trägst.«

»Ich arbeite nicht mehr als Model. Ich glaube fast, Trianora hat mich wirklich gezähmt«, lächelte Meo und seine grünen, blitzenden Augen nahmen einen verträumten Ausdruck an. »Ich hätte niemals gedacht, dass ich meine Unruhe meistern würde - jedoch ...», er machte eine bedeutsame Pause. »Setzt nie ein Kind in die Welt, dass schneller ist als der Schall. Ich sage euch, das ist ein Fulltime-Job.« Er spielte mit den Krümeln des Donakuchens auf dem weißen Holztisch. »Ich hatte solche Probleme während ihrer Schwangerschaft. Aber dadurch, dass Ulquiorra nicht ständig zur Verfügung stand und du meistens auf Sublimar warst, hatte ich irgendwann den Kontakt zur Erde verloren.«

»Das tut mir leid, Meodern«, erwiderte Ulquiorra.

Meo schüttelte energisch den Kopf. »Oh nein, das muss es nicht. Im Gegenteil. So war ich gezwungen mich der Sache hier zu stellen, neue Freundschaften zu knüpfen. Ich weiß nun, was für mich wichtig ist: meine Frau und mein Kind. Ich habe gute Freunde in Arishar und Nala gefunden - wir besuchen Halia, Jake, Arinon und die Trenarden, pflegen den Kontakt zu Dana und ihrem Freundeskreis. Nein, es ist alles wunderbar, wie es jetzt ist.« Er lächelte erneut. »Smu hatte wohl damals recht, als er sagte, dass Trianora und ich einen Stall blonder Duonalier hervorbringen werden. Sie bekommt noch ein Kind - und ich fühle, dass es ein Mädchen sein wird.«

»Wir gratulieren dir, Meo.« Solutosan legte die Hand auf Meoderns Handgelenk und drückte es. »Ich freue mich so, dass du nach unseren wilden Jahren jetzt hier deine Bestimmung gefunden hast.«

Meo lachte. »Ich weiß nicht, ob man es Bestimmung nennen kann – es ist ...«. Er war verschwunden und saß nach einem Augenblinzeln wieder vor ihm, mit Cesare am Kragen, der den Mund voller Zucker verklebt hatte. »Ich würde es als Flöhe hüten bezeichnen!« Seine Augen blitzten vor Glück.

»Also ist der Ring für dich okay?«

Meo nickte und drückte den beschämt blickenden Knaben neben sich auf die Bank. »Cesare, sieh, was jetzt geschieht«, wies er den Jungen an, öffnete sein Gewand und entblößte seine Brust. Er holte tief Luft.

Solutosan zögerte nicht. Je schneller er die Prozedur vollzog umso besser. Er wand einen Energiestrang aus seiner Hand und formte ihn zu einem Ring. Augenblicklich materialisiert, drückte er ihn Meodern in das Fleisch seiner Brust, in dem er sich verankerte. Meo krümmte sich vor Schmerz.

»Es geht gleich vorbei«, tröstete Solutosan. Er erinnerte sich, wie ihm Ulquiorra vor langer Zeit in Seafair am Strand seinen Ring gegeben hatte. War das wirklich passiert? Nun erschien ihm das alles so unwirklich. »Rufe mich!« Solutosan schloss die Augen, spürte Meos Ziehen deutlich, erkannte sofort den roten Pfad, der ihn zu dem Duocarn führen würde.

Sie warteten, bis Meo sich erholt hatte, und tranken schweigend Dona. Es war ein entspanntes Schweigen.

»Ich muss dir noch eine sehr wichtige Frage stellen, Meo.« Solutosan sah ihn forschend an. »Der Stein, den Xan unabsichtlich berührt hat, kann auch deine Unsterblichkeit aufheben. Das wird dich allerdings eine deiner Gaben kosten. Willst du ihn benutzen? Wenn nicht, werde ich ihn vernichten.«

Meo formte die Kuchenkrümel zu einem kleinen Tierchen, während Cesare ihm gespannt zusah. Hatte er ihn gehört? Meo hob den Blick. Ja, er hatte ihn verstanden.

»Denk darüber nach und gib mir Bescheid.«

»Ich brauche darüber nicht nachzudenken, Solutosan«, entgegnete Meo fest. »Ich bleibe, wie ich bin. Es gibt keinen Grund etwas zu ändern. Und ich werde keinesfalls eine meiner Gaben *opfern.«* Er stellte Cesare das Dona-Tierchen auf die Handfläche, der es begeistert betrachtete. *»Stell dir vor, ich würde meine Schnelligkeit verlieren – bei diesem Sohn! Nein!«* Er blickte Solutosan in die Augen. *»Ich will den Stein nicht. Aber danke, dass du gefragt hast.«*

Solutosan erhob sich und nickte. Meo wusste, dass er Trianoras und Cesares Tod erleben, und dass ihr Ableben ihm unsagbaren Kummer bescheren würde.

Instinktiv legte Solutosan die Hand auf die Brust, als könne er Ulquiorra darin berühren. Er liebte einen Unsterblichen. Diese kristallklare Erkenntnis kam ihm auf einen Schlag. Würde das weniger Leid bedeuten? Sie waren alle Spielbälle des Schicksals.

»Wir danken dir«, sagte Ulquiorra durch Solutosans Mund und beide umarmten herzlich den blonden Mann, von dem sie wussten, dass er immer zu ihnen stehen würde.

Jake suchte in seinem Kleiderschrank nach dem Gürtel seines Karateanzugs, als seine Hand auf ungewohntes Material stieß. Er ergriff das Kleidungsstück und zog es hervor. Das war ja die Jeans, die er bei seinem letzten Besuch auf der Erde getragen hatte. Und in ihr eingewickelt ein weißes T-Shirt und ein bedrucktes Sweatshirt. Er wollte die Sachen wieder in den Schrank zurückschieben, als etwas Metallisches vor seine Füße auf den Boden polterte: die Handschellen! Die hatte er ja völlig vergessen. Er hob sie auf und wühlte in der Jeanstasche nach dem Schlüssel. Ja, der war auch noch da.

Er setzte sich mit den Sachen auf die Kante seines Betts und spielte nachdenklich mit der Kette. Ob Arinon wohl Spaß an so einem Spielzeug hätte? Er blickte zu dem geschnitzten Kopfteil des Bettes. Ja, da waren durch die hölzernen Schnörkel einige Durchlässe im Motiv, in die man Handschellen einhängen könnte. Oder würden die Teile dann herausbrechen? Er betastete die Schnitzerei. Nein, das

Kopfteil war aus dem auch auf Duonalia recht seltenen Grammholz, das für seine zähen, langen Fasern bekannt war. Es war weich, gut zu schnitzen, aber kaum zu brechen.

Lächelnd überlegte er wie er Arinon wohl dazu bekommen könnte, sich die Handschellen anlegen zu lassen. Er sah in seiner Vorstellung den muskulösen, grauen Mann mit den starken Armen über dem Kopf auf seinem Bett liegen. Jake hatte bereits etliche Ideen was er dann Lustvolles mit ihm anstellen würde. Eventuell konnte er es auf diese Art ja auch einmal schaffen, den Spieß umzudrehen – Arinon vielleicht doch sanft auf eine Penetration vorzubereiten. Ob das gutging?

Jake schob die Handschellen unter sein Kopfkissen, denn er hörte Schritte auf dem Flur. Sie waren ein Paar, das ja, aber Arinon klopfte an – wie gewöhnlich. »Komm rein.«

Sie hatten es sich angewöhnt, abends immer noch einen Becher Dona zusammen zu trinken, nicht in der Küche, sondern in seinem Zimmer, um in Ruhe den vergangenen Tag zu besprechen und den darauffolgenden zu planen.

Arinon reichte Jake einen Becher und setzte sich neben ihn. Die gelben Augen betrachteten ihn prüfend. »Hast du irgendetwas?« Verflucht, wie hatte er das jetzt bemerkt? Arinons Blick schweifte in seinen Schritt. Jake schluckte. Die Handschellen hatten seine Phantasie wohl ein bisschen zu stark angeregt.

Am besten sagte er die Wahrheit. »Ich habe durch Zufall etwas gefunden, das ich damals von der Erde mitgebracht habe. Ich hatte mir überlegt, dass es sicherlich anregend wäre, das mit dir zu testen.«

Er würde Arinon keine Wahl lassen! Er stellte seinen Becher auf den Boden, zog die Handschellen unter dem Kopfkissen hervor und, ehe der Quinari etwas sagen konnte, hatte er ihm bereits eine Schelle um das linke Handgelenk gelegt und einrasten lassen.

Arinon blickte verblüfft auf seine Hand. Jake schluckte. Wie würde der Krieger jetzt reagieren?

»Und wo dachtest du die andere Seite davon festzumachen?«, fragte Arinon.

Jake konnte den Ton seiner Stimme nicht deuten. Arinon war manchmal unberechenbar. Es war ein recht gefährliches Spiel, das er da trieb. Aber jetzt hatte er damit angefangen.

»Komm, ich zeige es dir.«

Er nahm Arinon den Becher aus der Hand und stellte ihn auf den Boden. Blitzschnell kniete er sich auf das Bett, packte die andere Hälfte der Handschelle und zog Arinons Arm in Richtung Kopfgestell. Arinon blockte zuerst, gab dann aber nach. Er ließ sich wirklich und wahrhaftig an das Bett ketten! Jake konnte die Freude darüber nur mit Mühe verbergen.

»Und das erregt dich?«, forschte der Quinari weiter nach.

Jake nickte. »Aber nur wenn die andere Hand auch dort ist.« Entweder alles oder nichts, dachte er. Nach wie vor konnte er Arinons Miene nicht deuten, der ihm das zweite Handgelenk entgegen streckte und sich auf dem Rücken aufs Bett legte. Das hatte er eigentlich nicht erwartet. Er hatte mit Gegenwehr gerechnet und damit letztendlich selbst in den Handschellen zu enden. Aber auch Arinon schien neugierig zu sein.

»Kannst du dich losreißen?« Jake versuchte, die Erregung in seiner Stimme zu dämpfen. Arinon zerrte kräftig, konnte jedoch die Arme nicht befreien.

»Und was hast du jetzt mit mir vor?«, fragte er.

Blitzschnell änderte Jake seinen Plan. Penetration ja, aber anderer Art. Mit einem Satz sprang er breitbeinig auf Arinons Brust, riss sich dabei die Hose seines Karateanzugs vorne herunter und befreite sein erregtes Glied. Er schob sich kniend so weit vor, bis sein Geschlecht nah vor Arinons Mund war. Dessen Augen schillerten hellgelb.

»Du weißt, dass es trotzdem gefährlich ist, was du da machst?«, fragte Arinon. Jake spürte, dass er mit seiner Selbstbeherrschung rang, denn diese Frage war ihm keuchend entwichen.

Jake tastete hinter sich, fühlte den Rand von Arinons Lendenschurz, schob die Finger unter das dünne Leder und kontrollierte dessen Erregungszustand. Nein, seine Aktion war auch an seinem starken Krieger nicht vorübergegangen. Das Glied in seiner Hand war hart und groß.

»Du wirst ihn mir nicht abbeißen«, lächelte er. »Das wäre auch dumm, denn du magst und willst ihn ja, stimmts?«

Arinon fletschte bedrohlich die Reißzähne, aber das Fletschen ging sofort in ein Grinsen über. Er zerrte nochmals testweise an den Handschellen.

»Nein, nichts zu machen«, triumphierte Jake. »Du wirst ihn jetzt verwöhnen.«

»Du befiehlst es mir?«, frage Arinon lauernd. Jake nickte. Er, der Dominante, würde er gehorchen? Jake berührte mit der Eichel seine Lippen, drückte sanft. Ja, Arinon öffnete den Mund und legte die Zunge über die Reißzähne, um ihn nicht zu verletzen.

Wahnsinn!, dachte Jake und packte Arinons harte Unterarme. Natürlich war es nicht das erste Mal, dass sie dieses Spiel spielten, aber die Karten waren plötzlich neu gemischt. Arinon war erfahren, geschickt und versiert. Er verwöhnte seine entblößte Eichel mit der Zungenspitze, verschlang den Schaft bis in die Tiefen seines Mundes. Nur gelegentlich fühlte er die scharfen Zahnspitzen über seine Haut kratzen, ein Reiz, den Arinon sofort wieder mit seiner weichen Zunge besänftigte. Ein kleines Vorspiel, um ihn noch heißer zu machen.

Jake schwanden die Sinne. Und nicht nur das. Er merkte kaum, wie die Pferde mit ihm durchgingen. Die Situation berauschte ihn und er ließ sich gehen. Er saß auf Arinon und stieß zu, nahm nicht mehr wahr, wem die Brust gehörte, auf der er saß und in wessen Mund er rammte – vergaß sämtliche Rücksicht auf seinen Partner. Sein Orgasmus riss ihn keuchend in die Höhe. Er sah sein Sperma, und nun war plötzlich auch Arinons Gesicht wieder da.

Schwitzend und an Arinons muskulöse Arme gekrampft, überkam ihn die Ernüchterung. Er sah Arinons starren Blick. Von Erregung keine Spur. Nur die harten gelben Augen, die in eine nicht existente Ferne starrten. Die graue Haut des Kriegers war bedeckt mit seinem Saft, das Gesicht völlig befleckt.

Ich habe einen Fehler gemacht! Er wird das als Benutzung verstehen. Diese Erkenntnis vernichtete sämtliche zart abklingende Lust. Ich versuche es abzumildern. Ich wusste das nicht. Dieser Gedanke beherrschte ihn. Er rutschte tiefer und begann Arinons Antlitz zu säubern. Leckte sanft über die Wangen, die Nase, die Stirn des steinernen Gesichts. Bitte Arinon, dachte er, sag was. Aber sag mir jetzt bitte nicht, dass du dich gedemütigt fühlst. Dass deine Ehre als Krieger angekratzt ist. Was ich tat, war etwas Natürliches. Es war einfach nur Lust. Arinon jedoch blieb stumm.

»Verzeih mir, ich habe das nicht gewusst«, stieß Jake hervor. Wie wenig sie sich doch noch kannten, sogar nach so vielen erotischen Stunden. Er selbst hatte bereits oftmals wollüstig in Arinons Sperma gebadet, hatte es überall auf der Haut gehabt. Aber er war ein Mensch.

Er beeilte sich, die Handschellen aufzuschließen und Arinon zu befreien. »Wo ist der Unterschied?«, fragte er verzweifelt. »Du hast es so oft geschluckt und da war es in Ordnung.« Würde er jemals diese Art der Quinari-Ehre verstehen?

Arinon stand auf und verließ wortlos sein Zimmer.

Das Mädchen hielt verschämt die Hand vor die vollen, rotgeschminkten Lippen und kicherte. »Richy Rich«. Das fand sie lustig.

Richard blickte sie verächtlich an. Hatte er es wirklich nötig sich mit so einer Gans zu beschäftigen – nur um sie weiterhin zu vögeln? Er stand auf. Wie hieß das dumme Stück noch? Es fiel ihm nicht ein. »Du kannst mich ja anrufen, wenn du dich beruhigt hast.«

Er legte einige Münzen auf den kleinen Bistrotisch, drehte sich um und ging. Die Blicke folgten ihm. Das wusste er. Er war sich bewusst, wie er auf die anderen Menschen wirkte – hochgewachsen, schlank mit langem Hals und dem akkuraten, fast militärischen, Haarschnitt. Dazu das aristokratische

Gesicht mit der etwas zu großen, schmalen Nase und den kühlen, grauen Augen.

»Richard!« Die Blonde eilte hinter ihm her. Auch das noch! Jetzt erregte sie zusätzlich unangenehmes Aufsehen! Mit schnellen Schritten verließ er das Lokal in der Hoffnung, sie draußen vor der Tür abfertigen zu können. »Ich dachte du liebst mich!« Ihre blauen Augen weit aufgerissen, den Lippenstift verschmiert, sah sie zu ihm auf. Sie war unter seiner Würde – eindeutig.

Ihm fiel plötzlich ihr Name wieder ein: »Doris, dein „Richy Rich" hat leider andere Pläne. Außerdem habe ich noch einen Termin mit meinem Steuerberater.«

»Ich begleite dich«, platze sie heraus.

Richard musterte sie von oben bis unten: das enge Top, ihren kurzen Minirock, die Overknee-Stiefel aus schwarzem Lack. »Deine Kleidung ist deplatziert, meine Liebe. So wie du aussiehst, kann ich dich wohl kaum zu einem Geschäftsgespräch mitnehmen«, antwortete er kalt. »Ich rufe dich an.«

Er drehte sich um, bevor sie noch etwas erwidern konnte, und schlenderte bewusst relaxt zu seinem Lamborghini. Er spürte, dass die Augen der Gäste des Lokals durch die Glasfront auf ihn gerichtet waren. Das war ihm eine Lehre. Er würde sich in Zukunft wieder seine Betthäschen auf dem Rennplatz oder in dem Nachtclub für die oberen Zehntausend suchen, den er einmal pro Woche frequentierte. Wenn diese Weiber dort nur nicht so schrecklich blasiert gewesen wären.

Doris war ihm etwas natürlicher und angenehmer erschienen, deshalb hatte er sie, die Kellnerin, überhaupt angesprochen. Na ja, eigentlich hatte er sie erstrangig wegen ihres Dufts bemerkt. Der Geruch, den er seit Jahren überall suchte und nie mehr gefunden hatte. Plötzlich reichte ihm jemand einen Kaffee und der Duft war da! Er wusste nun, wie das Parfüm hieß, aber das brachte ihm Monica nicht zurück. Nur wegen dieses Aromas hatte er Doris zwei Mal durchgenommen. Dann war es unmöglich gewesen, die Illusion weiter aufrecht zu halten. Doris war eine dumme Gans, wie alle anderen.

Er stieg in den Wagen, zog ein verknittertes Foto aus seiner Designer-Brieftasche und betrachtete es. Nur dieses Andenken war ihm von seiner Jugendliebe geblieben: Eine Fotografie mit ihrem strahlenden Gesicht, umrahmt von schwarzem Haar – dem schönsten Haar, das er jemals gesehen hatte.

Sie war die Tochter seiner Kinderfrau, fünf Jahre älter als er. Die Erzieherin Tanja, die ihn mit so viel Liebe umhegte, wie er sie von seinen Eltern nie bekommen hatte. Tanja und Monica waren die Mittelpunkte seiner kleinen Welt gewesen, bis seine Mutter Tanja aus fadenscheinigen Gründen einfach hinauswarf. Das hatte er ihr niemals verziehen. Er war erst vierzehn gewesen, unfähig Tanja zu verteidigen oder sich zu widersetzen. Sich an den Händen haltend und weinend hatten Monica und er sich ewige Liebe geschworen. Sie würden sich schreiben, hatten sie versprochen, jedoch bereits der erste Brief an sie war zurückgekommen. Das war nun so viele Jahre her, aber er hatte sie niemals vergessen – besonders ihren Duft nicht. Doch das war sein Geheimnis. Er schob das Foto wieder zurück an seinen Platz. Sollte er es wegwerfen? Sich endgültig von der Sache verabschieden? Sentimentalitäten waren ihm eigentlich zuwider.

Er blickte in den Spiegel der Sonnenblende. Er sah tadellos aus, etwas blass, aber das passte zu der winterlichen Jahreszeit. Er hasste es, im Winter gebräunt herumzulaufen und schützte seine Haut auch beim Skifahren, wenn er mit seinen Freunden nach Aspen fuhr. Zufrieden mit seinem Anblick klappte er den Spiegel hoch und lies den leise schnurrenden Motor an. Wie lange hatte er den Techniker in der Werkstatt malträtiert, bis der Wagen endlich den Motorensound besaß, den er hören wollte. Er fädelte sich in den Stadtverkehr von Seattle ein.

Die Highschool lag hinter ihm. Er war nun Jurist und sollte als solcher in die Stahlfirma seines Vaters einsteigen. Sein Weg war vorgezeichnet. War er damit unzufrieden? Nein. Er verstand sich gut mit seinen Eltern – wenn er sie denn überhaupt einmal sah. Der Job würde ihm seinen gewohnten Lebensstil weiterhin garantieren.

Richard bog in die gepflegte Alleestraße ein, die zum Anwesen seiner Eltern führte. Die starren, schwarzen Baumriesen standen nun blattlos in Reih und Glied, akkurat von einem Gärtner beschnitten. Er liebte dieses Haus aus roten Backsteinziegeln mit den weißen Fensterläden, dessen Westtrakt er allein bewohnte. Alle Fenster seiner Wohnung blickten auf das Meer. Die weite, glänzende Wasserfläche, an der er sich wohl niemals würde sattsehen können. Vor der Villa lag an ihrem privaten Bootssteg die winterlich abgedeckte Yacht. Sie war sein Rückzugsort, wenn er seiner zahlreichen Freunde überdrüssig war, die nicht müde wurden ihn zu besuchen, um die wildesten Partys zu veranstalten.

An diesem Abend hatte er keine Lust auf Koks oder Alkohol und hoffte, in Ruhe gelassen zu werden. Er fuhr den Wagen in den separaten Garagentrakt und ging auf das Gebäude zu. Nur die schrillen Schreie der Möwen durchbrachen die Stille. Das Haus war ruhig. Es schien niemand dort zu sein. Er seufzte auf. Die Hauswirtschafterin würde Essen für ihn aufgehoben haben und war dann nach Hause gefahren.

Er genoss die Ruhe, mit der das Haus ihn bei seinem Eintreten umgab und lief, so wie er es immer tat, in seinen begehbaren Kleiderschrank um sich zu entkleiden. Privat trug er mit Vorliebe Kimonos aus Seide. Er wählte den mit den roten Drachen und ließ sich auf die dunkle Pelzdecke fallen, die sein Bett großzügig bedeckte. Ja, sein Weg war vorgezeichnet.

Ich muss mit ihm sprechen, dachte Jake. Ich kann das nicht so auf sich beruhen lassen. Wenn ich nicht mit ihm rede, werde ich ihn nie verstehen. Entschlossen ging Jake zu Arinon, der, gemächlich an Fleischstreifen kauend, im Innenhof auf der niedrigen Mauer in der Sonne saß. »Wir leben nur noch nebeneinander her, Arinon«, begann er und setzte sich neben den Quinari. Sie hatten wieder miteinander geschlafen, aber es war die altbekannte Routine. Sie hatten sich nicht mehr viel zu sagen. Oftmals hatte er das Gefühl, dass sie sich überhaupt nicht kannten. Die Quinari waren eine eigenwillige Spezies, wortkarg und störrisch. War Arinon am Anfang ihrer Beziehung nicht gesprächiger und fröhlicher gewesen?

Arinon sah ihn ohne großes Interesse an. Allein der kalte Blick tat ihm schon weh.

»Was erwartest du denn, Jake?«, fragte er. »Ich finde, es ist alles in Ordnung. Die Arbeit ist wunderbar koordiniert, dein Garten wächst, wir haben zu essen und zu trinken.«

Jake sah ihn an. Das Gefühl der Hilflosigkeit verstärkte sich. »Liebst du mich eigentlich noch?« Er stockte. »Mir ist klar, dass ich Fehler gemacht habe, aber sie geschahen aus Übermut, aus Unwissenheit.«

Arinons Miene veränderte sich nicht. »Jake, ich weiß, dass du ein Mensch bist. Das war mir von Anfang an bewusst. Du brauchst dich deshalb nicht entschuldigen. Es ist normal, dass zwischen Wesen von unterschiedlichen Planeten gelegentlich Missverständnisse entstehen können.«

»Das beantwortet meine Frage nicht, Arinon.« Das, was am Anfang ein trockenes Gefühl im Hals gewesen war, fühlte sich nun an wie ein dicker Kloß.

»Natürlich liebe ich dich noch«, antwortete Arinon ruhig. Mit diesen Worten legte er sich auf die Mauer und schloss die Augen.

Jake erhob sich, wie an Fäden gezogen und ging aus dem Innenhof. Er stand vor seinem Garten und blickte auf das Möhrenbeet. Ich werde wieder jäten müssen, dachte er und biss die Zähne zusammen.

Xerxes schlug das Buch auf. Er hatte nun die Energie. Das Schriftstück MUSSTE sich ihm offenbaren! Das erste Blatt war leer. Er blätterte mit fahriger Hand weiter. Da stand etwas auf der zweiten Seite. Er kniff die Augen zusammen, um die verschwommene Schrift lesen zu können. Es war der

Titel des Buchs. Große, sich windende Buchstaben, die so lebendig schienen wie die schwarzen Wülste auf dem Umschlag. Er blinzelte, denn die Zeichen wollten sich mit den Augen nicht festhalten lassen. »Ener.ge ... ti ... on«. Nein, da war noch ein sich windendendes Schriftzeichen. Ein „K". »Energetikon«. Er formulierte es klar in Gedanken. Die Buchstaben blieben stehen. Standen nun lesbar und deutlich vor ihm. Was soll mir das sagen?, dachte er.

Er blätterte weiter. Die Buchseiten waren leer. Wut kroch in ihm hoch. Er zerrte an den Blättern. Da! In der Mitte war etwas geschrieben! In blauer Schrift. War es eine Schrift? Waren es überhaupt Buchstaben? Er starrte darauf, neigte sich zu dem Buch hinunter. Es drängte ihn, die blauen Linien näher zu betrachten. Sein Gesicht verformte sich, berührte die Seiten. Sein Mund verband sich mit dem Buch, dann sein ganzer Kopf. Er wollte ihn zurückziehen. Das Energetikon ließ ihn nicht zurück. Jetzt ging es ihm bereits bis zum Hals. Ein gewaltiger Sog. Das Buch sog! Panik erfasste ihn. Er stemmte sich mit aller Kraft dagegen. Aber die Macht war stark, so stark. Er musste loslassen.

Das war angenehm. Er schwamm. Gezogen von einer blauen Linie. Schwerelos glitt er dahin. Nun hatte er auch keine Angst mehr. Er legte sich entspannt hin. Die Unterlage war weich. Meine rechte Hand ist verkrüppelt, ich kann mit ihr nicht greifen, dachte er. Aber wieso konnte er mit ihr den wunderbar sanften Untergrund fühlen, auf dem er lag? Lag er? Er bewegte sich. Nein, er fuhr. Es war ein Wagen, der leise schnurrte. Er blickte tiefer. Dort waren seine Hände. Zwei intakte Hände! Er konnte es kaum glauben. Sie lagen auf einem Ring. Die Hände drehten den Ring. Langsam und vorsichtig hob er den Blick. Er war nicht unter Wasser. Er war an Land. Diese Landschaft zog gemächlich an ihm vorbei. Ein grünes Gelände mit Bäumen, die er noch nie gesehen hatte. Wasser, er fuhr über eine Brücke. Was war das für ein Ort? Was war das für ein Planet? Wer war er?

»*Halte an!*«, gebot er. Die Hände auf dem Ring bewegten sich. Das Gefährt blieb stehen. »*Wer bin ich?*« Diese Frage schien den Besitzer der Hände zu verwirren. »*Sag mir, wer du bist!*«, befahl er. Er beobachtete die Hände, die höher griffen, eine schmale Schabracke herunterklappten. Darin befand sich etwas Leuchtendes. Wie eine kleine Wasseroberfläche. Ein Gesicht schob sich auf die reflektierende Fläche. Ein Männergesicht. Das war nicht er. Der Mann war jung, hatte harte, graue Augen. Während er noch entgeistert in diese glänzende Oberfläche stierte, verwandelte das Gesicht sich. Es wurde grün, schuppig, bekam ein hervorquellendes Auge auf der einen, eine tote, milchige Augenhöhle auf der anderen. Aus einem verzerrten Mund wand sich eine lange Zunge, die den verknorpelten Teil des Schädels leckte. Ja, das war er, genau. So war es richtig. Wer war der Mann? Wieso war er auf einem fremden Planeten? Nach einem weiteren Moment realisierte er: Das Buch, es leitete ihn! Nun verstand er. Er grinste! Das war gut! Das war so gut! Er sah noch seinen verzerrten Mund mit den spitz gefeilten Zähnen. Das war das letzte Bild. Der Sog nahm ihn und riss ihn aus dem Gesicht, aus dem Leib, von der weichen Unterlage. Er saß auf seinem Sessel in seiner Zuflucht im Nordmeer, erfasste die ganze Tragweite. Allmählich begann er zu kichern. Es war überhaupt nicht wahr, dass Piscanier nicht lachen konnten. Ein Ammenmärchen. Er lachte und röhrte, bis ihm das Buch fast aus der Hand fiel.

In Seattle in einer wunderschönen Backsteinvilla, in einem roten Seidenkimono auf einer Pelzdecke liegend, wachte Richard Ryan schreiend vor Entsetzen auf.

Patallia erwachte langsam. Sein erster Blick fiel auf das Glas Kefir, das auf seinem Nachttisch stand. Was hatte Smu gesagt? »Nun hole ich dir noch ein Glas Kefir und dann wird geschlafen.« Stimmt, er war nicht mehr dazu gekommen, den Kefir zu trinken. Er sah auf die leere Bettseite neben sich. Wo war Smu denn? Und die kleine Marina? Er fuhr hoch, um auf das Sofa sehen zu können. Das Mädchen war ebenfalls fort. Einen Moment stockte ihm erschreckt der Atem. Aber nein. Er stöhnte erleichtert auf. Zum einen war das Duocarns-Haus eine Festung, in die niemand so ohne weiteres hinein oder heraus kam. Zum anderen hatte Smu versprochen, sich um die Kleine zu kümmern. Er vertraute ihm. Beruhigt nahm Patallia das Kefirglas und ließ sich wieder in die Kissen zurücksinken.

Es lagen wahrlich ereignisreiche Tage hinter ihm. Er dachte an die beiden Energetiker. Solutosan würde einen Körper für Ulquiorra suchen. Das war ein schwieriges Unterfangen. Er würde einen unbeschädigten, seelenlosen Leib brauchen. Und sicherlich wollten beide einen Männerkörper. Er nippte an seinem Kefirglas. Was für Todesarten gab es, bei dem der Körper intakt blieb? Bei einem vergifteten Leib war das Fleisch verdorben, auch bei Krankheit. Welcher junge Mann starb schon an Herzstillstand oder an Kummer? Er schüttelte leicht den Kopf. Es würde schwer werden einen frisch entseelten Leib zu finden, ohne jemanden umzubringen.

Er hatte ja bereits viel erlebt, jedoch die Tatsache, dass zwei Männer in einem Körper vereint waren, berührte ihn nach wie vor. Wie es wohl war, so eng mit einem Wesen verbunden zu sein, das man liebte? Waren sie nicht, trotz aller Liebe und Freundschaft, beide völlig eigenständige Lebewesen mit unterschiedlichen Auffassungen und Vorlieben? Wie konnten die Energetiker das nun vereinen? Aber war das nicht eigentlich die gleiche Problematik wie die von siamesischen Zwillingen? Auch diese waren gezwungen, sich zu arrangieren.

Und dann die Sache mit Xanmeran. So wie er das verstanden hatte, war Xan frisch verliebt. Er würde nun mit seiner Frau alt werden und irgendwann sterben.

Der Stein! Tabathea war immer noch im Besitz des Steins. Sein erster Gedanke, als er von dem Stein hörte, war, dass er ihn ebenfalls benutzen wollte. Aber was konnte das für ihn für Folgen haben? Würde er seine Heilfähigkeit verlieren, so wie Xan seine Waffen? Würde er diese opfern, nur um bei Smu bleiben zu können?

Er trank mit einem großen Schluck sein Glas leer. Nein, er war kein Mann von schnellen Entscheidungen. Jedoch wollte er versuchen, den Stein in seinen Besitz zu bekommen. Er würde sich zumindest die Möglichkeit offen halten, mit Smu gemeinsam alt zu werden. Dazu musste er nach Sublimar zurück. Aber das war kein Problem. Energisch schwang Patallia die Beine aus dem Bett.

»Ich dachte, ihr trinkt auf Sublimar Dona«, sagte Smu leicht verzweifelt und hielt Marina ein Glas Kefir hin, die mit zusammengekniffenen Lippen auf einem Küchenstuhl in der Duocarns-Küche saß. Marina schüttelte heftig den Kopf. »Kannst du mich überhaupt verstehen?«

»Papan?«, presste sie trotzig hervor. Ihre riesigen, grünen Sternenaugen füllten sich mit Tränen.

»Daddy kommt bald wieder, Marina.« Das hatte sie offensichtlich nicht verstanden, denn die dicken Tränen kullerten über ihre schuppigen, hellgrünen Wangen.

Verdammt, dachte Smu, das Kind sollte etwas essen. Er ging zum Kühlschrank und holte zwei Milchriegel heraus. Einen steckte er in den Ärmel seines Jogginganzugs. Gemächlich, ohne ihre Tränen zu beachten, setzte er sich auf einen Stuhl und biss in den anderen Riegel. Er machte extra eine unbedachte Bewegung und schmierte sich etwas weiße Schaummasse auf die Nase. So saß er da und aß in aller Ruhe. Marina stutzte. Sie sah ihn an und vergaß zu weinen.

Smu tat so als wäre überhaupt nichts. Er kaute weiter und machte ein genussvolles Gesicht. »Mjam, mjam«, grunzte er und rieb sich den Bauch. Marina rutschte von ihrem Stuhl und kam näher. Mit schief gelegtem Kopf sah sie ihn an und zeigte auf seine Nase.

»Was ist?«, fragte er. »Mann, ist das lecker!« Marina deutete wieder auf seine Nase, danach auf ihre eigene. »Ach, du willst auch etwas von dem Milchriegel auf der Nase haben?«

Smu tupfte mit der Fingerspitze erst in seinen Riegel und dann auf Marinas Nasenspitze. Die stand mit offenem Mund da. Smu lachte. Sie sah erstaunt zu ihm hoch, nahm mit dem Finger ein wenig Schaum von ihrer Haut und schob ihn in ihren Mund. Ihre Augen wurden kugelrund. Die Sterne darin blitzten. Sie strahlte. Sprang zu ihm hin und versuchte, ihm den Milchriegel aus der Hand zu nehmen.

»Nö, nö«, wehrte Smu ab. »Das ist meiner.« Er machte eine Bewegung wie ein ganz großer Magier und zauberte aus dem Ärmel den anderen Riegel hervor. Er hielt ihn ihr hin. Sie griff danach. Er zog die Hand weg. Marina sprang seiner Hand hinterher. Beide lachten.

Er wollte sie nicht all zu sehr ärgern und gab ihr die Süßigkeit. »Erst auspacken«, riet er, aber Marina hatte ihn genau beobachtet und riss das Papier auf.

»Glaubst du, dass das die richtige Ernährung für eine kleine Auranerin ist, Smu?« Patallia stand in der Tür.

»Kefir wollte sie keinen, Pat, und bevor sie gar nichts isst ...«

Patallia kniete sich vor Marina auf den Boden. Er redete mit ihr in einer melodischen, auf seltsame Art abgehackten Sprache. Die Kleine antwortete, aber dann verstummte die Konversation.

»Stimmt ja, Auraner sind auch Telepathen«, maulte Smu. »Da kann ein Clown wie ich natürlich nicht mithalten.«

Patallia hob den Kopf und sah ihn an, erhob sich sofort, kam schnellen Schrittes auf ihn zu und küsste ihm den Milchschaum von der Nase. Marina quietschte vor Vergnügen. »Du bist absolute Spitze als Clown«, beteuerte Patallia lächelnd. »Und du bist der beste Betreuer, den ich mir wünschen kann.«

»Habe keine Erfahrung mit Kindern«, knurrte er.

»Dafür hast du das aber prima gemacht, Smu«, betonte Patallia, »Marina findet dich klasse.«

»Wirklich?«

Patallia nickte.

»Kannst du ihr nicht diese Übersetzermikroben geben? Dann kann ich wenigstens richtig mit ihr reden.«

Pat setzte sich und zog die Kleine auf seinen Schoß, die langsam und bedächtig an ihrem Milchriegel lutschte. »Ja, das mache ich gleich. Wir werden sie eine Weile bei uns haben.«

»Meinst du, sie kommt ohne ihre gewohnte Umgebung klar?«, fragte Smu besorgt. »Sublimar ist schließlich ein Wasserplanet.« Er überlegte. »Auf der anderen Seite ist das Meer vor der Haustür – und wir haben einen Whirlpool. Darf sie nachts mal mit an den Strand?«

Patallia nickte, packte das Kind unter den Ärmchen und stellte sie auf den Boden. Smu spürte, dass er mit Marina sprach, die ihn anlächelte, auf ihn zukam und ihr kleines, grünes Händchen vertrauensvoll auf sein Knie legte. Der Clown hatte offensichtlich gewonnen.

»Du hast ihnen das nicht mit den Warrantz gesagt, Solutosan.«

»Ich weiß, Ulquiorra. Es war einfach nicht der richtige Zeitpunkt. Ich werde es noch tun. Die Lage wird sich ja nicht von heute auf morgen verschlimmern. Ich muss nach Sublimar zurück. Ich will die Bestattung nicht versäumen.«

Solutosan öffnete den energetischen Ring in der verlassenen Eingangshalle des Silentiums und nahm den Pfad nach Sublimar. Er schritt durch das Tor auf die große Terrasse der Residenz.

Jemand hatte einen Scheiterhaufen auf ein Kanu geschichtet, das nun vor der weißen Umgrenzungsmauer in der Sonne dümpelte. Niemand war zu sehen. Es war Solutosan klar, dass dieses Kanu auf Venas Leichnam wartete.

Sofort drehte er sich um, betrat die Residenz und lief ins Wohnzimmer. Sie hatten Vena auf dem großen Esstisch aufgebahrt, das tote Kind im Arm. Die Squalis hingen unbewegt in ihrer Bodenöffnung und rührten sich auch nicht, als er näher trat. Sein Blick fiel auf Tabathea, die zusammengesunken in einer Ecke saß. Vor ihr kniete Troyan. Beide hielten die Köpfe mit der Stirn aneinandergelegt, saßen bewegungslos da. Einen Moment befürchtete Solutosan, dass seine Geschwister ebenfalls ihr Leben ausgehaucht hätten. Aber als er näher trat, hob Tabathea den Kopf. Sie strich ihr blauschwarzes Haar zurück. Ihre Sternenaugen waren verblasst, das schöne Gesicht voller Gram. Sie hielt das Haupt ihres Bruders immer noch in den Händen, als würde sie versuchen seine Verletzungen mit ihrer Berührung zu heilen.

Troyans Miene war ausdruckslos. Er hatte die Verbände entfernt und sah fürchterlich aus. Rote, verheilende Streifen durchzogen kreuz und quer sein Gesicht. Der Nerv des linken Auges musste zerstört worden sein, denn das Augenlied hing halb hinab. Er hatte nichts mehr gemeinsam mit dem wunderschönen Adonis, den er einmal gekannt hatte. Solutosan schluckte. Der Anblick verursachte einen drückenden Schmerz in seiner Brust. Wie konnte das geschehen? Warum war die Schönheit des Mannes so hasserfüllt zerstört worden?

Mit schnellen Schritten war er bei seinen beiden Halbgeschwistern und legte tröstend die Arme um sie. »*Ich werde Patallia herholen*«, sagte er zu Ulquiorra. »*Er muss nochmals nach dem Auge sehen. Das kann so nicht bleiben.*« Sein Freund schwieg. Solutosan spürte seine Erschütterung.

»*Xerxes*«, knirschte Ulquiorra.

Solutosan fühlte, wie sein Freund sich in seiner Brust zusammenballte. »*Halt! Das hat keinen Sinn! Mein Hass reicht für uns beide!*« Das harte Gefühl verflüchtigte sich, Ulquiorra zeigte Einsicht.

»*Entschuldige, Solutosan.*«

»*Wo ist Xanmeran?*«, fragte Tabathea. »*Geht es ihm gut?*« Sie blickte hinab auf ihre Brust. Dort hing ein kleines Bündel an einer Kette.

Solutosan betrachtete es mit zusammengebissenen Zähnen. »*Der verfluchte Stein!*«

Troyan stand auf und ging in das angrenzende Zimmer – kam mit einer schwarzen sechseckigen Dose wieder. »*Das habe ich in Xerxes Höhle gefunden. Ist es das Behältnis des Steins?*«

Tabathea nickte, nahm das Bündel von Hals und wickelte den Stein aus. Fasziniert betrachtete Solutosan das Mineral. »*Aber der sieht ja aus wie ein einfacher brauner Kieselstein*«, staunte er. »*Seid ihr sicher, dass er Xanmerans Wandlung verursacht hat?*«

»*Oh ja*«, Tabathea nickte heftig. »*Bitte fass ihn niemals an, Solutosan.*« Sie legte den Stein in seinen Behälter. »*Und was mache ich jetzt damit?*«

Solutosan überlegte. »*Die Unsterblichen sollten ihn verwahren*«, sagte er dann bestimmt. »*Er ist die Rückfahrkarte. Ich werde alle befragen, ob sie ihn benutzen wollen. Danach bringe ich ihn dort unter, wo ihn nie wieder jemand finden kann.*«

Tabathea nickte zustimmend und reichte ihm die Dose. Solutosan zögerte. Er spürte Ulquiorras Anspannung. Würde es gefährlich für ihn sein, die Schachtel zu berühren?

Smu stand nackt vor seinem Kleiderschrank. Was sollte er nur zu seinem Geschäftstermin anziehen?

Patallia, der Marina den Umgang mit dem Whirlpool erklärt hatte, trat hinter ihn und legte ihm das Kinn auf die Schulter. »So, vor der kleinen Nixe haben wir erst einmal eine Weile Ruhe.«

»Was soll ich nur anziehen, Pat?«

»Zu welchem Anlass?«

»Ich habe eine neue Klientin.« Er konnte den Stolz in seiner Stimme nicht unterdrücken.

»Oh! Das hast du mir noch gar nicht erzählt, Smu. Gratuliere!«

»Na ja, wann denn auch? Es war so viel Hektik wegen der Kleinen und der ganzen Sache mit Ulquiorra.«

Patallia drehte ihn zu sich um. Er musterte ihn wohlgefällig von oben bis unten.

»Und?«, fragte Smu grinsend. »Gefällt dir, was du siehst?«

Patallias Lächeln verzauberte sein Gesicht. Smu betrachtete ihn mit schief gelegtem Kopf. Würde er sich jemals an diese Wandlung gewöhnen? Sie waren nun schon so viele Jahre ein Paar. Trotzdem konnte Patallia ihn immer noch mit seinem Lächeln überraschen, das ihm innerhalb eines Sekundenbruchteils so viel Schönheit und Licht gab.

»Du hast mir vom ersten Augenblick an gefallen, Smu.« Patallia küsste ihn zärtlich, glitt mit den Händen über die Narben auf seinen Lenden, verweilte dort, packte seine harten Pobacken fester. Ja, Pat kann nicht nur mit seinen Händen heilen, dachte Smu. Ärzte können auch ganz schön zupacken. Irgendein seriöses Outfit konnte er später noch heraussuchen. Außerdem wollte er eine Frau treffen. Es würde bestimmt nicht schaden, sich seelisch darauf ein wenig vorzubereiten.

Lächelnd zog er Patallia den Kittel von den Schultern, knöpfte sein weiches Hemd auf und legte beide Hände auf seine glatte Brust. Allmählich wurde Patallias Haut durchsichtig, was er mit Vergnügen registrierte. Er fand es praktisch, dass er die emotionale Beteiligung seines Partners an dessen Haut ablesen konnte.

»Zieh die Hose aus, Pat«, raunte er. »Die stört.« Patallia gehorchte. Währenddessen drehte Smu sich zum Kleiderschrank, hob die Arme und hielt sich oben an den Schranktüren fest. Er trug das blonde Haar nun etwas länger. Es reichte ihm bis an die Schulterblätter. Er reckte Patallia seinen Po entgegen. Er wusste genau, welches verführerische Bild er bot, und registrierte zufrieden Patallias Keuchen. Angespannt wartete er auf Pats erste Berührung. Erregt fühlte er dessen weiche Zunge auf der Narbe auf seiner rechten Pobacke, genoss die leichte Gänsehaut, die auf seinen Armen begann und dann die Schultern und den Rücken hinunter lief. Er ahnte bereits, auf welche Art Patallia ihn anschließend verwöhnen würde, und spreizte die Beine breiter.

Solutosan hatte die Hand ausgestreckt.

»*Nimm ihn nicht*«, warnte Ulquiorra ihn. »*Du weißt nicht, was passieren wird.*«

Er ließ die Hand sinken und sah Tabathea an. »*Bitte lege ihn auf das Kaminsims. Ich nehme ihn später mit.*«

Er spürte Ulquiorras Erleichterung. »*Der Stein wird alle Duocarns vor eine schwere Entscheidung stellen, Solutosan.*«

»*Ich weiß, Ulquiorra.*«

»*Und du? Würdest du deine Unsterblichkeit aufgeben wollen?*«

»*Die Frage stellt sich mir nicht, solange du bei mir bist, mein Freund*«, erwiderte er sanft. »*Außerdem werde ich in meiner Energieform immer weiterbestehen.*« Er wandte sich zu dem Leichnam auf dem Tisch.

Vena sah wunderschön aus. Man hatte ihr Haupt mit Blüten umkränzt, so dass die schlimme Kopfwunde nicht zu sehen war. Im linken Arm hielt sie das Neugeborene.

Er konnte kaum Trauer empfinden. Dafür war sein Groll zu groß. Er würde Xerxes keine Angriffsfläche mehr bieten und einen Plan ausarbeiten, wie er ihm den Garaus machen konnte. Sein Hass schloss gleichzeitig seinen Vater mit ein, der immer ungefragt erschien, wenn er unerwünscht war, aber keinen Finger krumm machte, wenn er gebraucht wurde. Ein Sternengott wie er hätte Xerxes mit einem Fingerschnippen vernichten können.

Troyan stand neben ihm. »*Wie geht es Xanmeran? Ich glaube, meine Schwester vermisst ihn ...* « Seine Stimme klang schmerzerfüllt.

Solutosan blickte in sein zerstörtes Gesicht. Troyan war so verändert. Nicht nur äußerlich. Er war zerbrochen. Wie oft war er wütend auf ihn gewesen – eigentlich oftmals wegen Kleinigkeiten. Dabei war Troyan wahrlich nicht verkehrt. Er hatte immer seinen Mann gestanden.

Solutosan biss die Zähne zusammen, als er ihn so da stehen sah neben seiner toten Frau und dem Säugling, der nicht hatte leben dürfen. Impulsiv schloss er seinen Bruder in die Arme, der sich vor Überraschung versteifte. Solutosan drückte ihn fester. Troyans Kopf sank auf seine Schulter, seine Hände griffen zu, klammerten sich an ihn. Troyans Rücken bebte. Er war zerstört. Er hatte alles verloren: seine Schönheit, seine Frau, sein Kind.

Solutosan stand einfach nur da, hielt ihn und ließ ihn weinen. Das war nicht fair. Es kochte in ihm. Ulquiorra kämpfte gegen seinen aufsteigenden Wutanfall, beschwichtigte ihn, flüsterte ihm zu, dass es jetzt wichtiger war, seinen Bruder zu stärken. »Lass Xerxes nicht gewinnen, Solutosan. Er hat bereits so viel zerstört. Wenn du deinem Zorn nachgibst, fütterst du ihn noch. Es würde ihm ein Triumph sein, durch ein unbedachtes Handeln deinerseits weiteren Schaden anzurichten. Tu ihm nicht den Gefallen!«

Solutosan löste sich sanft von Troyan, drückte seine Hand. Sein Bruder nickte mit gesenktem Kopf. »Komm, lass sie uns zum Kanu bringen, Troyan.«

Gemeinsam hoben sie das Brett, auf dem der Leichnam lag und trugen Vena auf die Terrasse, betteten sie vorsichtig auf das Kanu. Die Squalis waren sofort an der Umgrenzungsmauer. Still und ohne Wellen zu schlagen. Besonders Tan trauerte. Was machte ein Squali, wenn sein zugehöriger Auraner starb? Er wusste es nicht.

Solutosan entfachte das Reisig mit einem starken Energiestoß aus seiner Hand. Er nahm Troyan an seine linke Seite und Tabathea an die rechte, legte die Arme beschützend um seine Geschwister. Gemeinsam sahen sie auf das brennende Kanu, das die Squalis langsam auf das türkisblaue Meer hinaustrieben.

Troyan begann zu singen. Die Mörder hatten vergessen, ihm auch diese Gabe zu nehmen. Das jedoch war ihm geblieben: sein betörender Gesang. Er war der Sohn einer Sirene. Aber nicht nur er. Tabathea stimmte in das traurige Lied mit ein, dessen Worte Solutosan nicht verstand. Es musste eine alte, sehr alte, auranische Sprache sein, die Vena auf ihrer Reise begleitete. Eine männliche und eine weibliche Sirene. Solutosan war es, als würde er mit den Stimmen hinausgetragen auf das Wasser, von den Tönen geführt, die ihn leiten konnten, wohin auch immer sie ihn haben wollten. Aber das Lied ging leise zu Ende, versank im Meer, ebenso wie das abgebrannte Kanu. Solutosan blickte auf die Wellen und hatte das Gefühl etwas sehr Wertvolles verloren zu haben.

Richard saß aufrecht in seinem Bett – sein Herz klopfte bis zum Hals. Was für ein irrsinniger Alptraum! Im Traum Auto zu fahren war nicht neu. Aber ob er jemals noch einmal wagen würde in den Spiegel der Sichtschutzblende zu sehen – er war sich nicht sicher. Verwirrt stand er auf, ging ins Bad und betrachtete sein Spiegelbild, nahm jedoch kaum wahr wen oder was er da sah. Er versuchte den Traum abzuschütteln, hantierte mit seiner Zahnbürste. War er wirklich so ein Ungeheuer? Nein. Warum hatte er sich dann so gesehen?

Er stutzte und blickte auf die Zahnbürste. Er hatte Rasierschaum statt Zahncreme darauf getan. Fluchend spülte er den Schaum von der Bürste, sah wieder in den Spiegel. Er sah normal aus – wie jeden Tag. Er hatte einen Termin mit seinem Steuerberater. Und das Treffen war zehn Minuten später! Das war unmöglich zu schaffen! Voller Panik sah er auf sein Handy. So etwas war ihm noch nie passiert! Er war immer pünktlich und stolz darauf. Ich darf das nicht überwerten, sagte er sich. Wirklich. Es war nur ein Traum – auch wenn ich wegen ihm jetzt den Termin verpasst habe. So ein Steuerberater ist ein verdammter Dienstleister. Der soll sich nicht anstellen.

Entschlossen griff Richard das Handy von der schwarzen Marmorplatte seines Waschtischs, wählte die Nummer des Beraters und ließ sich von dessen Sekretärin einen neuen Termin geben. Was hatte er danach vorgehabt? Er blickte auf das Display. Tennis mit Robert. Na gut, das würde er schaffen.

Er fühlte sich wie aus der Bahn geworfen, nahm das Handy mit ins Schlafzimmer und setzte sich auf die Bettkante. Er ertappte sich zwanzig Minuten später, immer noch dort zu sitzen und mit leerem Blick auf das Display zu starren, das ihm das Wetter in Seattle anzeigte.

Er hatte niemanden zum Reden. Was wäre eigentlich, wenn ich jetzt tot umfiele, überlegte er. Wann würde man mich vermissen? Die Haushälterin würde sich vielleicht wundern, dass er nichts gegessen hatte. Die vielen Freunde wären echauffiert, weil er nicht an sein Handy ginge, und würden dann ihre Party in einer anderen Villa starten. Freunde? Eigentlich waren es überhaupt keine Freunde. Es waren Bekanntschaften, die ebenso lebten wie er: genügend Geld, viel freie Zeit und Langeweile, die irgendwie vertrieben werden musste – möglichst stylisch und teuer. Aber was waren sie letztendlich? Auch nur betrunken. Genau wie die Bauarbeiter in den Eckkneipen. Nur, dass sie hundert Jahre alten Whiskey in ihre Bäuche füllten und sich zusätzlich noch das feinste Koks durch die Nasen zogen.

Richard ließ sich rücklings auf sein Bett fallen. Wann hatte ihn das letzte Mal jemand ernsthaft gefragt, wie er sich fühlte? Er wusste es nicht. Wem konnte er von seinem Traum erzählen? Im Geiste ging er die Gesichter seiner Freunde durch. Niemandem. Jeder dieser Typen würde ihm wohl zuhören, das ja. Aber dann würde derjenige sich zur ganzen Clique umdrehen und lauthals brüllen: »Richard sieht Monster! Oder ist er selbst eins? Huhu!« Und alle würden sich amüsieren.

Er konnte sich die lachenden, geschminkten Gesichter der Mädchen vorstellen, mit einem leicht mitleidigen Ausdruck in den Augen. Wie kann man so blöd sein, so was Privates zu erzählen? Flatterhaft lebten sie nur an der Oberfläche. Wo blieben all die tiefgründigen, eigenen Emotionen? Die wurden mit einem Kaufrausch, dem nächsten Sex oder auch dem garantiert erfolgenden Alkoholexzess fortgespült.

Was waren das für Gedanken? Das war ja die reinste Midlife-Crisis. Und das mit siebenundzwanzig!

Ja, sein Weg war vorbestimmt, aber in diesem Moment hatte er das Gefühl, dass er sich genauso gut schon ins Grab legen konnte. Es würde keinen Unterschied machen, ob er gelebt hatte oder wie lange.

Der Sinn des Lebens. Nur Pubertierende dachten über so etwas nach.

Aber wenn er in sich ging und sich dort umsah. Was entdeckte er da? Er fand einen altmodischen Richard. Ganz tief im Inneren wünschte er sich all das, was es nicht zu kaufen gab: Liebe, Geborgenheit, jemand, der zu ihm stand. Ein Mensch, mit dem er einfache Dinge genießen konnte, wie einen Sonnenuntergang. Ein Mädchen, das ihm einen Tee zubereiten würde, wenn er krank wäre. Tanja hatte ihm immer Tee gemacht, wenn es ihm nicht gutging. Für ihn war Tee ein Symbol von Zuneigung und sich kümmern. Gab es denn wirklich keinen Menschen, dem man blind vertrauen konnte? Jemand, der sich um ihn sorgen würde? Aber selbst wenn, er würde diese Person dann vor seiner Clique verstecken müssen. So ein Mädel konnte vor ihnen nicht bestehen. Man würde sie verspotten und zerpflücken, bis sie heulend davonlief. Seufzend erhob er sich und begann seine Sportsachen anzuziehen für sein Match mit Bob.

Xanmeran lag auf dem Bett im Duocarns-Haus. Er fühlte sich grauenvoll. In Gedanken versunken hob er einen Arm. An die schwarze Haut mit den sich langsam bewegenden, goldenen Schlieren musste er sich erst gewöhnen. Wann hatte er den Stein angefasst? Ihm war jegliches Zeitgefühl abhandengekommen. Es war Schicksal gewesen, eindeutig. Wollte es ihn für all seine blutigen Schandtaten bestrafen? Und das, nachdem er bereits dem Kampf abgeschworen hatte?

Seufzend stand er auf und ging ins Bad. So wie er jetzt aussah, konnte er sich auf der Erde nicht mehr blicken lassen. Ob er sich das überschminken ließ? Er suchte in dem kleinen Einbauschrank des Badezimmers nach Schminke. Nein, im Gästezimmer war so etwas nicht. Schwerfällig zog er sich eine Jogginghose an. Er würde Patallia darum bitten müssen. Und er musste Solutosan suchen. Er wollte zurück nach Sublimar. Er musste dringend mit Tabathea sprechen, wollte sie nach dem Stein fragen, woher er kam und was genau er bewirkte. Ob sie das überhaupt wusste? Tabathea. Wie würde sie wohl auf sein verändertes Aussehen reagieren? Wie lange würde er nun leben? Ließe sich die Haut überschminken, hätte er drei Alternativen: die Erde, Duonalia oder Sublimar. Ob er vielleicht in Zukunft doch lieber auf Duonalia in der Kampfschule bleiben sollte? Dort waren auch die Trenarden. Nein, sein Herz zog ihn zurück nach Sublimar, zu Tabathea. Aber zuerst wollte er wissen, ob er sich noch auf der Erde tarnen konnte.

Xan lief zu Patallias Zimmer und klopfte. Die Tür öffnete sich und zu seinem Erstaunen stand Marina auf der Schwelle. Freundlich lächelte er auf das elfenhafte, zierliche Geschöpf mit den riesigen, grünen Sternenaugen hinab. Das dünne Körperchen steckte in einem übergroßen, schwarzen T-Shirt mit dem Aufdruck »Aerosmith«, aus dessen weiten Ärmeln die schlanken, goldgrün geschuppten Ärmchen ragten. Einen Arm zierte ein weißer Verband mit etlichen, mit bunten Filzstiften aufgemalten, Blümchen.

»*Hallo Marina*«, sagte er möglichst freundlich, um sie nicht zu erschrecken. Wie würde sie auf sein verändertes Aussehen reagieren?

»*Du bist Xanmeran*«, antwortete sie. »*Du siehst aber komisch aus. Patallia ist im Labor.*«

»*Bist du denn alleine?*«, staunte er.

»*Nein.*« Die Kleine öffnete die Tür noch weiter. Mit offenem Mund starrte Xan auf Smu, der in einem quietschbunten Kittel, mit einer vielfarbigen Clowns-Bemalung im Gesicht, grinsend auf seinem Bett saß.

»*Na, da hast du ja den richtigen Spielgefährten*«, lächelte Xan, wohl wissend, dass Smu ihr Gespräch nicht hören konnte. Smu würde jedoch ein guter Ansprechpartner sein, was die Schminke anging.

»*Sag mal, hast du nicht etwas Abdeckendes für meine Haut, Smu?*«, fragte er. »*Ich muss testen, ob sich das noch überschminken lässt. Sonst ist die Erde für mich völlig passé.*«

»Ja klar!« Smu sprang auf und schritt mit steifen Beinen, als würde er Schwimmflossen tragen, ins Bad. Marina lachte begeistert. »Komm mit!«

Xan blickte im Bad staunend auf ein monströses Sortiment von Kosmetika, Flaschen und Tuben, deren Inhalte er nicht zu bestimmen wagte.

»Hier!« Smu reichte ihm eine Dose. »Das ist Camouflage. Damit fängst du an. Das deckt alles ab.« Er drückte ihm eine Tube in die Hand. »Dann kommt das Make-up drüber und danach Puder.« Er stockte, als er sein Gesicht sah. »Nee, lass den Puder weg. Ich seh schon ...«

Xan sah hilflos auf die Dose und die Tube in seiner Hand.

»Komm mit, ich zeig es dir. Marina wird auch Spaß daran haben.« Er deutete auf die Kleine, die bereits neugierig in der Tür zappelte.

Smu drückte ihn auf den Drehstuhl, der vor seinem Rechner stand und begann mit seinem Werk. Es war angenehm sich schminken zu lassen. Marina begutachtete Smus Arbeit kritisch und rannte, um ihm einen Handspiegel zu holen. Xan blickte hinein. Smu hatte ihm das halbe Gesicht geschminkt. Die Beschichtung schien gut abzudecken. Smu drückte Marina etwas Make-up in die Handfläche, die seinen Handrücken damit einreiben durfte. Xan saß ganz still.

»So fertig.« Smu betrachtete zufrieden sein Werk und Marina nickte zustimmend.

Xan blickte in den Spiegel. Was er sah, war ein Humanoide. Ein Mann mit Glatze und schwarzen Augen. Er war sterblich. Er WAR ein Mensch! Wenn er sich noch bleicher schminkte, wirkte er wie ein Duonalier ohne Haare. Sein Magen rebellierte.

»Danke, Smu«, presste er hervor und erhob sich.

Smu blickte ihn leicht mitleidig an. »Das wird schon wieder«, meinte er und klopfte ihm tröstend auf die Schulter.

Xan zwang sich zu einem Lächeln und ging zur Tür. Er fühlte sich unwirklich. Ob Tabathea ihm helfen konnte, in die Wirklichkeit zurückzufinden?

Er lief ins Wohnzimmer, stellte sich neben eines der großen Aquarien, in dem bunte Tropen-Fische ruhig durch ein

Mini-Korallenriff schwammen, und presste die Hand auf seinen energetischen Ring.

»Ich werde Xanmeran nach Sublimar begleiten, Smu. Aber ich bin bald wieder da.« Patallia nahm ein Dona-Gewand vom Bügel und zog es über den Kopf.

»Geht es ihm denn noch so schlecht?«, fragte Smu. »Ich hatte den Eindruck, dass es ihm viel besser ging, als ich ihn geschminkt habe.«

»Ich will sicher gehen, Smu«, erwiderte er ausweichend.

»Hm.« Smu baute sich herausfordernd vor ihm auf, die Daumen in den Bund seiner zerfetzten Jeans eingehakt, und sah ihn durchdringend an. Er hatte noch blaue Farbreste auf der Stirn, die Patallia ihm liebevoll mit dem Ärmel seines Gewands fortwischte.

Beim Vraan, dachte er, hoffentlich werde ich jetzt nicht durchsichtig. Dann merkt er es. Er bemühte sich an etwas Unverfängliches zu denken, zum Beispiel an seinen Computer im Labor und ob er dessen Desktop aufräumen sollte. Aber Smu war Privatdetektiv. Was hatte ihn nun verraten? Smu fixierte ihn immer noch. Er musste ein anderes Thema anschneiden. »Erzähl mir lieber von deinem neuen Auftrag.«

Smu wandte sich um. Unhörbar atmete Patallia auf.

»Ach, der hat sich zerschlagen, als die Frau hörte, was ich an Honorar verlange. Das war Zeitverschwendung.«

Smu drehte sich wieder zu ihm. Seine Augen waren nahezu gelbgrün. Er ließ sich nicht ablenken. »Was willst du auf Sublimar, Pat?«

Ihr Götter. Wie kam er nur darauf? Intuition? Unter Garantie. Sie kannten sich einfach schon zu lange. Er brauchte eine Ausrede. Troyan! Der war seine Rettung!

»Solutosan hat mir erzählt, dass Troyans Auge noch nicht in Ordnung ist, Smu. Seit wann forschst du mir denn so hinterher?«

Smu deutete auf seinen Arm. Er war komplett durchsichtig und zeigte seine ausgeprägte organische Maschinerie. Es war an der Zeit ehrlich zu sein. Pat ließ sich auf die Lehne von Smus plüschigem Fernseh-Ohrensessel sinken.

»Gut, ich sage dir die Wahrheit, Smu. Ich will den Stein holen. Aber nur für wissenschaftliche Tests.«

»Was?« Smu war entsetzt. »Du willst mit diesem gefährlichen Ding in Kontakt kommen? Für Tests? Du kannst deine Unsterb ...«. Er starrte Pat entgeistert an. »Du willst deine Unsterblichkeit aufgeben«, stieß er bestürzt hervor.

»Nein, Smu! Ich will nur den Stein holen und ihn im Duocarns-Haus sicher verwahren, damit er nicht in falsche Hände gerät. Ich spreche das vorher noch mit den anderen ab. Er gehört Tabathea. Ich denke, alle werden mit der Lösung einverstanden sein, dass ich ihn erst einmal verwalte, bis entschieden ist, was mit ihm geschieht.«

»Du willst ihn nicht benutzen?«

»Nein, Smu!« Zumindest jetzt nicht, dachte er.

»Bitte lass auch die Tests sein! Das Ding ist viel zu gefährlich!«

»Ich hatte vor, ihn nur mit dem Roboterarm anzufassen, Smu.«

Smu ließ sich neben ihm in den Sessel fallen. »Und dann? Du weißt nichts über den Stein!« Er sah ihn beunruhigt an. »Patallia, bitte lass das sein!«

Smu hatte ihn noch nie Patallia genannt. Jetzt wurde es wirklich ernst. Würde er Smu zuliebe auf eine Untersuchung verzichten? Pat sah in sein liebes, sorgenvolles Gesicht.

»Wenn du darauf bestehst, kommt er einfach erst einmal in den Safe. In Ordnung?«

»Versprichst du das?«

»Ja, Smu. Versprochen.«

Smu nickte, das blonde Haar fiel nach vorne. Pat mochte nicht, dass sein Freund so ein bedrücktes Gesicht machte. »Es ist wirklich alles in Ordnung, Smu«, beteuerte er und zog Smu zu sich heran. Beide gleich groß, legten sie die Nasen aneinander, rieben sie zärtlich. Smu hatte sich rasiert und roch nach seinem süßlichen, zimtduftenden Aftershave. Ein

Geruch, der sein Herz immer höher schlagen ließ. Er hätte ihm gerne noch etwas Liebes gesagt, es fiel ihm jedoch schwer, die richtigen Worte zu finden. Aber Smu verstand ihn auch so, denn er drückte ihn fest an sich.
»Ich muss geh'n. Solutosan wartet. Bitte sieh nach der Kleinen, wenn sie aufwacht. Bis nachher.« Pat küsste ihn liebevoll. Seine Lippen waren so weich. Wie gern wäre er in diesem Moment in Vancouver geblieben.

Natürlich hatte Smu recht gehabt. Xanmeran brauchte ihn nicht. Patallia konnte nichts mehr für ihn tun. In der Residenz angekommen, drückte Patallia Xan lediglich kurz den Arm als dieser sich entschuldigte, um in sein Turmzimmer zu gehen. Solutosan machte sich auf die Suche nach Troyan, während Pat im Wohnzimmer des Hauses wartete.

Der Squali Tan lag reglos in der Öffnung des Fußbodens. Solutosan hatte ihm erzählt, dass er Venas Squali gewesen war. Das Tier trauerte, eindeutig. Patallia hockte sich neben ihn und betrachtete seinen glatten, feuchten Kopf mit den leidvollen Augen. Sollte er ihm ein Medikament geben? Aber Trauer war mit Medizin nicht zu beseitigen. »*Ich weiß, wie du dich fühlst*«, tröstete er Tan. »*Ich habe schon viele kommen und gehen sehen. Die Zeit wird auch deine Wunde heilen. Pass auf die Verbliebenen auf, dann tust du ein gutes Werk.*« Der Squali hob den Blick zu ihm. Hatte er ihn verstanden?

Patallia erhob sich und inspizierte das große, gemütliche Zimmer. Es besaß nur wenige, bequeme Sitzmöbel aus Holz und Flechtwerk. Der ganze Raum lebte durch seinen bunten Steinfußboden und den dekorativen Kamin aus dem gleichen Gestein. Es lag noch verkohltes Holz in der Feuerstelle. Patallia lief zum Kaminsims und betrachtete die sechseckige, schwarze Dose, die jemand dorthin gelegt hatte. Er nahm sie in die Hand und drehte sie. Was war das für ein Gefühl? Von der Schachtel ging etwas aus, das er nicht definieren konnte. Er legte sie zurück auf das Sims.

»Du hast den Stein gefunden, Pat?«, fragte Solutosans Stimme hinter ihm. Ihm lief es eiskalt den Rücken herunter. Daher die eigentümliche Empfindung. Wie gut, dass er die Dose nicht geöffnet hatte! Er schluckte den Schreck hinunter und drehte sich um. Troyan stand neben Solutosan und sah grauenvoll aus. Da war dringender Handlungsbedarf. Aber zuerst der Stein.

»Hast du etwas dagegen, wenn ich ihn mit auf die Erde nehme und in Vancouver erst einmal im Safe deponiere, Solutosan?«, fragte er.

»Er ist Tabatheas Eigentum«, antwortete Solutosan.

»Nein«, stellte Troyan klar. »Eigentlich gehört der Stein ihrer Mutter. Sie hat ihn ihr aus Rache gestohlen, weil sie nach Piscaderia beordert wurde zu unserem verhassten Halbbruder.«

Patallia wandte sich an ihn. »Was hat sie mit dem Stein vor?«

Troyan schüttelte unwillig den Kopf. »Nach dem, was er bei Xanmeran angerichtet hat, will sie ihn nicht mehr.«

»Ich hatte vorgeschlagen, dass die Unsterblichen ihn an sich nehmen«, ergriff Solutosan das Wort. »Sie sollen entscheiden, ob sie ihn benutzen wollen. Wenn nicht, werde ich den Stein vernichten, beziehungsweise so unterbringen, dass er nie wieder gefunden wird.«

Patallia neigte zustimmend den Kopf und bedeutete Troyan, sich auf einen Korbstuhl zu setzen. »Also liegt er so lange gut und sicher im Safe.« Obwohl ihm mulmig zumute war, trat er nochmals zum Kamin und nahm ohne zu zögern den unheimlichen Behälter.

Solutosan nickte. »Ich hatte nicht gewagt, die Dose anzufassen, Pat. Aber wie ich sehe, scheint sie die Wirkung des Steins abzublocken.« Patallia sah Solutosan seine Erleichterung an.

Er schob die Schachtel in die Tasche seines Gewands und trat zu Troyan. »Zuerst werde ich der Heilung etwas nachhelfen, Troyan. Dann verbessere ich dein Auge.« Er legte die Hände auf Troyans Gesicht, der bei der Berührung aufstöhnte.

Er hatte den Stein. Er konnte es kaum fassen, wie einfach es gewesen war. Nun konnte er nachdenken.

Die Alarmanlage meldete sich. Tervenarius, der die Formel für ein neues Pilz-Serum errechnete, hob unwillig den Kopf. Es klingelte wieder. Warum kümmerte sich keiner um den Eindringling? Ach ja, außer Mercuran war ja niemand im Haus und der wollte einen Film ansehen. Verärgert erhob er sich und schaltete die Kamera ein. Er reckte den Hals, denn zuerst dachte er, dass er nicht richtig sah. Vor der Tür stand tatsächlich Daisy mit einem monströsen Blumenstrauß. Woher hatte sie die Adresse der Duocarns? Bestimmt von Buddy. Hm, das war ihm gar nicht recht. Daisy klingelte erneut.

Seufzend nahm er den Hörer der Türsprechanlage. »Ja?«

»Hallo, hier ist Daisy Madison. Ich möchte zu Tervenarius.«

Sollte er sich verleugnen? Vielleicht hatte sie bereits seine Stimme erkannt. Was wollte sie wohl? Warum hatte sie Blumen? Wenn er sie empfing – und dann noch im eigenen Haus ... Nein, er hatte keine Angst vor Mercuran. Er hatte sich nichts vorzuwerfen.

»Hallo?«, fragte Daisy.

»Hier ist Tervenarius«, antwortete er entschlossen. »Ich komme.«

Er rannte die Treppen hinauf. Warum rannte er? Er bemühte sich, langsam zu gehen. Wieso brachte Daisy ihn immer auf so eine eigentümliche Art aus dem Konzept? Er öffnete die Tür. Sie sah toll aus. Das war nicht zu leugnen. Ihr weißes Kostüm saß wie eine zweite Haut auf ihrem kurvigen Körper. Sie trug das schwarze, üppige Haar wieder hochgesteckt, dazu ein Hauch Make-up. Sie wirkte wie ein Filmstar. Sie lächelte. Was sollte er tun? Er war ein Gentleman. Oder nicht? Er lächelte zurück.

»Das ist eine Überraschung«, stieß er hervor. Er war sich unschlüssig, was er weiter tun sollte. »Möchten Sie nicht eintreten?« Sie hatte schließlich irgendetwas auf dem Herzen. Es war unhöflich sie an der Türschwelle abzufertigen.

Er begleitete sie ins Wohnzimmer – wurde sich bewusst, dass er lediglich eine kurze, blau-weiß gestreifte Shorts und ein enges, weißes Shirt anhatte. Ein Outfit, das die Details seines Körpers mehr als gut betonte. Das lange Haar hatte er zu einem losen Zopf geflochten. »Ich war auf Besuch nicht vorbereitet«, entschuldigte er sich steif. Verdammt! Er trug auch keine Kontaktlinsen! Konnte er sich schnell aus dem Staub machen, um sich umzuziehen? Sie in dem Wohnzimmer allein lassen? Nein. Das wollte er noch weniger. Er musste sie schnellstmöglich wieder loswerden.

Daisy hatte bewundernd die ganzen Aquarien und wuchernden Grünpflanzen besichtigt und drehte sich zu ihm um. Sie musterte ihn von oben bis unten – sah ihm dann erstaunt ins Gesicht.

Er versuchte, seine Verlegenheit nicht zu zeigen. »Was führt Sie hierher?«

Daisy zückte den Blumenstrauß und hielt ihn ihm hin. »Ich wollte mich bei den Duocarns bedanken, Tervenarius. Auch im Namen von Rosi.«

Er nahm die bunten Blumen in der durchsichtigen Folie dankbar an. Nun hatte er etwas, mit dem er seine Shorts verdecken konnte.

»Sie haben das mit dem Anwalt tadellos gemeistert.« Sie sah sich um. »Darf ich mich setzen?«

Beim Vraan. »Ja natürlich«, beeilte er sich zu sagen. Er benahm sich wie ein Tölpel. Es ist, egal was du trägst, sagte er sich. Du bist homosexuell und sie ist eine Frau. Das heißt, sie ist uninteressant. Und es ist gleichgültig, wohin sie blickt. Er lächelte entschuldigend.

»Ich will auch nicht lange bleiben.« Daisy schlug die schlanken Beine übereinander. Er schob den Po auf den Rand der Ledercouch, den Blumenstrauß immer noch zwischen den Schenkeln.

»Wollen Sie die Blumen nicht ins Wasser stellen?«, fragte Daisy amüsiert. So langsam wurde seine Situation grotesk.

»Das mache ich gleich.« Er sah sie ruhig an. »Es freut mich, dass Sie mit meiner Regelung zufrieden sind. Sie werden Skar nicht wiedersehen. Er darf nicht mehr nach Kanada zurück.«

»Wir hatten schon befürchtet, wegen der leidigen Sache aus Vancouver verschwinden zu müssen. Es ist mir immer noch nicht ganz klar, wieso die Duocarns über Bars Erbe entscheiden konnten.«

Ihr Götter, was sollte er darauf antworten? Dass sie alle Außerirdische waren? Er musste sich herauswinden. »Bar war den Duocarns verpflichtet, Daisy. Über die genauen Zusammenhänge kann ich nichts sagen. Aber wie Sie sehen, hat ja alles geklappt, und das Erbe ist gerecht verteilt worden.«

»Und Skar wird nie des Mordes angeklagt werden?«

»Nein, Daisy.«

»Aber wieso nicht?«

Verflucht! Glücklicherweise hatte sie diese Fragen nicht in Rosis Beisein in der Pizzeria gestellt. Jetzt musste er ganz dick auftragen. »Die Duocarns sind ein Zweig des Geheimdienstes. Wir haben alle nötigen Maßnahmen ergriffen, Daisy. Sie werden verstehen, dass gewisse Dinge geheim bleiben müssen.« Sie sah ihn an. Ihre Augen irritierten ihn nach wie vor. Wieso hatte sie derartig vielfarbige Augen? Aber sie nickte endlich.

»Ja, ich verstehe. Das geht mich ja im Grunde genommen auch nichts an. Ich habe alles schriftlich, vom Anwalt bestätigt und brauche mir keine Sorgen mehr zu machen.« Sie lächelte. »Eigentlich kam ich ja nur, um mich zu bedanken. Sie haben diese Angelegenheit bravourös geregelt.«

Sie erhob sich. Tervenarius schnellte hoch. Sie kam mit der ausgestreckten Hand auf ihn zu. Wunderbar, sie wollte sich verabschieden. Das war gut. Er lächelte erleichtert. Sie stand eng bei ihm, hatte die Hand sinken lassen, bevor er sie nehmen konnte. »Sie sind ein außerordentlich interessanter Mann, Tervenarius.« Sie lächelte. Er starrte auf ihre vollen, glänzenden Lippen, die ihm immer näher kamen – die seine berührten! Die sich an seinem Mund rieben! Sie drückte mit ihrem Körper den Blumenstrauß knisternd platt.

»Wer hat denn geklingelt?«, fragte Mercuran hinter ihm.

»Herr, die Schergen sind vollzählig. Ich konnte noch neue für unsere Sache gewinnen. Auch Männer aus gutem Hause sind darunter, die mit Tertes Regierung unzufrieden sind.« Xerxes hob zähnefletschend den Kopf. Er musste nachdenken und Gregan störte ihn. Auf der anderen Seite war es ebenfalls wichtig, die Dinge mit Piscaderia zu regeln.

»Ist der Angriffsplan fertig, Gregan?«, antwortete er barsch. Gregan war der Stratege.

»Ja, Herr. Wir infiltrieren Piscaderia zur Schlafenszeit. Wir haben die Wächter und ihre Dienstzeiten ausspioniert. Sie werden kein Problem darstellen.« Gregan verbeugte sich. »Da ist nur noch eine Kleinigkeit, Herr.«

Xerxes hob wütend den Kopf. Jetzt kamen Gregans Ansprüche, das wusste er. »Ja?«

»Ihr hattet mir Tabathea versprochen. Und nun ist sie fort. Sie wurde auch nicht mehr in der Residenz gesichtet. Zuletzt bei der Bestattung der Frau eures Halbbruders.«

»Irgendwo muss sie ja sein, Gregan«, fauchte er. »Spioniere weiter und sieh zu, dass du sie in die Hände bekommst. - Meinen Segen hast du.« Er blickte ihn mit zusammengekniffenen Augen an. »Ist dir eigentlich klar, dass ich auch noch die Invasion eines neuen Planeten vorbereite? Einem Planeten mit reichlich Wasser und enormem Reichtum. Dort sind so viele Frauen. Du wirst einen Harem bekommen. Also lass mich jetzt in Ruhe. Ich muss nachdenken!«

Gregans Augen flammten kurz auf, aber er verbeugte sich und verschwand durch den Eingang der Riffhöhle, die er nun bewohnte.

Er wollte sich lieber seinen neuen Interessen widmen. Er räkelte seinen halben Körper und betrachtete die verkrüppelte Schwanzflosse. Dank der gewonnenen Energie musste er nun nicht mehr laufen, sondern konnte geradeaus schwimmen. Und er war schnell geworden. Aber was interessierte ihn das eigentlich noch? Er war fähig in einen neuen

Körper zu schlüpfen. In einen gesunden Leib. Ja, er hatte inzwischen Übung darin in den jungen Mann zu fahren, unauffällig in ihm zu verharren, ohne von ihm bemerkt zu werden, und dessen Träume zu belauschen.

Er kannte nun die Lebensumstände des Mannes, auch wenn er einiges davon nicht verstand. Im Wachzustand konnte er nicht in sein Opfer dringen, was ärgerlich war. Jedoch hatte Xerxes begriffen, dass der Mann seine Tageserlebnisse in der Nacht verarbeitete. Er wusste seinen Namen: Richard. Er kannte einige Gesichter aus dessen Bekanntenkreis – junge Frauen und Männer. Ja, und er hatte bereits Etliches über dessen begehrenswerten Planeten erfahren, der unendliche Möglichkeiten zu beherbergen schien. In einer der nächsten Schlafphasen wollte er versuchen, auch nach dem Aufwachen in dessen Körper zu bleiben und sich festzuklammern, damit das Energetikon ihn nicht zurückziehen konnte. Aber das musste nun warten, was ihn ausgesprochen wütend machte.

Nein, er war zu klug, um sich ganz dem Energetikon zu ergeben. Er musste seine derzeitige Situation dringend im Auge behalten. Ärgerlich dachte Xerxes an Gregans lauernden Blick. Seine Wachsamkeit hatte unter den Reisen mit dem Buch gelitten.

Prüfend blickte er zum Höhleneingang. Dort stand ein Scherge, der ihn zu bewachen hatte. Konnte er ihm trauen? Nein. Was war mit Gregan? Trotz seiner gefälligen Dienste misstraute er ihm. Es war ohne weiteres möglich, dass Gregan all dies mit ihm plante, um ihn dann mit einem Putsch selbst vom Thron zu stürzen. Dem musste er zuvorkommen.

»*Hol Gregan zurück*«, fauchte er den Schergen an. Er musste veranlassen, dass sich alle seine Anhänger um ihn scharten – wollte sie auf seine Sache einstimmen. Auf **seine**, nicht auf Gregans Ziele. Im Kopf legte er sich bereits eine flammende Rede zurecht. Keiner durfte an seiner Autorität zweifeln. Er würde ein Exempel statuieren. Seine neue Energie demonstrieren. Er musste in seiner Gefolgschaft auch Angst verbreiten. Aber nur eine Spur.

Nein, er konnte niemandem trauen. Ungeduldig ritzte Xerxes mit den Krallen in die Armlehne seines Stuhls. Wie lange brauchte dieser Kretin?

Er würde auf weitere Reisen in Richards Leib verzichten, bis er auf Piscaderias Thron saß. Der Sitz in Piscaderia würde ihn unangreifbar machen. War er der Herr der Kernwärme, konnte selbst sein Vater nichts mehr gegen ihn ausrichten. Nachdenklich kratzte er sich mit der Klaue die dünne Haut der eingefallenen, linken Gesichtshälfte. Er hatte Pallasidus ewig lange nicht gesehen oder gesprochen, ahnte jedoch, dass diesem die Entwicklungen auf Sublimar nicht recht sein würden.

Als König hatte er geschützte Gemächer, in die niemand eindringen konnte. Er war angreifbar, solange er mit dem Energetikon reiste. Vielleicht plante Gregan längst, es ihm zu entreißen. Er sah sich selbst auf seinem Sessel sitzen mit dem Kopf auf dem Buch. Was könnte Gregan daran hindern ihm in dieser Lage das Lebenslicht auszublasen und sich das Buch anzueignen? Nichts! Hatte er bis jetzt nur Glück gehabt?

»Was machst du da?« Mercurans Stimme klang mehr als frostig.

Terv drückte Daisy mit gerunzelter Stirn von sich. »Ja, das frage ich mich auch«, grunzte er. Er hob den zerdrückten Blumenstrauß in die Höhe und betrachtete ihn.

»Entschuldigen Sie! Ich, ich ... « Daisy stotterte. »Ich weiß nicht, was in mich gefahren ist. Verzeihen Sie, Tervenarius.«

Ihr Götter! Würde diese Peinlichkeit denn gar kein Ende nehmen? Er trat zu Mercuran, packte ihn am Arm und zog ihn zu Daisy. »Darf ich vorstellen: Das ist mein Lebensgefährte David Martinal.«

Mercuran starrte Daisy lediglich hasserfüllt an. Er hatte sein gutes Benehmen völlig vergessen.

»Und jetzt entschuldigen sie uns bitte«, blaffte Terv bestimmt. Es war ihm nun gänzlich gleichgültig, was er trug. Er hätte auch nackt sein können. Selbstbewusst geleitete er Daisy zur Tür. Sie öffnete den Mund, um noch etwas zu sagen, aber er schüttelte nur den Kopf. Energisch schloss er die Tür hinter ihr. Puh!

Mercuran stand weiterhin da, wo Terv ihn verlassen hatte. »Ich wusste es«, hauchte sein Freund.

»Was wusstest du?« Tervenarius war ausgesprochen sauer.

»Dass du diese Daisy magst. Vielleicht sogar noch mehr – wenn du sie schon küsst.«

»Verdammt, David! SIE hat mich geküsst und nicht umgekehrt! Außerdem war es kein richtiger Kuss.«

»Ja, weil ich zur Tür reingekommen bin«, flüsterte Mercuran.

Terv merkte, wie ihm der Hals allmählich anschwoll. Er hatte immer noch den nun lästigen Blumenstrauß in der Hand, den er wutentbrannt auf den Boden warf. »Das glaubst du doch nicht wirklich, David?« Er sah ihm grimmig in seine intensiv metallischen Augen.

Gegen diesen Anfall von unbegründeter Eifersucht gab es nur ein Mittel. »Komm mit. Ich muss dir etwas zeigen«, knurrte er, packte Mercurans Hand und zog ihn die Treppe hoch in ihr Zimmer.

»Was willst du mir zeigen?« Mercurans Stimme klang, als erwarte er nun das endgültige Aus ihrer Beziehung.

Eigentlich war es nicht seine Art, aber nun fiel er aus der Rolle. Er benahm sich wie ein verdammter Macho. Und insgeheim machte es ihm einen höllischen Spaß. Er zerrte sich das Shirt über den Kopf und zog die Shorts aus. Er deutete auf sein Glied, das sich erwartungsvoll hob. »Was glaubst du, weshalb er sich jetzt regt? Na?« Von Mercuran kam keine Antwort. »Weil DU da stehst mit deinem süßen Schmollmund. Weil er sich auf DICH freut, du Dummkopf. Unglaublich, dass so ein läppischer Vorfall dich an uns zweifeln lässt! Hast du denn immer noch nicht kapiert, dass wir zusammengehören?«

Er zog dem erstarrten Mercuran Pulli und Hemd aus. Er war gierig, küsste ihn, drang tief mit der Zunge in seinen Mund ein und öffnete dabei seine Jeans. Das würde er jetzt regeln.

Zielstrebig kniete er sich vor seinen Freund und liebkoste mit den Lippen dessen Geschlecht durch den dünnen Baumwollstoff der weißen Boxershorts, das sofort reagierte. Zart erfasste er Mercurans Glied mit den Zähnen, biss durch den Stoff.

»Aber ...«, flüsterte Mercuran.

»Es gibt kein Aber, David. Und nun marsch ins Bett. Komm, zeig mir deine Reize. Zeig mir, was du zu bieten hast. Da kommt keine Frau der Welt mit!«

Er drückte Mercuran auf die Matratze. Ich werde dich jetzt durchnehmen, dass dir Hören und Sehen vergeht – samt deinen ganzen Flausen, dachte er, lüstern und gleichzeitig amüsiert.

»Und den Namen Daisy will ich in diesen Wänden nicht mehr hören«, befahl er. Beim Vraan, er war der Chef der Duocarns und der Herr im Haus!

»Ich habe leider jetzt keine Zeit mehr auf Marina aufzupassen, Solutosan.« Smu trat in einem ungewohnt seriösen Outfit in die Duocarns-Küche. Der graue Armani-Anzug stand ihm ausgezeichnet, auch wenn er ihn mit einem geblümten Halstuch dekoriert hatte. Das blonde Haar trug er zu einem Pferdeschwanz gebunden. »Ich fahre heute nach Seattle zu einem neuen Klienten. Der Job hörte sich vielversprechend an.«

»Das verstehe ich, Smu.« Solutosan nickte. »Ich danke dir für deine Mühe. Ich bin ja jetzt wieder hier. Für den Fall, dass ich fort muss, werde ich versuchen, einen Babysitter aufzutreiben. Ich dachte daran, Tabathea zu fragen.«

»Tabathea?«, staunte Smu. »Ist die nicht von Salzwasser abhängig?«

Solutosan rieb sich das Kinn. »Ja, aber das haben wir in Vancouver ja auch. Die Salzwasser-Aquarien haben mich auf eine Idee gebracht. Ich werde ein größeres, temperiertes Becken für sie im Keller in einem der leeren Räume aufstellen lassen. Sie kann dann zumindest vorübergehend auf der Erde bleiben. Marina wird das Wasser auch gut tun. Mir ist es gar nicht lieb, dass Tabathea weiterhin auf Sublimar ist. Xerxes hat sie nicht umsonst gefangen genommen. Er hatte etwas mit ihr vor. Sie ist ebenfalls noch nicht außer Gefahr.«

Smu hatte ihm mit ernster Miene zugehört. Er holte eine Milchtüte aus dem Kühlschrank, schenkte sich ein Glas voll ein und trank mit nachdenklichem Gesicht. »Und Xan?«

»Dann muss Xanmeran ihr eben hierhin folgen«, grunzte Solutosan leicht ungeduldig. »Es lebt sich gut in Vancouver und geschminkt kann er sich hier ebenfalls ungehindert bewegen.«

Er ließ sich auf einen der mit rotem PVC bezogenen Küchenstühle fallen. »Manchmal brummt mir selbst der Kopf. Sublimar, Duonalia, Erde ...«, knurrte er. »Tatsache ist, dass ein Auraner ohne Salzwasser auf Duonalia nicht überleben würde. Also können sie nur auf die Erde. Marina und Tabathea sind noch in Gefahr. Was bleibt mir anderes übrig?«

Er fühlte Ulquiorra beruhigende Signale aussenden.

Smu stellte das leere Glas in die Spüle. »Das sollte keine Kritik sein, Solutosan. Also wirst du – werdet ihr – die meiste Zeit hier sein?«

Er nickte. »Ich werde nur noch die Beratungstage im Tempel wahrnehmen. Die kann ich vielleicht irgendwann an Troyan abgeben. Ich finde, er ist geeignet, die Führung auf Sublimar zu übernehmen. Ich wünschte, dass mein verdammter Vater endlich mal wieder auftauchen würde!« Was sagte er da? Smu konnte ihm bei all den Dingen, die er klären musste, sowieso nicht helfen. Oder vielleicht doch?

»Wie läuft es eigentlich in Kanada ab, wenn jemand stirbt?«

Smu zuckte die Achseln. »Er kommt ins Leichenschauhaus für ein paar Tage und wird dann entweder beerdigt oder verbrannt.«

»Also gibt es viele Leichenschauhäuser?«

»Unzählige. Jedes Hospital in Vancouver hat eines. Warum fra...« Smu sah ihn mit aufgerissenen, giftgrünen Augen an. »Verstehe«, bemerkte er langsam. »Aber müsstest du nicht einen unversehrten Körper haben?« Solutosan nickte. »Du bräuchtest Kontaktleute in den Krankenhäusern, die dir Bescheid geben, sollte ein junger Mann an Herzversagen sterben. Darf ich mal erwähnen, dass das äußerst selten ist?« Solutosan bleckte schweigend die Zähne. »Und das wird auch sehr, sehr teuer, Solutosan. Du brauchst entweder einen Mitarbeiter in jeder Klinik oder einen Hacker, der sich ununterbrochen in die ganzen Rechner der Krankenhäuser hackt.«

»Pan!«, riefen Smu und er aus einem Mund.

Smu blickte auf das Display seines Handys. »Sorry, ich muss jetzt weg. Ruf mich an, solltest du mich brauchen, okay?«

Solutosan hatte Marina ins Bett gebracht. Das Gästezimmer, das seinem Raum am nächsten lag, war als Kinderzimmer umfunktioniert. Er hatte einen Spielzeugladen regelrecht geplündert und Berge von Büchern, Stofftieren, Bauklötzen und was er sonst noch für pädagogisch sinnvoll gehalten hatte, in ihr Zimmer gestapelt.

Marina hatte die Dinge mit riesigen Augen betrachtet, sich einen großen Plüsch-Delphin geschnappt und mit in ihr Bett gezerrt. Das hatte ihm einen Stich ins Herz gegeben. Natürlich vermisste die Kleine ihre besten Spielgefährten – die Squalis, und von ihnen gewiss am meisten Tan.

Er beschloss, Marina an den Beratungstagen mit nach Sublimar zu nehmen und sie Troyans Aufsicht zu übergeben. Das hatte zwei Vorteile: Marina verlor so nicht den Kontakt zu ihrem Heimatplaneten und er konnte Troyan auf diese Art beweisen, dass er ihm immer noch vertraute. Er wusste, dass dieser darunter litt, versagt zu haben, als man die Residenz überfiel.

»Was denkst du?«, fragte er Ulquiorra, während er in sein Zimmer ging.

»*Ich freue mich, dass du mich fragst, Solutosan*«, antwortete dieser sofort. »*Ich halte es für eine gute Entscheidung.*«

Solutosan zog sich aus. Er trug nun wieder menschliche Kleidung – mit Vorliebe in Schwarz. Er ließ seine Jeans, Pulli und Shirt auf den Boden fallen und warf sich aufs Bett. »*Ich bin froh, dass ich mich an die Agentur »Diskrete Dienste« erinnert habe. Mit ihnen bin ich vor Jahren einmal nach Nassau geflogen, als ich noch keine kanadischen Papiere hatte. Sie sind unbezahlbar. Es ist wirklich so, als würden deren Leute nichts hören und nichts sehen. Sie werden das Salzwasserbecken für Marina und Tabathea einbauen, bar kassieren und verschwinden. Danach bin ich mitsamt meinem Auftrag und meiner Adresse vergessen.*«

»*Die Erde erstaunt mich immer wieder, Solutosan*«, lächelte Ulquiorra. »*Und was mich eigentlich am meisten verwundert, ist, wie gut du dich auf ihr zurechtfindest.*«

»*Nach so vielen Jahren?*«, lachte Solutosan. Er bemerkte, dass er seine Hand auf seinem Schenkel platziert hatte, er versucht war, sein Glied zu berühren. Ja, es war das Ziehen im Unterleib, das ihn irritierte. Die nicht ausgelebte Erotik staute sich. Sein Penis rebellierte. Unruhig warf er sich auf die Seite und stierte an die Wand.

»*Du solltest es tun. Ich habe kein Problem damit.*« Ulquiorras Stimme war ein liebevoller Hauch. »*Ich kann dich sogar sehr gut verstehen. Erinnerst du dich? Nachdem Maureen mich aus meinem sexuellen Dauerschlaf geweckt hatte, war auch in mir der ständige Drang. Weißt du noch, wie oft wir uns getroffen haben und was dann geschah?*«

Solutosan schloss die Augen. »*Erzähl mir, wie du es erlebt hast.*«

Er fühlte, wie Ulquiorra sich wohlig in ihm ausbreitete, als würde er sich hinlegen. »*Ich erinnere mich, als wir im Aquarium waren. Es war ein eiskalter Tag. Du hattest mir in einem Laden einen dicken, blauen Strickpullover gekauft, weil mir ständig kalt war, dazu warme Handschuhe. Aber im Aquarium war es so heiß,* dass ich darin ins Schwitzen kam und den Pullover wieder ausziehen musste. Du konntest deine Augen kaum von mir wenden. Ich weiß nicht, ob du die ganzen Fische überhaupt wahrgenommen hast. Sie waren wunderschön. Deine Blicke empfand ich fast schon ein wenig peinlich, denn die Leute haben uns gemustert. Ich dachte, alle wissen bestimmt, was zwischen uns ist.«

Solutosan lächelte. Seine Hand hatte nun sein Glied umschlossen. Er streichelte es sanft. »Jetzt weiß ich, welchen Tag du meinst. Erzähl weiter, bitte.«

»Wir kamen in eine Abteilung, die etwas unübersichtlich war. Viele kleine, einzelne Becken mit bunten Kaltwasser-Fischen. Du hast mich an eines der Aquarien gedrückt und geküsst. Du warst sehr gierig. Unsere Kraftströme flossen bereits wieder ineinander. Als ich in dich kam, konnte ich außer einer gigantischen Wolllust kaum etwas anderes wahrnehmen. Du fühltest dich an wie ein Vulkan, der kurz vor dem Ausbruch stand. Ich war zuerst erschreckt, weil ich die Ursache dafür war, ließ mich jedoch von dir in diesen erotischen Sog ziehen.« Ulquiorra machte eine kleine Pause und ließ die Erinnerung wirken.

Solutosan rieb sein Glied, aber gleichzeitig verdichtete sich das harte Gefühl in seiner Brust. »Erzähl weiter, bitte.«

»Ich stand also vor dem Becken und fühlte mich von deiner Energie völlig eingehüllt. Wären wir nicht in der Öffentlichkeit gewesen, wir hätten vom Boden abgehoben. Ich war froh, dass es Mittagszeit und die kleine Abteilung menschenleer war. Du öffnetest vorne meine Hose ein wenig, dann spürte ich deine Hand hinten in die Jeans gleiten. Du zogst deine Jacke weit um mich herum, damit dies niemand sehen konnte, der vielleicht zufällig in den Raum kam. Deine rechte Hand rutschte bis tief in das Tal. Mir stockte der Atem, als dein Finger in mich eindrang. So standen wir nebeneinander, als wäre nichts. In Wirklichkeit waren wir verbunden, intim verbunden. Ich weiß noch, wie mein Herz bis zum Hals schlug. Deine streichelnde, fordernde Liebkosung war erregend. Ich glaube, in diesem Moment wurde dir die Umgebung gleichgültig. Du hast mich in die Ecke an die Aquarien gedrückt und leidenschaftlich geküsst, mit der anderen Hand mein Glied durch den Stoff gerieben. Ich wollte dich auch so sehr, Solutosan. Deine Hände, deine Zunge, deine Kraft, deine ganze Präsenz berauschten mich.«

»Hör nicht auf!« Solutosan stöhnte, fühlte, wie der Saft in seinen Hoden drängte, das Ziehen in seinem Unterleib sich verstärkte. Seine Hand bewegte sich schneller.

»Du hast mich einfach genommen. Bist in mich eingedrungen. Dein sich bewegender Finger, deine reibende Hand, deine drängende Zunge, deine machtvolle, lüsterne Energie. Wie konnte ich dem widerstehen? Ich wollte es auch gar nicht. Ich verströmte mich, vergaß die Umgebung. Nur du warst noch da und ich begehrte dich so sehr! Als ich die Augen öffnete, standest du vor mir. Die Sterne in deinen Augen glitzerten selbst durch die blauen Kontaktlinsen. Ich werde nie deinen Blick vergessen, als du dann den Finger deiner rechten Hand in den Mund schobst – wie ein kleiner Junge, der verbotene Süßigkeiten nascht. Das hat mich fast umgeworfen.« Ulquiorras letzter Satz war nur noch ein Flüstern.

Solutosan schluckte trocken, schloss die Faust um das Sperma in seiner Hand. Das war kein Höhepunkt. Es war eine notwendige Entladung. Nicht mehr. Ulquiorra fehlte ihm so sehr. Das harte Gefühl in seiner Brust war zu einem massiven Felsbrocken geworden, der ihm den Hals zuschnürte und die Tränen aus den Augen presste. »Du warst so schön«, stöhnte er. »Du warst so wunderschön! Deine Haut, dein Haar, dein Duft. Werde ich den Hass auf Xerxes jemals überwinden können?«

»Ja, Solutosan.« Ulquiorras Stimme klang wieder fester. »Ich bin absolut sicher, dass du ihn zur Strecke bringen wirst, und dass ich einen anderen Körper haben werde. Gemeinsam sind wir stark. Weine ruhig. Lass den Stress heraus. Morgen früh stehst du auf und wir gehen alle Aufgaben frisch gestärkt an.«

Solutosan stand auf, ging ins Bad um die Hand abzuwaschen. Er blickte in den Spiegel. Er lächelte, eine Träne noch auf der Wange. Nein, es war Ulquiorras Lächeln, nur durch sein Gesicht. Das war schön. Es war tröstlich. Er schlüpfte zurück ins Bett und war sofort eingeschlafen.

Smu traf seinen Kunden in der Bar des Hilton – eine gediegene Umgebung, die Smu mit ihren dekorativen, rötlichen Hölzern und den edlen, flackernden Petroleumlampen eher an einen Countryclub erinnerte, als an eine Hotelbar. Er blickte sich um. Ein älterer, grauhaariger Mann lehnte an einem Barhocker und trank ein Bier, der Barkeeper polierte Gläser – sonst war die Bar leer.

Er kannte Richard Ryan von Fotos. Ein Sohn aus reichem Haus, Stahlindustrie. Soweit er recherchiert hatte, gehörte Leguan-Steel Ben Ryan, Richards Vater. Was dieser Kunde wohl auf dem Herzen hatte? Richard hatte am Telefon gesagt, dass er ihm empfohlen wurde. Smu hatte noch finster im Gedächtnis, einmal für Leguan-Steel gearbeitet zu haben. Er war damals erfolgreich gewesen. Ob man sich wieder an ihn erinnert hatte?

Smu bestellte sich einen Orangensaft und zupfte sein Halstuch zurecht. Solutosan hatte es angestarrt. Ob er damit wohl overdressed war? Ihm hatte die Kombination gefallen. Im Moment hatte er sowieso ein kleines Problem mit Solutosan. Der war ihm unheimlich geworden. Gleichzeitig mit zwei Männern zu sprechen, und den anderen nicht sehen zu können, war schon etwas gewöhnungsbedürftig. Und Ulquiorra aus seinem Mund zu hören, wirkte leicht verstörend. Natürlich hätte er sich das niemals anmerken lassen. Solutosan war auf Körpersuche und würde erst einmal in Seafair sein. Also stellte er sich darauf ein, ihm so gut wie möglich zu helfen.

Smu hob den Kopf. Sein Kunde stand vor ihm. Er sah besser aus als auf den Fotos. Den Körper hoch aufgerichtet, die Bewegungen ein wenig steif, den Blick distanziert, verzog er den Mund zu einem Lächeln, das nicht in den Augen ankam. Der ganze Mann hatte etwas Militärisches, als wäre er in einer Akademie ausgebildet worden. Smu stand auf und reichte ihm die Hand. Sie war kühl und glatt. Die Hand eines Studierten oder Nichtstuers.

»Herr Goldstein?«, erkundigte er sich. Smu nickte.

»Wollen wir uns an einen Tisch setzen?«, fragte Smu, denn es war dem Kunden bestimmt nicht recht, das Gespräch in der Nähe des Barkeepers zu führen. Sie wählten einen kleinen Tisch ganz in der Ecke. Richards dunkler Anzug saß wie angegossen. Smu war froh, ebenfalls Armani gewählt zu haben.

»Wie Sie mir am Telefon sagten, bin ich empfohlen worden«, begann Smu. Der dunkelhaarige Mann nickte. »Ja. Vielleicht erinnern Sie sich, dass Sie vor vielen Jahren bereits für Leguan-Steel gearbeitet haben. Das ist die Firma meines Vaters. Es war nur ein kleiner Auftrag, den ehemaligen Personalchef betreffend. Mein Vater war damals zufrieden mit Ihnen.« Smu nickte. Er war dem verdächtigen Mann gefolgt und hatte innerhalb einiger Stunden genügend Beweise für dessen Veruntreuung zusammen, denn der Beschuldigte hatte die ergaunerten Firmengelder mit vollen Händen ausgegeben. »Ich erinnere mich«, antwortete er.

»Dazu kommt, dass wir ein jüdisches Unternehmen sind und nach Möglichkeit Landsleute beschäftigen.« Richard Ryan sah ihn selbstbewusst an. Aha, man hatte also auch über ihn Nachforschungen angestellt. Na ja, mit dem Namen Goldstein war es ja nicht schwer zu erraten, dass er Jude war.

»Wie kann ich Ihnen helfen?«

Richard winkte dem Barkeeper und bestellte ebenfalls Orangensaft. »Es geht um eine alte Jugendfreundin von mir. Ich habe sie aus den Augen verloren. Ich möchte, dass sie die Dame suchen und mir ihren Aufenthaltsort mitteilen.« Er zog eine wertvolle, braune Brieftasche hervor, entnahm ihr eine zerknitterte Fotografie und reichte es ihm. »Leider habe ich nur dieses alte Porträt. Ihr Name ist Monica Marten.«

Smu nahm das Foto und betrachtete es. Ein hübsches Mädchen mit üppigem, schwarzen Haar, das etwas verunsichert in die Kamera lächelte.

Richard Ryan blickte ihn mit seinen kalten blau-grauen Augen forschend an.

»Haben Sie noch mehr Angaben zu ihrer Person, Herr Ryan?« Er zog einen kleinen Block und einen dünnen Stift aus seinem Sakko.

»Ihre Mutter heißt Tanja«, antwortete Ryan. »Tanja hat vor vielen Jahren bei uns als Hausmädchen gearbeitet. Das ist - lassen Sie mich überlegen, dreizehn Jahre her.« Er blickte ihn nachdenklich an. »Das Foto hätte ich gern, wenn möglich, wieder zurück.«

»Selbstverständlich«, beeilte sich Smu zu sagen. »Mein Stundensatz hat sich im Vergleich zum letzten Auftrag um zwanzig Prozent erhöht. Sie verstehen - das ist jetzt Jahre her. Spesen wie üblich.«

Als Gefährte eines Duocarns brauchte er das Geld nicht, aber es machte ihm nach wie vor Spaß zu handeln.

Richard Ryans Miene veränderte sich nicht. »Das ist kein Problem. Allerdings stellen Sie die Rechnung bitte an mich privat. Die Firma meines Vaters hat nichts damit zu tun.«

»Ihr Fall ist bei mir in guten Händen, Herr Ryan«, lächelte Smu. Er sah auf Richards linke Hand, die das Saftglas umklammert hielt. Nein, Ryan war nicht so cool, wie er tat. Smu sah ihm forschend in die Augen. Der Mann hatte eine Wand um sich herum aufgebaut - hatte höchstwahrscheinlich in jahrelanger Arbeit ein Bild von sich geschaffen, das er nun verkörperte. Wie es wohl hinter dieser Mauer aussah?

»Ich halte Sie über meine Ermittlungen auf dem Laufenden.« Smu erhob sich, denn Ryan hatte sein Glas ebenfalls geleert. Er reichte ihm die Hand. Sie war nicht mehr ganz so kühl.

Xerxes kniff das intakte Auge zusammen. So konnte er besser wahrnehmen, wie viele piscanische Anhänger sich zwischen den Felsen und in dem dürren Pflanzenwuchs des Nordmeeres zusammengefunden hatten, um ihn zu sehen. Er verteilte die goldene Energie über seinen Leib und brachte ihn so zum Erglühen, stieg dann hoheitsvoll auf eine kleine, felsige Erhebung. Er musste seine Rede mit der piscanischen Hand-Sprache begleiten, was durch den goldfarbenen Schein seiner Gliedmaßen effektvoll unterstützt wurde. Gregan, in der aus Knochenplatten und Perlmutt bestehenden Palastuniform seines Widersachers Tertes, stand an seiner Seite. Er hasste es, Gregan darin zu sehen, war sich aber gleichzeitig klar, dass diese Uniformen bald zu SEINEM Reich gehören würden. Außerdem waren sie imposant und repräsentativ.

Damit fange ich an, dachte er. »*Seht ihr diese Uniform?*«, fragte er. »*Eindrucksvoll, nicht wahr?*« Gregan neigte demütig den Kopf. »*In diesem Moment ist Gregan der Einzige, der sie trägt, aber nicht um dem Abschaum Tertes darin zu dienen, sondern mir, dem rechtmäßigen Inhaber des Thrones!*« Er sah sich um. Einige Zuhörer drängten sich an die Felsen, um den kalten Nordmeer-Strömungen zu entgehen. Kein Piscanier war gern in diesen kühlen Gefilden. »*Und genau so, wie diese Uniform zu mir, dem legitimen König gehört, gehört ihr, die ihr heute versammelt seid, als die rechtmäßigen Verwalter der Kernwärme des Planeten, in die warmen Gewässer Piscaderias!*« Zustimmendes Gemurmel erhob sich, einige Männer gestikulierten bejahend. »*Wie ich sehe, sind auch Mitglieder hochrangiger Familien anwesend. Warum seid ihr hier? Ich weiß es: Weil euch unter der Herrschaft des Tertes-Kretins nicht der euch gebührende Platz zugesprochen wurde. Ihr gehört in die höheren Befehls-Positionen!*«

»*Bravo!*« Gregan konnte nicht an sich halten.

Sollte er ihn für diese Unterbrechung bestrafen? Er blickte in die angespannten Gesichter seiner Zuhörer. Nein, das war zu früh. Also nickte er Gregan lediglich zu.

»*Unter meiner zukünftigen Führung könntet ihr versichert sein, dass ihr in diese Positionen zurückkehren werdet und diese Rangfolge auch auf eure Kinder und Kindeskinder übertragen wird.*« Tertes hatte den Fehler gemacht, die Nachfolge innerhalb der Familien zu zerschlagen. Er hatte die oberen Befehlshaber nach Wissen und Können eingesetzt. Natürlich würde er das ebenfalls tun, aber auf andere Weise. Ich werde die Unfähigen, die meinen Plänen nicht genehm sind, einfach umbringen lassen, dachte er und bleckte sein lückenhaftes Gebiss.

»Ihr wollt die familiäre Rangfolge erneut einführen?«, fragte ein Piscanier in einem zerfetzten, roten Algengewand, der zu seinen Füßen kauerte.

»Selbstverständlich!«, antwortete er. »Ich will, dass ihr alle wieder stolz auf eure Familien sein könnt!«

Damit hatte er bei den meisten offene Türen eingerannt. Einige Bravo-Rufe wurden laut. »Und was ist mit den Auranern?«, fragte der Piscanier erneut. »Deren Squalis reduzieren unseren Fischbestand!« Das war eine in Piscaderia weitverbreitete Lüge. Die Squalis waren symbiotisch mit Sublimar. Aber wer von diesen Dummköpfen würde das von ihm hören wollen? Keiner. »Das werden wir auf keinen Fall weiterhin dulden! Wir werden sie zurechtweisen!« Er machte eine effektvolle Pause. »Außerdem habe ich gehört, dass Squali-Fleisch ausgezeichnet schmecken soll!« Diese Aussage ließ sämtliche Tuscheleien verstummen. Dann wurden anerkennende Stimmen laut und sogar etliche Hochrufe! Er hatte gewonnen! Xerxes sah in die begeisterten Gesichter, schwenkte seinen energiegeladenen Arm und zeichnete so eine schimmernde Spur um sich herum ins Wasser, was die Begeisterung noch verstärkte. Das war eine Kriegserklärung an die Auraner. Aber das war ihm völlig gleichgültig. Der dumme Mob dort sollte ihm helfen, auf den Thron zu kommen. Danach würde er mit Hilfe der Schergen alles durchsetzen, was er, und nur er, wollte.

Er drehte sich zu Gregan, der seinen Blick nun ebenfalls wieder mit echter Hochachtung erwiderte, dann demütig die Augen senkte. Du hast Glück gehabt, dachte Xerxes bei sich. Denn wäre es notwendig gewesen, hätte ich ein Exempel an dir statuiert.

Smu heftete das Foto von Monica Marten an die Pinnwand über seinem Rechner und setzte sich wieder auf den mit gepunktetem Stoff überzogenen Bürostuhl. Nachdenklich starrte er das Bild an. Er hatte die Adressen, wo Monica gewohnt hatte, kontrolliert. Überall war sie einfach spurlos verschwunden. Sie hatte immer in billigen Stadtteilen von Seattle gelebt. Nachforschungen beim Einwohnermeldeamt und bei den Sozialbehörden waren negativ verlaufen. Smu kratzte sich am Kopf. Was blieb nun? Krankenhäuser abklappern und Nachbarn fragen.

»Probleme?« Patallia war hinter ihn getreten und legte die Hände auf seine Schultern.

»Nein, Pat. Noch würde ich die Sache nicht als Problem einstufen. Der Fall hat jedoch seine Eigenheiten. Ich glaube, dass diese Monica – aber das ist nur ein Gefühl von mir – sich absichtlich so verhält, dass sie keine Spuren hinterlässt. Ich muss morgen los und in der Nachbarschaft herumfragen. Heute Abend ist es schon zu spät dafür. Schläft die Kleine?«

Er schloss die Augen und genoss Patallias Hände, die sanft sein Haar streichelten, dann langsam zu den Ohren glitten, seinen Hals, Kinn und die steife Halswirbelsäule massierten.

»Ja, sie schläft. Wie lange sitzt du heute schon wieder vor dem Rechner, Smu?«, fragte er leicht tadelnd. »Zieh mal das Hemd aus.«

Das tat er gerne. Er kannte Patallias Spezialbehandlung bereits. Sie lockerte die betreffenden Muskeln und machte so den Kopf wieder frei. Er warf das Shirt neben sich auf den Boden und reckte erwartungsvoll den Hals.

Patallias Finger waren so angenehm. Seine heilenden Hände fuhren über die verhärteten Stellen, ab und zu gab es einen leichten Stich. Patallia injizierte ein Muskelrelaxans, verteilte es streichelnd im Fleisch.

»Au Mann, wunderbar, danke Pat!« Das Blut floss wieder besser, sein Kopf fühlte sich klarer an. War Patallias Atmung während seiner Berührungen schneller geworden? Ja. Was war der Grund für Pats leichtes Schnaufen? Er drehte sich auf dem Stuhl, zog Patallia nah zu sich, und legte kontrollierend die Hand auf den Reißverschluss seiner Jeans. Wie lange hatte er nicht mehr mit Pat geschlafen? Einige Tage? Auf jeden Fall war es zu lange her.

»Habe ich dich vernachlässigt, Pat?«, fragte er.

Patallia nickte bedächtig. »Ich glaube, wir haben uns die letzte Zeit beide zu sehr in unsere Arbeit vertieft, Smu.«

Ja, das stimmte. Smu kam auf die Füße, riss sich Turnschuhe, Jeans, Slip und Socken vom Leib. Dann zerrte er an Patallias Hemd. Ein Knopf sprang in hohem Bogen weg und prallte gegen den Bildschirm seines Rechners. »Halt!« Patallia brach in Lachen aus. »Lass das, Smu, ich ziehe mich selbst aus!«

»Wir gehen jetzt baden, Pat! Mit ganz viel Schaum!« Smu wieselte ins Badezimmer und bereitete die Wanne vor. So, Stöpsel rein, Wasser marsch und Duft? Welcher war denn anregend? Er stand mit zwei Flaschen ätherischen Ölen in der Hand als Patallia ihn zu sich umdrehte – die Haut nun komplett durchsichtig, das Glied stramm und groß, das Gesicht von einem strahlenden Lächeln erhellt.

Smu lachte aufgeregt und glücklich. Pat gefiel ihm nach wie vor ungemein. Jetzt war eine Badeorgie fällig, die Patallia nie wieder vergessen würde!

Patallia ließ sich zu Smu in das warme, duftende Wasser gleiten und hockte breitbeinig auf dessen Oberschenkeln. Smu sah hinreißend aus, fand er. Das heiße Wasser und die Erregung hatten seine Wangen rosig angehaucht. Das lange blonde Haar hatte mit den nun dunkel-feuchten Haarspitzen kleine Schaumflocken von der Wasseroberfläche gestreift. Patallia rückte näher an ihn heran, so dass sich ihre harten Glieder berührten, im seifigen Wasser aneinander vorbei glitten, miteinander schmusten. Smu lehnte sich genussvoll zurück, wölbte die Brust mit den goldenen Ringen hervor. Er wollte dort verwöhnt werden. Das kannte Patallia schon. Er wusste, wie erregbar Smu an diesen Stellen war. Also benetzte er mit dem Finger die hübschen, rosigen Brustwarzen mit Wasser, umrundete zärtlich streichelnd deren Hof und sah mit Vergnügen, wie sich ihm die hart gewordenen Nippel entgegen reckten. Inzwischen hatte er gelernt, was Smu am meisten Lust bereitete: Leichtes Ziehen an dem goldenen Schmuck, necken mit den Fingernägeln, sanftes Drehen der gesamten Brustwarze mit den Ringen, lecken und saugen. Er liebte es, sich lange mit diesem hübschen Spielzeug zu beschäftigen, genoss Smus Seufzen und Stöhnen, der mit den Händen ihre beiden Schwänze umfasst hielt, sie aneinander rieb und drückte.

Er lächelte in der Erinnerung an ihr erstes Mal, als er noch nicht fähig gewesen war den Arzt in sich abzulegen und Smu nur mit seinen untersuchenden, analysierenden Händen berührt hatte. Nein, Smu hatte ihn Lust gelehrt und er war ein guter Schüler geworden.

Patallia zog ihn ganz an sich heran und küsste ihn zärtlich, brachte ihn mit einem Kuss auf die Nase dazu die Augen zu öffnen. Er liebte es Smus grünen Blick so lüstern verhangen zu sehen, die feuchten Lippen geöffnet. Smu war selbstbewusst, das ja, aber er ließ sich gerne nehmen. Und er war immer für eine Überraschung gut. Unvermittelt packte er Patallia, kippte ihn nach hinten und zog ihn während des Kusses unter Wasser. Untergetaucht drang er tief mit seiner gespaltenen Zunge in seine Mundhöhle ein, massierte jeden Winkel seines Mundes. Ich brauche keinen Sauerstoff, dachte Pat amüsiert. Mich kannst du stundenlang unter Wasser küssen. Ja, Smu brauchte Luft und zog ihn mit sich nach oben, prustete und lachte wie ein kleiner, übermütiger Junge. Sein blondes Haar klebte dunkel an seinem Kopf, Hals und Schultern, zusätzlich dekoriert mit dicken Schaumflocken. Nun sah er noch jünger und frecher aus als sonst.

Ich liebe ihn, dachte Patallia. Aber ich bin nicht fähig ihm das zu sagen. Ich habe es ihm nie gesagt. Ob er mich auch so versteht?

Ja, Smu verstand ihn ohne Worte. Sein Lachen erstarb und er nahm mit liebevollem, ernstem Gesicht seinen Kopf in beide Hände. »Ich weiß, Pat«, sagte er. »Ich weiß alles und du brauchst nichts zu sagen.« Er erhob sich auf die Knie. Das schaumige Wasser rann seine zarte, helle Haut hinab. Patallia sah es auf Smus stark erregtem Glied vor seinen Augen abperlen, die Hoden hinabfließen und als milchigen Strom im Wasser der Wanne enden. Er hob den Kopf. Smus Augen blitzten herausfordernd. Eine Herausforderung, die er augenblicklich annahm. Die ätherischen Öle auf Smus Haut schmeckten angenehm. Er vermischte sie mit seiner neutralen Medikamentenbasis, die er in seine Mundhöhle fließen ließ. So glitt der Schwanz seines Geliebten glatt, geil, pulsierend in seinen Mund. Ich liebe ihn, dachte er wieder. Er hat mir nach den Äonen meines Lebens gezeigt, dass ich fähig bin, tief und aufopfernd zu lieben – dass ich einen Körper besitze, der mir Lust bereiten kann. Ich habe Jahrhunderte geschlafen. Er hat mich geweckt. Er umfasste zärtlich Smus festes Hinterteil und verschlang ihn bis zum Schaft, was Smu ein lautstarkes Stöhnen entlockte. Er durfte nicht zu viel saugen, das wusste er. Smu würde sonst zwischen seinen Lippen explodieren.

»Pat?« Smu packte seinen Kopf mit beiden Händen, um ihn zu bremsen. »Heute drehen wir den Spieß um. Hast du Lust?« Er wollte Smus Penis nicht aus seinem Mund entlassen, deshalb nickte er nur. Spieß umdrehen? Er hatte Smu immer genommen. Konnte er sich vorstellen penetriert zu werden? Hatte er davon schon geträumt? Wenn er ehrlich war, ja, aber er hatte dann wiederholt Smus Drängen nachgegeben und es war bei dem alten Spiel geblieben.

Smu ließ sich wieder in die Wanne sinken, streckte die Beine aus. »Komm her!« Er blickte nach unten auf seinen steifen Schwanz. »Hast du Angst?« Nein, er hatte keine Angst. Er hätte Smu sein Leben anvertraut. Aber er war nicht fähig in diesem Moment zu sprechen. Er sah in Smus Gesicht. Ich liebe ihn und ja, ich will ihn spüren. Ich will wissen, wie er sich anfühlt.

Langsam ließ Patallia sich auf das Geschlecht seines Geliebten sinken. War es Schmerz? Nein, es war nur ungewohnt, so durchdrungen zu werden. Er sah, wie Smus Miene sich veränderte, konzentriert zuerst, dann wollüstig überrascht. Er riss die Augen auf. Wie immer wenn ihn etwas beeindruckte, leuchtete seine Iris gelblich-grün. Er holte tief Luft.

»Sag nichts«, krächzte Patallia. Seine Stimme war fast völlig abhandengekommen. »Tu es!« Sie bewegten sich langsam. Das Wasser kam in Bewegung. Er klammerte sich an Smus feste Oberarme. Sie wurden schneller. Das Badewasser schwappte über den Rand der Wanne. Es war ihm egal. Smu nahm ihn. Er war allgegenwärtig, groß, hart, geil, besitzergreifend. Pat griff nach unten, denn er hatte das Gefühl, dass sein Glied zu platzen drohte. Diese Berührung gab ihm den Rest. Er flog, umklammerte Smu fest, riss ihn mit, sein Leib wurde warm, erfüllt. Smu stöhnte laut. Diese Überflutung war so wohlig wunderschön. Der Orgasmus schlug wie eine riesige Welle über seinem Kopf zusammen. Aber Smus sehniger, zäher Körper war da, an dem er sich festhalten konnte. Pat suchte seinen Mund. Jetzt hielten ihn auch die fordernden, feuchten Lippen. Smu zitterte, obwohl das Wasser immer noch warm war. Er klammerte sich fester. Ich will ihn nicht mehr hergeben, dachte er. Nie wieder.

Er streichelte Smus feuchte Haarsträhnen, die langsam trockneten, genoss das Gewicht seines Kopfes auf seinem Arm in dem flauschigen Bademantel. Wie immer, wenn ihr Sex besonders schön war, fühlte sich sein Unterleib danach schwer und entspannt an, während seine Brust erwärmt war – mit Liebe und Freude durchströmt.

Jedoch kehrten nach dem erotischen Höhepunkt, den ausklingenden Zärtlichkeiten seine grüblerischen Gedanken zurück. Er liebte Smu – mehr als sein eigenes Leben. Hatte er nur noch diese letzte Bestätigung gebraucht, um das zu wissen? Smu alterte nur unmerklich, dank seiner Medikation – aber er verfiel. Und niemand konnte diesen Verfall aufhalten. Smu würde alt werden und sterben. Dieser Gedanke drückte ihm den Hals zusammen, so dass er kaum noch Luft bekam. Er wollte nicht einsam in einem ewigen Leben vegetieren! Er dachte an die Zeit mit den Duocarns. Es war ihm damals nicht aufgefallen, dass er ständig allein war, denn die

Abenteuer bescherten ihm ununterbrochen neue Aufgaben. Aber das alles hatte sich geändert. Er hatte sich verändert.

Meodern war auf Duonalia mit seiner Familie, Xanmeran war sterblich geworden und würde sich eine passende Frau suchen. Tervenarius und Mercuran waren ein für immer verbundenes Paar. Da war nur Solutosan, der ihn vielleicht brauchen würde – aber war dieser nicht die ganzen Jahre auf Sublimar ohne ihn klargekommen? Halia hatte ebenfalls Medizin studiert. Sie konnte helfen. Außerdem war er selbst ja auch noch eine Weile da nachdem er ... ja, nachdem er seine Unsterblichkeit aufgegeben hatte.

Smu in seinem Arm schnurrte leise. Das machte er gelegentlich, bevor er einschlief.

»Smu?« Patallia zupfte an seinem weichen Ohrläppchen.

»Hm?«

»Warum bist du eigentlich dagegen, dass ich meine Unsterblichkeit aufgebe?«

Er spürte, wie Smus Körper sich straffte. Aber es war noch keine Alarmstufe, denn Smu drehte sich, legte beide Arme auf seine Brust und sah ihn mit dunkelgrünem, schlafverhangenem Blick an. »Warum?« Er schloss die Augen.

»Ja. Komm nicht einschlafen. Sag mir wieso.«

Smu hob widerwillig die Lider. »Weil die Unsterblichkeit zu dir gehört, Pat. Du bist ein ewig lebender Duonalier. Du hast dich dafür entschieden. Ich will nicht, dass du diesem Entschluss untreu wirst.« Er überlegte kurz. »Du bist ein Duocarn und sie brauchen dich so, wie du jetzt bist. Das ist deine Identität. Ich habe das von Anfang an gewusst und akzeptiert. Und ich bin stolz auf dich, weil du so bist.«

»Ich würde mich nicht ändern, Smu«, antwortete er. »Ich würde den Duocarns dienen bis zu meinem Tod. Das wäre der einzige Unterschied.«

Smus Gesicht wurde ernst. Die Schläfrigkeit verschwand. »Du wirst dich verändern! Du wirst einen Preis bezahlen müssen – und zwar einen hohen! Sieh dir Xanmeran an! Was, wenn du deine Heilkräfte verlierst? Na? Dann kannst du den Duocarns nicht mehr dienen. Du bist Mediziner mit

Leib und Seele. Es ist sehr wahrscheinlich, dass der Preis für deine Sterblichkeit eine deiner Gaben sein wird.«

»Ich besitze noch mein Sprachtalent, Smu«, verteidigte er sich. »Das würde ich hergeben.«

Jetzt fuhr Smu ganz hoch. Die Decke rutschte von seinen nackten Schultern. »Das meinst du doch wohl nicht im Ernst, Pat! Du willst das machen? Für mich? Ich will so ein Opfer nicht! Überlege dir das gut!«

»Das habe ich bereits, Smu. Ich möchte nicht einsam sein für immer.«

Smus Augen blitzten in der schummrigen Beleuchtung der kleinen, geflochtenen Nachttischlampe. »Du wirst einen neuen Partner finden.« Er holte tief Luft. »Und wenn ich dir den persönlich suchen muss, bevor ich abtrete! Lass das sein, Patallia!«

Er drehte den Kopf zur Seite. Smu nannte ihn wieder Patallia. Aber das war ihm egal. Er würde mit Tervenarius sprechen und den Stein aus dem Tresor holen. Allerdings musste er sich dafür einen günstigen Zeitpunkt suchen.

Seine eindringliche, feurige Rede war von einem durchschlagenden Erfolg gekrönt. Xerxes hatte seine Gefolgsleute hoch motiviert. Sie waren losgeschwommen, gerüstet und mit dem Willen Piscaderia von Tertes zu befreien. Niemand hatte von ihm erwartet, dass er die vorderste Front anführte. Jeder wusste, dass sein Körper ihn nicht zu einer Schlacht befähigte. Aber sie wollten ihn ja auch nicht als Kämpfer, sondern als klugen, sich für sie einsetzenden, Führer und König.

Er hatte sich angewöhnt das Buch unter seinem Gewand, an seinen Leib geschnallt, zu tragen. Das Algengewand verdeckte bereits die Umrisse seines deformierten Körpers, ließ nur Kopf, Arme und Füße frei. Niemand konnte das Schriftstück darunter vermuten.

Gregan hatte ihn nie nach dem Buch gefragt. Ob er ihn wohl gesehen hatte mit der Stirn in die Seiten gepresst? Das war schon möglich. Aber Gregan würde sicherlich nicht die ganze Wahrheit in seinem Tun erkannt haben. Xerxes spürte, wie ihn die Ungeduld langsam übermannte. Ob seine Truppen wohl Erfolg hatten? Er blickte zu dem Schergen, den er zu seinem Schutz abgestellt hatte. Nein, er würde sich vor diesem keine Blöße geben und nun nervös auf und ab schwimmen. Also klammerte er sich aufgewühlt an die Armlehnen seines Meerschaumsessels.

War er eingeschlafen?

»*Mein Herr?*« Gregan stand neben ihm, den Unterarm mit einem Irismuschel-Pflaster umwunden und seinem Helm unter dem Arm. Er fuhr hoch. Gregan sank vor ihm auf die Knie und neigte den Kopf. »*Ihr seid der rechtmäßige Herrscher von Piscaderia. Man erwartet Euch!*«

»*Tertes?*«, keuchte er.

Gregan, noch immer kniend, reichte ihm einen Korb. »*Es war mir eine Ehre ihn eigenhändig für seinen Verrat an Euch zur Rechenschaft zu ziehen.*« Xerxes zog das Algentuch zur Seite und blickte in die starren Augen seines Widersachers. Eine brausende Freude stieg in ihm den verknöcherten Rücken hoch und endete als allmächtiges Hochgefühl in seinem Kopf. »*Der Stab! Wo ist der Kristall-Stab?*«

»*Er wartet in Piscaderia auf Euch bei Eurem Zeremonienmeister, Herr!*«

Natürlich, der Zeremonienmeister! »*Dann bring mir einen anderen Stab! Einen langen, spitzen!*«

»*Sehr wohl, Herr*«. Gregan wollte sich rückwärts kriechend zurückziehen.

»*Halt, Gregan!*« Er musste nun Großherzigkeit zeigen. Gregan gebührte eine Entlohnung. Er hatte ihm Piscaderia auf dem Tablett serviert.

»*Du da!*« Er winkte dem Schergen. »*Komm her!*« Der Mann schwamm mit raschen Flossenschlägen heran und kniete neben Gregan. »*Du bist Zeuge meiner ersten Amtshandlung. Ich ernenne Gregan hiermit zum neuen Zeremonienmeister.*« Er wandte sich an den Schergen. »*Du wirst den alten Meister sofort nach Übergabe des Stabes ergreifen und in die Kernwärme entsorgen. Außerdem wirst du meiner Leibgarde in Piscaderia zugeordnet, was dir ein Weib und deiner Familie Ehre bescheren wird.*« Da er nicht wusste, was von Piscaderias kristallinen Werten nach Tertes Herrschaft noch vorhanden war, konnte er diese nicht disponieren. Sonst hätte er Gregan zusätzlich einen Kristallreifen zur Belohnung versprochen.

Nachdem dieser sich demütig bedankt und zurückgezogen hatte, lehnte er sich nochmals kurz in den Sessel zurück. Er würde bald losschwimmen, um seinen rechtmäßigen Platz einzunehmen. Sein Gefolge war auf dem Weg zu ihm. Die alten Königstreuen erwartete der Tod. Er hatte vor, ihnen ihre Kristall-Armreifen vor allen Augen abzunehmen, sie zu degradieren.

Er musste sich um die Kristalle kümmern, das kostbare Material, aus denen die Reifen gemacht wurden. Gregan hatte ja über einen langen Zeitraum in seinem Auftrag etliche entwendet, um die Kristallwand für die geheime Kammer bauen zu lassen. Wie viele wohl noch in der Schatzkammer des Tempels lagen? Sie waren die Belohnung, die der König seinen Treuen überreichte. Die Wertigkeit eines Piscaniers zeigte sich an der Vielzahl der Reifen, und nur der Herrscher war ermächtigt, sie zu vergeben.

Gregan kehrte zurück, um ihm einen stabilen Stab aus Ferrculan zu überreichen. Mit triumphierender Miene griff er in den Korb und entnahm ihm das Haupt von Tertes. »**Das hättest du nicht gedacht, was?**«, zischte er den starren Augen und dem aufgerissenen Maul zu, »*dass du einmal zur Zierde dienen würdest. Du hässlicher Kretin.*« Mit diesen Worten steckte er den Schädel auf den Spieß, was ein unschönes, knirschendes Geräusch verursachte. Er erhob sich würdevoll mit dem Stab in der linken, unversehrten Hand. Er schwamm ein paar Schritte bis zum Eingang der Höhle und positionierte sich dort effektvoll. Das Algengewand wehte in der kalten Strömung, aber das bemerkte er kaum. Er ummantelte seine ganze Gestalt mit der gestohlenen Energie und betrachtete Gregan und den Schergen, die vor seinen Füßen knieten. Das war in Zukunft seine Pose: goldglänzend mit den Häuptern seiner Feinde auf seinem Stab. Alle nachfolgenden Generationen würden sich so an ihn erinnern – an seine Führungsstärke, seine Gerissenheit und seine absolut totalitäre Herrschaft.

Solutosan streckte die Beine unter Pans Computertisch und schloss die Augen. Wie immer war die Stimmung in Chroms Tierstation entspannt. Solutosan genoss die Ruhe und lauschte auf Pans schnelles Tippen auf der Tastatur und die unterschiedlichen, gedämpften Tierstimmen in ihren Gehegen.

»Ich komme in die ganzen Krankenhaus-Rechner rein«, sagte Pan. »Wonach suchen wir denn genau?«

Er sah Pan an. »Nach Todesfällen junger Männer, bei denen die Körper intakt geblieben sind.«

Der Junge war groß geworden – wie er ihm so in seiner Bluejeans und dem roten Sweatshirt gegenübersaß, den langen Spiralschwanz um die Rollen seines Bürostuhls geringelt. Eigentlich war er erwachsen – ein Mann – aber Solutosan tendierte dazu, ihn immer noch als Kind zu sehen. Immerhin hatte er ihm damals auf die Welt geholfen, hatte das kleine Würmchen an die Brust seiner Wolfsmutter gelegt.

»Darf ich fragen, wozu du einen Toten brauchst?« Pan musterte ihn aufmerksam mit seinen violetten Augen.

Er hatte Pan immer gemocht. Er war ein toller Junge und gehörte zu ihnen. Er würde ihm die Wahrheit nicht verschweigen. »Der Körper ist für Ulquiorra, den Xerxes auf Sublimar ermordet hat.«

Pan sah ihn mit offenem Mund an. Seine Fangzähne glänzten blendend weiß. »Aber, aber ... jetzt verstehe ich gar nichts mehr.«

»Du weißt doch, dass wir beide Energetiker sind«, antwortete Solutosan geduldig. »Ich habe ihn nach seinem körperlichen Tod in mich aufgenommen. Jedoch soll das kein Dauerzustand bleiben, Pan.«

»So etwas ist möglich?«, staunte Pan.

»Bei Energetikern schon«, nickte Solutosan.

Pan kratzte sich mit der Klaue in seinem borstigen Irokesenhaar, das er mit Haargel steif vom Kopf gebürstet trug.

»Aber«, er sah Solutosan nachdenklich an, »so ein Menschenkörper verfällt ja wiederum schnell. Du brauchst dann in spätestens einhundert Jahren wieder einen. Ich stelle mir das schrecklich vor.« Seine Miene schien ernsthaft bekümmert.«

»*Er ist wirklich ein guter Junge*«, sagte Ulquiorra.

»*Ja*«, antwortete Solutosan, »*Ich vertraue ihm. Er wird sein Bestes tun.*«

»Wenn Ulquiorra den Körper mit seiner Energie erfüllt hat, verfällt er von diesem Tag an nicht mehr, Pan. Aber dafür müssen wir erst einmal einen finden. Auf Duonalia zu suchen ist sinnlos, da die Duonalier sehr lange leben und meist an Altersschwäche sterben«, klärte er Pan auf. Der hatte sich wieder seinem Screen zugewandt.

»Moment«, Pan scrollte weiter. »Ich glaube ich habe hier sogar einen geeigneten Fall. Der Mann ist 25 und hat Drogen genommen. Danach ist er aus unerklärlichen Gründen ins Koma gefallen.«

»Koma?« Er sah Pan aufmerksam an. »Was heißt das genau?«

Pan surfte zu Wikipedia. »In der Medizin ist ein voll ausgeprägtes Koma die schwerste Form einer quantitativen Bewusstseinsstörung. In diesem Zustand kann das Individuum auch durch starke äußere Stimuli, wie wiederholte Schmerzreize, nicht geweckt werden. Das Koma ist somit ein Symptom und keine Krankheit. Es ist Ausdruck einer schweren Störung der Großhirnfunktion und zumeist lebensbedrohend. Die weitere Entwicklung des Komatösen (Prognose) ist von der zugrundeliegenden Erkrankung und medizinischen Versorgung abhängig«, las er vor.

»Also ist er nicht tot? Was ist mit seiner Seele?«

Pan zuckte die Achseln. »Das weiß man nicht. Die meisten Ärzte glauben sowieso nicht an eine Seele.«

»*Wir sollten den Mann besuchen, Ulquiorra. Ihn uns zumindest ansehen*«, überlegte Solutosan.

»Er liegt im Zentralkrankenhaus und heißt Peter McFarner«, klärte Pan ihn auf.

»Danke.« Solutosan erhob sich. »Bitte beobachte die Krankenhäuser weiter und rufe mich sofort an, wenn du etwas entdeckst.« Pan nickte.

Solutosan konnte nicht anders – er wuschelte ihm mit der Hand durchs Haar und lächelte ihn dankbar an. Für ihn war und blieb Pan ein kleiner Junge.

Solutosan betrat sein Zimmer in Seafair. Die winterliche Dunkelheit hatte Vancouver früh eingehüllt. Es schneite bereits seit Stunden in dicken Flocken, die wie eine weiße Watteschicht auch auf dem Dachfenster liegengeblieben waren. »*Wolltest du nicht ins Krankenhaus?*«, fragte Ulquiorra.

»*Nein, dafür ist es heute zu spät. Ich gehe lieber morgen Vormittag dorthin. Aber vorher muss ich Tabathea holen. Das Becken ist fertig und sie kann hier einziehen. Ich bin glücklich, dass sie zugesagt hat. Patallia kann sich unmöglich weiter ununterbrochen um Marina kümmern.*«

»*Was ist mit Xanmeran?*«, fragte Ulquiorra.

»*Mit ihm will ich morgen sprechen. Ich denke er hat sich verliebt und wird nicht auf Sublimar bei Troyan bleiben wollen.*«

Er machte das helle Deckenlicht aus und drückte den Knopf der Fernbedienung, um die zwei Stehlampen anzumachen, die gelbes, gemütliches Licht verstrahlten. Er liebte dieses Zimmer nach wie vor, besonders das große Fenster über seinem Bett, durch das er so gerne den Himmel betrachtete. Auch wenn ihm der direkte Blick für heute versperrt war. Für einen Energetiker wie ihn waren die Sterne mit geschlossenen Augen ebenfalls sichtbar. Manchmal hatte er das Gefühl, dass er darüber hinaus die Wege dorthin wahrnehmen konnte, aber dann verschwammen die roten Linien und nur noch seine bekannten Pfade nach Sublimar und Duonalia blieben zurück.

Er zog die schwarze Mütze vom Kopf und befreite das lange, weiße Haar. Gemächlich ging er ins Bad, um sich abzuschminken. Was sollte er auch auf dem unbewohnten Erden-Mond oder auf dem staubigen, roten Mars? Er grinste sich achselzuckend im Spiegel an, nahm einen Wattebausch aus der Box und begann sich das Make-up vom Gesicht zu reiben. Es war eine Wohltat die goldene Haut von dieser Schicht zu befreien. Er zwinkerte sich zu. Nun sah er wieder aus wie sein Vater. Obwohl – er neigte den Kopf schräg – Pallasidus hatte ein alterloses und vergeistigtes Antlitz. Er selbst sah aus wie ein Krieger. Er war als junger Mann durch das Sternentor gegangen und war seitdem nicht mehr gealtert, aber er fand, dass sein langes Leben dennoch Spuren auf seinem Gesicht hinterlassen hatte. Er war ein Sternen-Krieger – Pallasidus ein Sternengott. Und – er mochte ihn nicht. Seit dem ärgerlichen Zusammenstoß mit ihm in den Mangroven hatte er Pallasidus nicht mehr gesehen. Er konnte auch in Zukunft gut auf ihn verzichten. Mit Xerxes wurde er schon selbst fertig.

»*Ich finde dich schön, Solutosan*«, bemerkte Ulquiorra leise. »*Ich habe deine kraftvolle und anziehende Ausstrahlung immer bewundert. Und ich bin froh, dass du lediglich die Haut- und Haarfarbe deines Vaters hast. Ich weiß noch, wie er in der Hütte einfach aufgetaucht ist. Ich fand es erschreckend, wie er sich aus dieser winzigen Schildkröte verwandelt hat.*«

»Ach, das sind seine Zauberkunststückchen«, knurrte Solutosan und wusch sich die Hände. »So etwas hat er ständig gemacht.« Er hielt inne. »Ich weiß noch, er kam, nachdem wir uns das erste Mal geküsst haben.«

»*Und nicht nur das*«, flüsterte Ulquiorra.

»Ja.« Er verließ das Bad und warf sich auf das breite Bett. »*Wie lange werden wir wohl von diesen Erinnerungen zehren müssen, Geliebter?*«, fragte er. Er hatte noch so viel vor. Solutosan schloss die Augen und ging in sich. Zart umfasste er Ulquiorra in seinem Inneren und streichelte ihn, floss in ihn, um ihn zu stärken. Ulquiorra war fast wieder in seinem alten Zustand. Er würde ihm nach einer Vereinigung mit einem Körper noch sehr viel Kraft geben müssen, aber dann konnte dieser eigenständig bestehen. Von Ulquiorra kam ein ruhiger Strom zurück, eine schläfrige Energie, lächelnd, golden, tröstlich und beruhigend. »Morgen«, sagte sein Freund. »*Das machst du alles morgen.*«

Als Smu aufwachte, war Patallia schon fort. Sofort fiel ihm ihr Gespräch vom Abend zuvor ein. Das Adrenalin schoss ihm durch den Leib und er sprang aus dem Bett – stand mit fahrigen Händen da und versuchte seinen Slip anzuziehen. Sein großer Zeh blieb in dem Stoff hängen. Ob Pat bereits gegangen war, um den Stein zu benutzen? Er zerrte an dem String. Er musste das verhindern! Er würde sofort ins Labor gehen und das klären! Er hielt inne – setzte sich langsam wieder auf das Bett zurück. Der Slip fiel zu Boden. Es war sinnlos. Wenn Patallia etwas beschlossen hatte, war er zumeist nicht mehr umzustimmen.

Smu stützte den Kopf in die Hände, die Ellenbogen auf die Knie. Und nun? Wie wichtig war ihm Patallias Unsterblichkeit? Er wusste genau, wovor Patallia Angst hatte. Aber er wollte grundsätzlich nicht, dass er sich fürchtete. Er hasste diese schwermütigen Gedanken, die Patallia quälten, seit der verfluchte Stein aufgetaucht war. Vorher war alles in Ordnung gewesen. Er hatte David bewundert, der für Tervenarius durch das Sternentor gegangen war. Konnten sich die beiden denn unter diesen Umständen überhaupt noch einmal trennen? Das war schwer vorstellbar.

Smu erhob sich und begann sich anzukleiden. Nun war die umgekehrte Situation: Ein Duocarn wollte einem Menschen folgen. Er wollte das nicht – er wollte keinesfalls dafür verantwortlich sein, dass Patallia das tat. Er liebte ihn – keine Frage. Aber Patallias Schritt hatte so etwas Endgültiges. Vielleicht würde er in zwanzig Jahren sagen: »Und für dich habe ich meine Unsterblichkeit aufgegeben.« – Nur weil er möglicherweise nicht mehr Patallias Vorstellungen entspräche. Smu zog sich einen dicken Norwegerpullover über den Kopf. Dieser Gedanke löste echte Beklemmungen bei ihm aus. Das wollte er auf keinen Fall. Er sah in den Spiegel. Ich ziehe mich zurück, dachte er. Abstand zu der Sache gewinnen. Ich werde meinen Job vorschieben. Der Auftraggeber ist in Seattle. Ich suche mir dort ein Hotelzimmer und arbeite von da aus weiter. Er nahm seine Haarbürste und bürstete das lange Haar nach hinten. Ich muss zum Friseur, dachte er. Aber tatsächlich hatte er in diesem Moment das Gefühl, als würde die Sache mit Patallia ihm den Hals zudrücken.

Kurz entschlossen ging er zum Schrank, holte eine Reisetasche aus dessen hinterster Ecke hervor und stopfte einige Anziehsachen hinein. Im Bad waren Rasierzeug und Zahnbürste schnell eingepackt. Er starrte in den Badezimmer-Spiegel. Ja, so war es am besten. Er musste sich zurückziehen, um Patallia erst einmal den Wind aus den Segeln zu nehmen, um ihn zu bremsen.

Er schnappte sich seinen bestickten Lammfellmantel, Handschuhe und eine bunte Mütze. Ich werde mich nun ganz natürlich verhalten. Er soll keinen Verdacht schöpfen. Eilig sprang er die Treppen hinunter ins Labor. Er wollte es hinter sich bringen.

»Pat?« Patallia drehte sich lächelnd zu ihm um. »Ich muss nach Seattle. Bei dem vielen Schnee fahre ich aber nicht heute Nacht zurück, sondern miete mich in einem Hotel ein.« Patallias Lächeln erlosch. »Ist das nicht in Ordnung?«, erkundigte er sich harmlos.

»Doch, natürlich«, beeilte Patallia sich zu antworten. Er nahm seine Hände. »Hat das jetzt etwas mit unserem Gespräch zu tun?«, fragte er. Seine grau-violetten Augen durchdrangen ihn regelrecht.

Ich muss mich normal verhalten, dachte Smu. »Nein, ich muss nur endlich versuchen, eine Spur zu der Vermissten zu finden. Ich habe keinen Anhaltspunkt. Es wird eine arbeitsintensive Suche, Pat.«

Patallia nickte. Arbeit hatte bei ihm immer Vorrang gehabt – das wusste Smu.

Smu beugte sich zu ihm und küsste ihn sanft. »Ich rufe dich an und erzähle dir, wie weit ich gekommen bin, okay?« Er spürte, dass Patallia seine Hände nicht loslassen wollte. Bleib cool, sagte er sich. »Wenn ich den Fall gelöst habe, können wir ja mal in die Berge hoch und eine Schlittenfahrt machen, was meinst du?«, fragte er munter. Patallia ließ ihn los und nickte. Dann lächelte er ein kleines bisschen, was Smu fast das Herz brach.

»Bis später!« Smu zog die Tür hinter sich zu, schulterte die Tasche und lief die Treppen hoch zur Garage. Er konnte wegen der aufsteigenden Tränen die Stufen nicht richtig sehen. So kann ich kein Auto fahren, dachte er und wischte sich mit dem Ärmel über die Augen. Welchen Wagen sollte er benutzen? Er stand vor dem BMW. Ach scheiße, ich nehme den, wie immer. Ich komme ja wieder, sagte er sich. Er gab seinen Gencode ein und fuhr durch den knirschenden Schneeberg vor der Garage. Es hatte aufgehört zu schneien. Himmel und Meer hatten sich auf eine einheitliche, graue Farbe geeinigt. Smu steuerte auf die Uferstraße und schlug den Weg nach Seattle ein.

Xanmeran stand ihm mit leicht gesenktem Kopf im Wohnzimmer in der Residenz von Sublimar gegenüber. »*Wenn du Tabathea auf die Erde bringst, kannst du mich auch gleich mitnehmen*«, stieß er hervor. Solutosan ging näher an ihn heran und legte ihm beruhigend die Hand auf den Arm. »*Xan, das dachte ich mir schon*«, sagte er sanft. »*Wo ist das Problem?*«

Xanmeran senkte den schwarzen Kopf tiefer. Die goldenen Schlieren seiner Haut bewegten sich in gleichmäßigen Mustern. »*Ich wollte eigentlich nicht wieder zurück ins Duocarns-Haus. Ich bin nun kein Duocarn mehr. Ich ...*«. Er stockte.

Jetzt erst wurde Solutosan klar, was sein alter Freund empfand. Er nahm die Hand fort. »*Du bist wohl nicht ganz bei*

Trost, Xan! Wieso solltest du kein Duocarn sein? Du bist und bleibst ein duonalischer Krieger, der den Eid geleistet hat, und der seit Äonen zu uns gehört! Wie kommst du nur auf so eine Idee?« Er war heftiger geworden als beabsichtigt. Er horchte nach Marina, die mit Tan in einem der Brunnen spielte.

»*Ich habe keine Waffen mehr, Solutosan. Ich bin nicht unverwundbar. Ich bin sterblich. Mein Eid, Duonalia zu schützen, ist nichts mehr wert. Duonalia braucht mich nicht.*«

»*Und deshalb denkst du, du wärst ebenfalls wertlos? Du glaubst, dass die Duocarns dich nicht mehr brauchen?* Solutosan spürte, dass seine Worte nicht wirklich ankamen. Er konnte Xanmeran nicht sagen, wozu sein Leben in diesem Moment gut war. Er war auch nicht fähig, ihm eine Richtung zu weisen. Dafür hatte er selbst zu viele eigene Probleme.

»*Aus welchem Grund solltet ihr mich noch brauchen, Solutosan?*«

Xanmeran sah ihm in die Augen. Beim Vraan, er tat ihm in diesem Moment so leid. Aber Mitleid half Xan nicht weiter. »*Hör zu, Xan*«, sagte er geduldig. »*Du willst doch deine Geschichten schreiben, oder? Und du möchtest gern bei Tabathea sein, stimmt's?*« Xanmeran nickte. »*Gut, so viel wissen wir schon einmal. Also kannst du auch nach Seafair mitkommen. Ich bin froh über jeden der dort ist. Und Terv wird das genau so sehen. Ich brauche Hilfe mit Marina. Ich bin so oft weg. Bitte kümmert euch beide um sie.*« Er legte seinem Freund die Hände auf die starken Schultern. »*Ich kann dir keine Lösung für dein Leben sagen. Entscheide in Ruhe, was du weiter machen willst. Ich will nur nie wieder hören, dass du an der Tatsache zweifelst, dass die Duocarns deine Familie sind – für immer.*«

»*Danke.*« Xanmeran schloss ihn in die Arme. Xan war riesig, größer und weitaus stärker als er selbst. Aber er kam Solutosan in diesem Moment klein und schwach vor.

Xan schob ihn plötzlich auf Armlänge von sich und hielt ihn fest. »*Stimmt es, was alle erzählen? Ich meine ... dass Ulquiorra bei dir ist?*«

Solutosan nickte.

»*Kann er mich verstehen, wenn ich spreche?*«

»Ich höre dich, Vater«, antwortete Ulquiorra durch Solutosans Mund.

Xanmeran starrte ihn an und ließ die Arme fallen. »*Wie kommt ihr nur damit klar?*«

»*Es ist weniger schwierig, als du es dir vielleicht vorstellst*«, antwortete Solutosan. »*Wir waren schon immer gute Freunde. Es verbindet uns sehr viel. Natürlich hoffen wir, bald einen Körper für ihn zu finden.*« Er stockte, denn er wollte einfach nicht über seinen Verlust und seine Hoffnungen sprechen. Es tat zu weh. »*Ich bringe dich jetzt auf die Erde, hole noch Tabathea. Bitte hilf ihr sich einzuleben.*« Xanmeran nickte zustimmend. »*Ich gehe nachher in ein Krankenhaus und sehe mir einen jungen Mann an.*« Er dämpfte die Stimme. »*Ich will nachschauen, ob er eine Seele hat. – Es wird nicht leicht werden einen intakten, seelenlosen Leib zu finden.*«

»Entschuldige, Solutosan.« Xanmeran senkte den Kopf. »*Ich belästige dich hier mit meinen Problemen. Dabei habt ihr im Moment wahrlich größere Sorgen.*«

Tabathea saß mit Marina auf dem Schoß im Wohnzimmer und blickte zu ihm hoch, als er eintrat. Sein Herz schlug augenblicklich bis zum Hals. Die schöne Frau mit so einem hilflosen Blick in dieser ungewohnten Umgebung zu sehen, gab ihm einen Stich. Xan lächelte sie zuversichtlich an. »Na, Marina«, sagte er. »Hast du schon die Fische in den Aquarien gezählt? Kannst du denn zählen?«

Marina, nun wieder in einem ihrer weißen Serica-Kleidchen, quiekte auf. »Natürlich kann ich das! Das hat Troyan mir beigebracht!«

Sie sprang von Tabatheas Schoß und rannte zu dem ersten Becken. Sie benutzte den kleinen Finger, um beim Zählen auf die Fische zu deuten. Xan nickte. So war sie vorübergehend beschäftigt und er konnte mit Tabathea sprechen.

»*Ich fühle mich seltsam, Xanmeran*«, flüsterte sie, als er sich neben sie auf das Ledersofa setzte. »*Wie entwurzelt. Mir ist das *alles völlig fremd.*« Sie sah ihn mit ihren flimmernden Sternenaugen an. »*Diese ganzen Apparaturen. Ich traue mich überhaupt nicht, mich hier zu bewegen. Vielleicht zerstöre ich etwas.*«

Xan lächelte. »*Dieses Problem lässt sich leicht beheben. Wenn Marina die Fische gezählt hat, werden wir mit dir durchs Haus gehen und dir alles genau erklären. Marina hat sich in den wenigen Tagen, in denen sie hier ist, auch schon gut eingewöhnt.*«

Tabathea nickte. Sie trug ihr nachtblaues Haar zu einer komplizierten Frisur hochgesteckt, so wie er es einmal bei den aquarianischen Kriegern gesehen hatte. Diese Haartracht betonte ihren langen, vollendet gebogenen, weißen Hals. Wie eine Königin, dachte er kurz. Sie hat so etwas Elegantes, Aristokratisches. Was will sie mit einem zerstörten Haudegen wie mir? Sie legte die Hand vertrauensvoll auf seinen Arm – eine Berührung, die sein Herz ein Stückchen weiter in seine Kehle schob.

»*Hast du dein Zimmer schon gesehen, Tabathea?*«

»*Ja, es ist geschmackvoll, aber ...*« Sie sah ihn hilflos an. Er blickte auf ihren wundervoll geschwungenen Mund. Ich habe immer noch kein Bett in meinem Raum, überlegte er. Beim Vraan, was dachte er da?

»*Ihr habt 361 Fische*«, berichtete Marina und kam zum Sofa gehopst – sah dann forschend von ihm zu Tabathea und zurück. »*Seid ihr ein Liebespaar?*«, fragte sie. Xan erstarrte.

Jedoch beantwortete Tabathea diese Frage souverän: »*Wir sind Freunde und mögen uns gerne*«, lächelte sie. »*So, ihr zwei, ihr habt mir eine Menge zu zeigen und zu erklären. Besonders du, Marina! Du musst mir dein ganzes Spielzeug vorführen!*« Sie nahm ihn an die rechte und Marina an die linke Hand. »*Wollen wir anfangen?*«

»Aber Herr! Der Kristallstab des Herrschers war noch nie spitz!« Gregan war erschüttert. »Ich bin mir auch nicht sicher, ob man ihn überhaupt so schleifen kann. Wollt ihr wirklich den Monumentskristall zerstören? Er ist der Schlüssel zur Schatzkammer. Wie soll das gehen?«

Xerxes wog den Königsstab, mit dem edlen, runden Kristall an der Spitze in der Hand. Gregan hatte recht. Es war Dummheit, dieses Zeichen der Königswürde zu beschädigen. Er blickte auf den Ferrculan-Stab, den er nur mit Anstrengung in der verkrüppelten Klaue halten konnte. Er hatte sich an das Gefühl des Ferrculan gewöhnt. Der lange Metallstab passte sehr viel besser zu ihm als das glitzernde, kurze Kleinod.

»Ich werde ihn nur noch zu offiziellen Anlässen tragen. Für mich hat Ferrculan mehr Wert. Es ist aus der harten Arbeit der Piscanier entstanden!« Er sagte das nur, weil es sich heroisch anhörte. Die Mühsal der Piscanier war ihm völlig gleichgültig. Gregan starrte ihn bewundernd an.

Er hob den Metallstab, auf dem immer noch Tertes Haupt thronte. Dieses war nun allerdings von den gierigen Krebskanteln bis auf den Knochen abgefressen. Zufrieden betrachtete er den augenlosen, braunroten Schädel. Dass er diesen Stab bevorzugte, weil er länger war, als Gehhilfe und als Waffe benutzt werden konnte und in Zukunft etliche abgeschlagene Köpfe tragen würde, verschwieg er wohlweislich.

»Nun lass mich allein. Ich wünsche keine Störung. Kümmere dich um die Kristall-Zeremonie. Ich habe nun zu tun. Man soll mir die nächsten Zyklen das Essen vor die Tür stellen.«

»Sehr wohl, Herr!« Gregan entfernte sich rückwärtsgehend.

Mit einem Flossenschlag war er an der Tür seines Gemachs und legte den Riegel um. Er hatte eine weitere wichtige Etappe in seinem Leben geschafft.

Gierig zerrte er an seinem Algengewand, befreite das Buch aus seinen Bändern. Du warst viel zu lange ohne mich, liebster Richard, dachte er und leckte sich über seine spitz gefeilten Zähne. Es wird Zeit die Eroberung deiner Welt in die Wege zu leiten.

»Ich möchte gerne Peter McFarner besuchen«, teilte Solutosan der Stationsschwester mit. Er blickte auf seinen kleinen Moosrosenstrauß. Die ältliche Krankenschwester mit den wässrigen, blauen Augen musterte zuerst seine Blumen, hob dann den Kopf zu ihm und errötete leicht. Diese Reaktion auf seine Erscheinung kannte er zur Genüge. Er lächelte und sah, wie die Frau trocken schluckte.

»Er wird von Ihrem Besuch nicht viel haben – und auch von Ihren Rosen nicht. Wissen Sie, in welchem Zustand er ist?«

Solutosan nickte.

»Nun gut, dann gehen Sie bitte in Zimmer 208.«

»Ich danke Ihnen.« Fast hätte er sich verbeugt, aber das hatte er sich in den Jahren auf der Erde abgewöhnt. Mit dem, was auf Duonalia selbstverständlich war, erregte er in Kanada zu viel Aufsehen.

Der Mann lag allein im Zimmer, still und ruhig. Lediglich das blinkende Pulsmessgerät bezeugte, dass sein Blut noch floss. Die blauen Augen weit aufgerissen, den Mund leicht geöffnet lag er regungslos in den weißen Kissen.

Solutosan näherte sich ihm langsam. Der Patient hatte für sein Alter recht schütteres, blondes Haar, das bereits eine Stirnglatze zeigte. Solutosan legte die Blumen auf den leeren Nachttisch.

»*Er lebt noch*«, sagte er zu Ulquiorra. »*Aber sein Geist ist weit weg.*«

»*Kannst du bitte deine Hand auf seine Stirn legen*«, bat Ulquiorra.

Solutosan fühlte Ulquiorras Energie durch seinen Arm strömen, spürte sie aus seinen Fingern fließen. Die Gesichtshaut des Mannes erstrahlte leicht golden.

»*Was siehst du?*«, fragte Solutosan.

»*Einen Moment*«, Ulquiorras Stimme war nur ein Hauch. »*Es ist, als wäre sein Verstand abgekoppelt. Er ist intakt, auch seine Seele ist bei ihm, aber er kann Körper und Geist nicht mehr zusammenfügen. Da ist ein Bruch.*« Ulquiorra klang nun wieder klarer.

»*Kannst du ihm helfen?*«, fragte er gespannt.
»*Ich versuche es. Ich werde die Bruchstelle mit etwas Energie verbinden. Aber ich weiß nicht, ob das die Trennung überwinden wird.*« Ulquiorra zog sich zurück. Er kam durch seine Hand, passierte den Arm bis in seine Brust. Es war ein schönes Gefühl, den Freund wieder zu spüren.
»*Er ist nicht geeignet.*« Ulquiorras Stimme war nur klar und deutlich. »*Zum einen, weil seine Seele vorhanden ist, zum anderen, weil er durch seine Drogen die Verbindung zu seinem Körper so stark gestört hat, dass diese, selbst wenn sie überbrückt wird, jederzeit erneut reißen kann.*«
»*Dann lass uns gehen.*« Solutosan drehte sich zur Tür.
»Warum?«, krächzte eine Stimme hinter ihm.
Hatte der Mann gesprochen? Solutosan trat an sein Bett. Der blonde Mensch hatte die Augen starr auf ihn gerichtet.
»Wolltest du weiter schlafen?«, erkundigte sich Ulquiorra durch Solutosans Mund.
»Schlafen?«, fragte der Patient.
»*Wir sollten gehen*«, bat Solutosan. Er fühlte sich unwohl im Raum des selbstzerstörerischen Kerls.
»*Moment bitte!*« Ulquiorras Stimme klang bestimmend. »Wenn du wieder Drogen nimmst«, ließ sich Ulquiorra erneut vernehmen, »wirst du für immer schlafen. Du wirst tot sein. Darüber solltest du nachdenken.«
Der Mann stierte in die Luft.
Solutosan wandte sich ab und verließ das Zimmer. Er lief am Schwesternzimmer vorbei, die langen, weißen Gänge entlang, die Treppen hinunter, durch den Ausgang des Krankenhauses und ging, ohne nachzudenken, auf den mit verharschtem schneebedeckten Parkplatz. Er stand vor dem dunkelgrauen Daimler-Benz, mit dem er gekommen war. Er blickte das Auto an, ohne so recht zu wissen, auf was er eigentlich sah.
Es war das erste Mal, dass er so etwas erlebte. Er würde eine solche Situation wohl in Zukunft noch öfter erfahren. Er würde in Krankenhäusern kranke und halbtote Menschen kennenlernen, in der Hoffnung, dass der Richtige dabei war. Er stieg ein und umklammerte das Lenkrad. Es war warm,

denn Tervenarius hatte allen erdenklichen Luxus in das Fahrzeug einbauen lassen. Der Sitz war ebenfalls angenehm temperiert. Jedoch bemerkte er das kaum. Die vor ihm liegende Zeit würde viel Stärke erfordern. Aber er wollte sie aufbringen. Er liebte Ulquiorra und hatte ein Ziel. Solutosan ließ den Motor an und fuhr los.

»*Ich liebe dich auch*«, flüsterte Ulquiorra. »*Selbst wenn wir ihn nicht finden, können wir doch den Menschen Gutes tun. Nimm das als Motivation und Trost.*«

Neugierig beobachtete Xerxes einige Segelschiffe in der Ferne. Der Untergrund, auf dem er stand, schwankte. Wo war Richard in seinem Traum? Xerxes zwang ihn, nach unten zu blicken. Er befand sich auf einem weißen Schiff.

Eine Frauenstimme rief: »Richard, Richard«. Sie drehten sich um. Das Mädchen war nur spärlich bekleidet, trug einen großen, geflochtenen Hut. Irritiert sah Xerxes auf ihre wippenden Brüste. Richard machte einige Schritte rückwärts – fort von der Frau. Er stieß mit dem Rücken gegen die Reling, drückte sich hoch und stürzte rücklings ins Wasser. Das war Xerxes recht. Nun war er wieder in seinem Element.

»Tauche«, befahl er Richard. Und Richard schwamm tiefer. Er blickte zurück. Die Unterseite des weißen Schiffsrumpfs bewegte sich leicht schaukelnd. Er sah das erschreckte Gesicht des Mädchens, das über die Reling spähte, nur noch verschwommen durch die grauen Wellen. »Tauche tiefer! Setze dich auf den Grund.« Er merkte, wie Richards Bewusstsein versuchte, ihn zu verdrängen. Das würde er nicht zulassen. Er musste nun einen Anker setzen, sich mit seinem Opfer verbinden. Richard starrte auf seine auf den Knien liegenden Arme.

Xerxes konzentrierte sich. Er zog die gesamte Energie in sich zusammen – schickte sie in seinen verknöcherten Arm, in seine verkrüppelte Hand, in seine Klauen. Mit aller Kraft zog er mit zwei energiegeladenen Krallen tiefe Kerben in das linke Handgelenk. War es seine Haut, die er ritzte? Er dachte keine Sekunde nach und zog erneut die Krallen durch das Fleisch. Dieses Mal in die andere Richtung. Er schrie. War er es? Nein, es war Richard, der in Panik sein Handgelenk festhielt, der nach Luft rang, der atmen wollte und nicht konnte. Der Mann strampelte verzweifelt und schleuderte ihn aus seinem Bewusstsein.

Mit einem Schlag war Xerxes zurück in Piscaderia. Richard hatte ihn regelrecht aus seinem Geist geschossen. Er löste den Kopf ruckartig aus den Buchseiten, seine Atemtentakel hatten sich zusammengezogen. Einen Moment lang überkam ihn ebenfalls das Gefühl zu ersticken. Das Buch entglitt seinen Händen, rutschte zu Boden. Er konnte es nicht festhalten. Die rechte, verkrüppelte Hand hing kraftlos herunter, bewegungsunfähig und leicht zitternd. Die linke Hand schmerzte – brennende, scharf schneidende Pein. Er betrachtete fasziniert sein Handgelenk. Das tiefe Mal, das er geritzt hatte, strahlte golden. Er hielt es sich nah ans Gesicht. Eine Wunde, durch die Energie strömte – aus ihm hinaus! Göttin, lass es nicht geschehen, dachte er in Panik. Ich habe so lange darum gekämpft. Ich darf sie nicht verlieren. Er schloss die Augen und konzentrierte sich, zog mit äußerster Willenskraft die Energie zurück. Sie gehorchte. Er ließ sie erneut ausströmen, nur ein kurzes Stück. Dann unterband er wieder ihren Fluss. Er konnte die Kraft kontrollieren. Er hatte sich eine Energie-Öffnung geschaffen, die nichts mit dem kleinen Feuerwerk zu tun hatte, das er seinem Gefolge bot. Hier floss Substanz. Er drückte die Wunde mit der Klaue zu. Er würde diese neue Macht gut einzusetzen wissen.

Richard schrie. Er wachte auf und brüllte weiter, umklammerte das linke Handgelenk. Der Schmerz! Was für eine Tortur! Was für ein Traum!

Eine rothaarige Frau schüttelte ihn fest an den Schultern. »Hör auf zu schreien! Himmel, hast du mich erschreckt! Richy!«

Wer war die Frau? Er stierte sie an. Er war unter Wasser und ... Nein, es war ein Traum gewesen. Sein Handgelenk brannte wie Feuer. Er drehte es zu sich um. Er hatte sich im Schlaf verletzt. Blut strömte hervor.

»Richard! Was hast du getan?« Die Fremde geriet außer sich.

Wer war sie? Er presste die Hand auf die Wunde. Er würde verbluten. Hilflos sah er auf die nackte Rothaarige, die schnell in ein Handy sprach. »Der Arzt kommt! Hast du einen Verbandskasten?«

»Im Bad.« Er konnte nur heiser krächzen. Die Frau sprang aus dem Bett und eilte ins Badezimmer. Jetzt sah er ihren runden Po von hinten. Nun erinnerte er sich. Er hatte sie in der Nacht zuvor aus der Disco mitgenommen, wusste aber nicht mehr ihren Namen. Die Frau kam mit dem Erste-Hilfe-Kasten zurück.

»Und weiter?«, fragte sie hilflos.

Typisch, dachte er. Reiches Weib und zu blöd um einen Nagel in die Wand zu schlagen. Vor lauter Ärger vergaß er fast seine Verletzung. Mit einer Hand öffnete er den Behälter und deutete auf eine Kompresse. »Mach die auf«, lallte er. »Aber nicht in die Mitte fassen. Das ist steril!«

Mit zitternden Fingern gehorchte sie – konnte kaum hantieren mit ihren langen, bizarr bemalten Fingernägeln. »Jetzt den Verband!« Er presste die Kompresse, die sie ihm gereicht hatte, auf die Wunde. Eine Wohltat. Sie reichte ihm ein Verbandspäckchen. So eng er konnte wickelte er die Bandage um sein Handgelenk. Es klingelte an der Haustür. Die Rothaarige schlang sich eine Bettdecke um ihren nackten Leib und eilte aus der Tür.

Richard ließ sich ins Kissen zurücksinken. Das hatte er nicht selbst gemacht. Er hatte sich nicht verletzt. Es war im Traum geschehen. Jemand war bei ihm gewesen, in ihm. Und es war nicht das erste Mal passiert. Ihm wurde schlecht. Er würgte, hatte aber glücklicherweise nichts im Magen.

Dann stand der Arzt neben ihm.

»Er hat sich im Schlaf gekratzt«, erklärte die Rothaarige. »Nur so kann es gewesen sein!«

Wie betäubt sah Richard zu, wie der Mann den Verband entfernte und seine Verletzung begutachtete. »Sie müssen in ein Krankenhaus«, stellte er sachlich fest.

»Nein, kommt nicht in Frage«, antwortete er mit schwerer Zunge. »Ich will kein Aufsehen. Berechnen Sie mir das Doppelte.«

Der Mann grinste kurz, nickte und öffnete seine schwarze Ärztetasche. »Dann werde ich jetzt betäuben und nähen.«

Die Frau hatte sich zwischenzeitlich angezogen. »Aber ich werde mir das nicht ansehen«, sagte sie mit gerümpftem Näschen. »Gute Besserung, Richy.«

Richard nickte nur, starrte auf die wie ein Halbmond gerundete Nadel, die in seinem Fleisch versank. Er hatte seine Bettgenossin sofort vergessen.

Er hatte nicht darauf geachtet, was er eingepackt hatte. Das merkte Smu erst, als er im Hotel in Seattle vor seiner Tasche stand. Fluchend machte er sich auf den Weg zum nächsten Walmart, um sich Kleider zu kaufen. Natürlich war das nicht der Klamottenladen, in den er normalerweise ging. Er liebte eher ausgeflippte Mode von Gaultier. Aber für seine Ermittlungen brauchte er etwas Unauffälliges zum Anziehen. Deshalb kaufte er, ohne darüber nachzudenken, alles in dunklen Farben: anthrazitfarbene Jacke, grauen Pulli, Mütze, eine billige Bluejeans und derbe Schuhe. Als er an der Kasse stand, bemerkte er, dass dieses komplette Outfit so viel kostete, wie er normalerweise für einen einzigen Pullover bezahlte. Er grinste. Allerdings verging ihm das Grinsen, wenn er an seine Zukunft dachte. Mit Pat hing alles in der Schwebe. Sie waren so lange zusammen. Ihm war völlig unklar, wie es weitergehen würde.

In Gedanken versunken fuhr er zur letzten ihm bekannten Adresse von Monica. Er parkte den auffälligen BMW etwas weiter weg und zog sich im Wagen um. Missmutig stapfte er durch den dahinschmelzenden Schnee zum Haus. Er hasste Schneematsch. Seine Laune war so richtig im Keller. Er blickte die verschmutzte Fassade des heruntergekommenen Mietshauses hoch, kontrollierte dann die Familiennamen auf den Klingelschildern. Die meisten Mieter hatten sich nicht die Mühe gemacht, Schilder anfertigen zu lassen. Die Namen waren auf Klebeband oder auf gewellte Pappe gekritzelt. Manche Schriftzüge waren verblichen und unleserlich. Smu seufzte und drückte auf sämtliche Klingelknöpfe. Die Haustür gab einen Summton von sich. Wer hatte ihn wohl gehört? Neugierig stieg Smu die Treppenstufen hinauf. Im zweiten Stock stand ein junges Mädchen in einer vor Dreck starrenden Wohnungstür. Er schätzte sie auf sechzehn Jahre. Stark geschminkt lugte sie unter einer rot gefärbten Ponyfrisur hervor. Sie ließ eine Seite ihres schmuddeligen Bademantels von der Schulter rutschen, als sie ihn sah. Sie grinste.

»Tach!« Er tippte sich an die Stirn. »Sie sind bestimmt Monica.«

Das Mädchen kaute breit an einem Kaugummi. »Nee«, antwortete sie. »Die wohnt hier nich mehr.«

»Die wohnte im vierten Stock, stimmt's?«, mutmaßte Smu.

»Nee, im dritten.« Ihre Kiefer mahlten und sie musterte ihn interessiert von oben bis unten. »Biste 'n Freier?«

Was war jetzt die richtige Antwort? Smu grinste, um Zeit zu schinden. »Na ja, ich wollt's mal testen«, antwortete er vorsichtig.

»Kannst auch zu mir kommen«, bot das Mädchen an. »Zwanzig Dollar.«

Monica war dunkelhaarig. »Nichts für ungut, aber ich steh mehr auf dunkle, rassige Weiber«, erwiderte er ausweichend.

»Hab ja schwarze Haare«, meinte die kleine Hure. »Das is nur gefärbt.«

»Bisschen älter sollte die Dame auch sein.« Verdammt, wie kam er bei ihr nur weiter?

»Dame?« Das Mädchen kicherte.

»Kannst du mir nicht einen Tipp geben, wo ich Monica finde?« Er ging näher an sie heran und versuchte es mit einem seiner verführerischen Augenaufschläge. Gleichzeitig schob er ihr knisternd einen Geldschein in die Tasche ihres Bademantels.

»Die heißt jetzt Yvonne und arbeitet im Blue Velvet«, kaute das Mädchen. »Aber das weißt du nicht von mir, okay?«

»Nie und nimmer nicht«, antwortete Smu und grinste. »Schönen Abend noch, junge Lady.«

Er drehte sich, um die Treppen wieder hinunterzugehen.

»Bist du sicher, dass du nicht doch bei mir bleiben willst?« Die Stimme des Mädchens klang auf einmal ängstlich. Etwas rumpelte hinter ihr in der Wohnung. »Was ist nun mit deinem Kunden?«, dröhnte eine Männerstimme. »Mach ihm einen guten Preis, Fotze.«

Smu sprang eilig die Treppen hinunter und schlug die Haustür hinter sich zu.

Da das Blue Velvet erst abends öffnete, lag Smu auf dem Bett des tristen Hotelzimmers und surfte im Internet. Der Club hatte sogar eine Homepage. Das Blue Velvet war eine „Hostessen-Bar". Es war nicht schwer zu erraten, um welche Art von Etablissement es sich dabei handelte. Er klappte den Laptop zu und legte ihn neben sich auf das Bett. Eine Spur, immerhin.

Er verschränkte die Hände hinter dem Kopf und dachte an Patallia. Dieser verfluchte Stein! Warum hatte Tabathea dieses Ding auch stehlen müssen! Hätte ihm jemand vor einigen Jahren diese Geschichte mit der Unsterblichkeit und einem magischen Stein erzählt, er hätte ihn für verrückt erklärt. Seit er mit den Duocarns in Kontakt gekommen war, hatte sich sein Weltbild völlig verändert. Er hatte einen außerirdischen Freund. Er war auf Duonalia gewesen, hatte die Neuordnung des Planeten miterlebt. Seine Gedanken schweiften zu Arinon. An sein Fremdgehen. Er bereute es, aber wenn er an die Nacht auf dem westlichen Mond dachte, die er in dem duftenden Moos mit ihm verbracht hatte, wurde ihm selbst jetzt noch anders. Nun war Jake bei Arinon. Jake ...

Er musste herausfinden ob Patallia von seiner irrsinnigen Idee abgelassen hatte. Kurzentschlossen nahm er sein Handy und rief ihn an.

»Hallo Pat!«

»Hallo Smu!« Patallias Stimme klang erfreut.

»Ich wollte nur kurz berichten, dass ich eine Spur habe. Ich muss heute Abend in eine Aufreißer-Bar. Es sieht so aus, als würde die gesuchte Person auf den Strich gehen.«

Er spürte, wie Patallia den Kopf schüttelte.

»Warum musst du immer in solch ein Milieu geraten, Smu?«

»Wenn du auf meine damaligen Swingerclub-Besuche anspielst, Pat. Die habe ich im Auftrag der Duocarns gemacht. Erinnere dich.«

»Ja, ich weiß, Smu. Es sollte kein Vorwurf sein. Diese Dinge sind nur immer so gefährlich. Ich habe Angst um dich.«

Smu schluckte.

»Ich habe auch Angst um dich, Pat.«

Stille.

»Du meinst wegen des Steins?«

»Ja, Pat.«

»Du solltest dir darüber keine Gedanken machen, Smu. Du wirst sehen, das wird alles bestens klappen. Kannst du denn nicht verstehen, dass ich des ewigen Daseins müde geworden bin? Ich wäre glücklich, dir folgen zu dürfen.«

Smu schloss die Augen und schwieg. Es tat so unglaublich weh, aber nun stand sein Entschluss fest.

»Du sagst nichts?«

»Nein, Pat. Lass uns das besprechen, wenn ich wieder da bin. Es eilt ja nicht, oder?«

»Nein, Smu sicher nicht. – Bitte pass auf dich auf, ja?«
»Mach ich. Bye Pat.«
Er hatte es geahnt. Patallia war nicht mehr umzustimmen. Es brach ihm fast das Herz – aber jetzt wusste er, was er zu tun hatte.

Richard trat aus der Dusche vor den beschlagenen Spiegel, wischte ihn mit dem Handtuch ab, so dass er sein Gesicht in der nassen Fläche undeutlich wahrnehmen konnte. Mit ihm stimmte etwas nicht. Er fühlte sich ... Er überlegte, was es für ein Gefühl war – es war keine Krankheit, nein, dafür ging es ihm zu gut. Trotzdem war da irgendetwas in ihm, was vorher nicht da gewesen war. Etwas rauschte in seinen Adern.
Ich muss mich rasieren, dachte er. Und ich muss endlich einmal den Spiegel ersetzen. Es gibt welche, die nicht beschlagen. Er versuchte, nochmals sein Gesicht zu erkennen. Hoffnungslos. Sein linkes Handgelenk pulsierte. Verdammt, ich habe den Verband vergessen. Jetzt ist er nass! Vorsichtig wickelte er die durchfeuchtete Mullbinde ab und hielt verblüfft inne. Das Fleisch um die Verletzung war geschlossen. Die Wunde hatte die Fäden des Arztes abgestoßen. Er bewegte testweise das Handgelenk. Die Narben schillerten bläulich. Zwei Kratzer längs und zwei quer. Wie von scharfen Nägeln gezogen. Wieso war das schon abgeheilt? Er drückte vorsichtig mit dem Daumen darauf. Es tat nicht weh. Er blickte in den Spiegel, der nun sein Spiegelbild freigab. Verdammt, dachte er, ich sehe anders aus. Meine Augen. Sie wirkten dunkler, hatten ihr kaltes Blaugrau in ein warmes Anthrazit verändert. Aber wieso? Niemand kann seine Augenfarbe einfach verändern! Panik stieg in ihm hoch. Die Alpträume, die Verletzung und nun das! Wurde er langsam verrückt? Er wandelte sich. Er betrachtete nochmals seine Augen. Eigentlich gefielen sie ihm so besser. Er sah interessant damit aus. Richard lächelte probeweise. Die Wirkung

war umwerfend. Seine Freunde würden denken, er trüge Kontaktlinsen. Nein, er wollte die Party deswegen nicht absagen. Zumal es sich um eine recht seltene Einladung eines berühmten Sängers handelte, der nicht jeden in sein Chalet in den verschneiten Bergen einlud.

Richard ging in sein Ankleidezimmer und betrachtete seinen nackten Körper. Sein sportlicher, durchtrainierter Leib war unverändert. Ein Kratzer am Handgelenk, eine erneuerte Augenfarbe – ein echtes Hochgefühl. Solange es bei diesen positiven Veränderungen blieb, machte er sich keine Sorgen.

Er drückte seinem Gastgeber eine teure Flasche Champagner in die Hand und lächelte. »Richard Ryan«, stellte er sich mit einem Augenzwinkern vor. »Danke für die Einladung.«

»Die kam von mir!«, rief eine hohe Frauenstimme. »Richy!«

Jetzt erst erkannte er Tina, die Schwester eines seiner Saufkumpane, die ihn unter einer hochtoupierten, blonden Ponyfrisur anstrahlte. »Du kennst Daniel ja noch nicht. Wir sind nun verbandelt!« Mit diesen Worten warf sie dem langhaarigen Gastgeber in seinem roten, glänzenden Designeranzug ein Kusshändchen zu und zerrte Richard ins Innere des Hauses. »Komm, leg erst einmal ab.«

Er sah sich unauffällig um. Das Chalet war offensichtlich bis in die letzte Ecke durchgestylt. Die Lieblingsfarben des Besitzers waren eindeutig schwarz und weiß. Die geschmackvolle Garderobe in Form eines sich aufbäumenden Hengstes musste ein Vermögen gekostet haben. Richard tastete kurz über dessen lebensgroßen, mit Unmengen Swarovski-Kristallen besetzten Leib, als er seinen Mantel aufhängte.

»Du siehst gut aus!«, Tina nahm ihn an beiden Oberarmen und drehte ihn zum Licht. »Du siehst sogar phantastisch aus, Richard! Hast du einen neuen Chirurgen?«

Richard grinste. Auch die anderen schienen seine Wandlung zu bemerken. Er blickte auf Tinas üppige Brüste in dem tief ausgeschnittenen Designertop. Sie hatte er noch nicht gehabt. Wie schade, dass sie nun mit Daniel ... Seine innere Stimme lachte. Na und?, sagte sie zu ihm. Hindert dich das? Wenn du sie haben willst, kannst du sie dir jederzeit nehmen!

Gebannt spürte er ein Feuer durch seinen linken Arm wandern. Er näherte sich ihr, drängte sie gegen den glitzernden Hengst. Er sah sich selbst ihre Hand ergreifen und sein Handgelenk an ihres pressen. »Mákalo da Fárak.« Er flüsterte die Worte, die sich in seine Gedanken geschoben hatten. Wie selbstverständlich steckte er ihr die Zunge in den Mund und schob in einer fließenden Bewegung sein Knie zwischen ihre Beine, drückte gegen ihr Geschlecht.

Tina traf es unvorbereitet. Sie stemmte sich erst gegen ihn, wurde jedoch sofort weich und nachgiebig. Ihr Körper wölbte sich ihm entgegen. Ihr Mund schien ihn verschlingen zu wollen.

Siehst du, sagte die Stimme zu ihm. Das ist reine Energie. Das ist Macht. Und nun schau sie dir an.

Richard löste sich von dem Mädchen, das ihn mit aufgerissenen Augen anstarrte.

»Ich liebe dich«, hauchte sie. »Ich habe es die ganze Zeit geahnt, dass ich nur dich liebe. Aber jetzt weiß ich es genau.«

Richard musterte sie erstaunt. Das war eine Wandlung um hundertachtzig Grad. »Ich dachte, du bist mit Daniel zusammen«, konterte er amüsiert. Er konnte nicht glauben, was da eben geschah. Es konnte sich nur um einen Scherz handeln.

Tina ging vor ihm auf die Knie. »Bitte sag so etwas nicht. Du bist es. Nur du allein. Es wird nie jemand anderen geben.«

»Nun denn«, antwortete Richard, weiterhin amüsiert. »Dann küss mir die Füße. Danach wirst du den Rest des Abends hinter mir stehen und mich bedienen – mir bringen, wonach auch immer mir der Sinn steht.« Ausgerechnet die für ihren Eigensinn und ihre aufbrausende Art bekannte Tina, würde so etwas niemals tun.

Das denkst du, raunte die Stimme in ihm. Sieh, was sie macht.

Tina küsste seine schwarzen Stiefel mit Hingabe, erhob sich und lächelte. »Ich erwarte deine Wünsche, Geliebter«, sagte sie.

Richard blickte sich in dem mondänen, mit Designermöbeln bestückten, Wohnzimmer um. Die Gäste standen im Raum verteilt oder saßen plaudernd, mit Gläsern in den Händen, auf den großzügig mit weißen Schaffellen bedeckten Ledermöbeln. Die Party hatte erst angefangen und die Atmosphäre war entspannt. Er kannte nur wenige der anderen Besucher, was ihm ganz recht war. Er hatte keine Lust auf seine Clique, von der er wusste, dass sie im Laufe des Abends in Alkohol- und Drogenexzesse abgleiten würde.

Neugierige Blicke musterten ihn, als er mit Tina auf den Fersen den Raum betrat und sich vom dienstbereiten Butler an der kleinen, gut ausgestatteten Bar einen frisch gepressten Orangensaft einschenken ließ. Er wollte nüchtern bleiben. Es war etwas im Gange und er hatte die zentrale Rolle. Er wusste nicht, wie er an diese gekommen war, aber er hatte in diesem Moment auch keine Zeit darüber nachzudenken.

Ein weitläufiger Bekannter seines Vaters, Paul, kam lächelnd auf ihn zu. Versuche es, sagte die Stimme in ihm. Du besitzt nun die Macht. Benutze das Mal. Mákalo da Fárak.

»Wie ich sehe, hast du eine Verehrerin«, bemerkte der Mann und musterte Tina. »Ich dachte, Sie wären anderweitig liiert, meine Liebe.«

Richard wandte sich an Tina und reichte ihr sein Glas. Dann nahm er, wie selbstverständlich, Pauls Hand, streifte seinen Sakkoärmel zurück und presste ihm das Mal an sein

Handgelenk. Der fremdartige Satz drängte sich erneut in seinen Verstand – aus seinem Mund. »Mákalo da Fárak.«

Paul blickte erstaunt auf seine Hand. Sein Gesichtsausdruck veränderte sich. »Ich bin glücklich, Richard«, stieß er hervor. »Ich kann das plötzliche Gefühl nicht erklären, aber ich weiß, dass nun, wo du hier bist, mein Leben eine Wendung zum Besseren nehmen wird.« Seine blauen Augen strahlten. »Sag mir bitte, was du möchtest. Ich werde es tun.« Er legte die Hand auf die Brust und senkte ergeben den Kopf.

Richard stand wie vom Blitz getroffen. Das konnte ja wohl nicht sein! Sie wollten ihn verarschen! Er würde nun durch das ganze Zimmer laufen und jedem Gast sein Handgelenk auflegen. Sicherlich, wenn er das getan hätte, würden wahrscheinlich alle laut lachen und der Fernsehsender käme mit der versteckten Kamera hervor. Und er wäre der Clown des Abends. Er zögerte.

Das solltest du wirklich tun, flüsterte die Stimme in ihm. Sieh, was das Mal dir für Möglichkeiten beschert.

Richard saß in dem schwarzen Ledersessel und betrachtete die Menschen um sich herum: sechs Männer und sieben Frauen. Teilweise knieten sie, manche von ihnen standen. Was alle gemeinsam hatten, war ihr Gesichtsausdruck. Hingabe und Verehrung spiegelte sich in ihren Mienen. Sie hingen an seinen Lippen, warteten darauf, von ihm angesprochen zu werden. Etwas für ihn tun zu dürfen. Es war keine Kamera und kein Fernsehsender in Erscheinung getreten.

Seine innere Stimme hatte nicht gelogen. Das war Macht. Er hatte nicht darum gebeten, aber er besaß sie. Noch konnte er nicht so recht glauben, was er getan hatte. Das Ganze wurde ein bizarres Experiment. Er würde nun ausprobieren, wie weit sie bereit waren, für ihn zu gehen.

Ein verrückter Gedanke flackerte in seinem Gehirn auf. Mit Menschen, die genau das taten, was er befahl, konnte er eine neue Gesellschaft aufbauen. Er konnte eine bessere Welt erschaffen. Er würde ihnen beibringen, sich liebevoll umeinander zu kümmern. Er wollte die Dekadenz in ihren überdrüssigen High Society Gehirnen regelrecht zu Asche verbrennen. Richard drehte sich zu Paul. Pauls Exfrau Jane war ebenfalls unter den Gästen. Paul und Jane hassten sich. Das wusste er.

»Mein lieber Paul«, begann er. »Ist es nicht schade, dass Jane dort so allein steht? Sie ist so ein liebenswertes Geschöpf. Bitte geh zu ihr und streichle sie. Überall. Ich möchte das so.« Er wandte sich an die dunkelhaarige Frau in dem kurzen Minirock. Seine Stimme durchdrang den Raum, sanft aber unüberhörbar. »Und du, liebe Jane, wirst die Zärtlichkeiten von Paul mögen. Du wirst ihn willkommen heißen, bei allem, was er tut. Alles was du brauchst ist Liebe.« Dann drehte er sich zu der ganzen Gruppe. »Lasst uns einen Kreis bilden und genießen, wie liebevoll zwei Menschen miteinander umgehen können.« Die Männer und Frauen gehorchten und nahmen das von ihm neu erschaffene Paar in ihre Mitte.

Fasziniert beobachtete Richard, wie Jane ihre Kleider auszog und sich von ihrem vormals so verhassten Ex-Mann überall streicheln ließ. Wahnsinn, dachte er. Was für Möglichkeiten! Wie lange wird dieser Zustand wohl anhalten? Er bereitete sich darauf vor, dass die Gäste innerhalb von Sekunden in ihren Normalzustand fallen würden. Aber nichts dergleichen geschah.

Er betrachtete das schmusende Pärchen. »Und nun wirst du Sex mit ihr haben«, sagte er freundlich zu Paul. Er stand auf. »Seht ihr, wie schön Liebe sein kann?«, fragte er die Menschen in dem Kreis, die ihn mit strahlender Verehrung anblickten. »Ja, Richard!«, antworteten sie im Chor.

Millionen Lichtjahre von ihm entfernt, hob Xerxes den verknöcherten Schädel aus dem Energetikon. Er kreischte mit sich überschlagender, schriller Stimme so laut, dass die Palastwachen alarmiert an die verriegelte Tür seines Gemachs klopften. »Liebe«, röchelte er. »Er öffnet mir die Türen mit Liebe! MIR!«

Xan hatte noch lange mit Solutosan in der Küche gesessen. Sie hatten gemeinsame Erlebnisse aus alten Zeiten aufgewärmt und oft gelacht. Manchmal hatte Ulquiorra sich in das Gespräch mit eingeschaltet, denn auch er amüsierte sich über die Geschichten aus der Zeit der Bacani-Jagd.

Sie hatten viel gekämpft, oftmals Reinfälle erlebt, wenn die Bacanis schneller gewesen und in nahe Planetensysteme getürmt waren. Patallia verarztete dann die Opfer. Meist war die Fruchtbarkeit der Frauen für immer verloren gewesen. Die ausgesaugten Männer waren zumindest verwirrt zurückgeblieben.

Aber es hatte im Raumschiff und auf anderen Planeten auch lustige Situationen gegeben, denn sie waren wahrlich bizarren Lebewesen begegnet. An die Fehlschläge wollte sich nun niemand mehr erinnern. Nein, nur die guten Dinge wurden in der Duocarns-Küche erzählt.

»Weißt du noch, wie Patallia der weißhaarigen Frau auf dem östlichen Mond zu erklären versuchte, was ihr widerfahren war und sie ihn daraufhin verprügelt hat?« Xan kicherte. »Ich glaube, sie hatte bereits vor der Eröffnung der Karateschule einige Kampftechniken gelernt.«

»Von wegen Kampftechnik, Xan«, Solutosan lachte. »Sie hat ihm einen frischen Donakuchen ins Gesicht gedrückt und ihn dann aus dem Haus gejagt! Dabei hat sie ihre sämtlichen Küchengeräten als Waffen benutzt. Sie war wirklich weitaus gefährlicher als die Bacanis.« Sie hielten sich die Bäuche vor Lachen.

»Erwähne den Vorfall nur nie, wenn Pat in der Nähe ist«, keuchte Xan. »Der reagiert dann allergisch.«

Sie sahen sich an. Ja, sie wollten von den guten Dingen sprechen – nicht von dem, was sie beide im Moment belastete. Solutosan wünschte sich seinen Freund zurück und er sich seinen Sohn.

Xanmeran sah seinem alten Kampfgenossen forschend ins Gesicht. War Ulquiorra irgendwo in seinen Zügen zu finden? War es nicht so, dass dessen Blick sich einen Moment lang verdunkelt hatte, so wie Ulquiorras Augen? Es war quälend, seinen Sohn aus Solutosans Mund zu vernehmen. Aber keiner von ihnen wollte über diese Qual sprechen.

Immer wieder sah Xan, wie Solutosan geschminkt aus dem Haus ging und alleine zurückkam. Er fragte nie nach, wusste aber, dass sein Freund erneut vergeblich in einem Krankenhaus, an einem Unfallort oder in einem Leichenschauhaus gewesen war.

»*So, ich gehe nun schlafen*«, kündigte er an, trank seinen Kefir aus und erhob sich. »*Gute Nacht, ihr zwei.*« Er winkte Solutosan zu und ging langsam und nachdenklich in sein Zimmer. War es aufgefallen, dass er bewusst fröhlich gewesen war? Hatten den beiden seine Aufmunterung und das Lachen geholfen? Er hoffte es.

Ob Tabathea wohl schon schlief? Die Frage beantwortete sich von selbst, denn er sah die schöne Auranerin aus dem Kinderzimmer kommen. »*So, die Kleine schläft.*« Sie lächelte, aber es war ein müdes, zögerndes Lächeln. Sie war nicht glücklich auf der Erde, das fühlte er.

»*Kann ich dir helfen, Tabathea?*« Sie hatte bereits die Türklinke ihrer Zimmertür in der Hand.

»*Ich, ich ... Ich möchte so ungern wieder allein in meinem Zimmer sein, Xanmeran*«, flüsterte sie verschämt. »*Möchtest du mir nicht ein wenig Gesellschaft leisten?*«

Natürlich wollte er das! Sein Herz schlug augenblicklich schneller. Und er wollte noch mehr, wenn er ehrlich zu sich selbst war. Und das am liebsten sofort. Nur war ihr Gästezimmer klein und das Bett schmal. Wie konnte er sie am besten in sein Zimmer lotsen? Das neue Bett war angeliefert worden. Es war groß und breit.

»*Möchtest du nicht lieber mit in mein Zimmer kommen?*«, fragte er und versuchte die Nervosität in seiner telepathischen

Stimme zu unterdrücken. »*Es ist komfortabler, und wenn du magst, sehen wir uns einen Film an.*«

Beim Vraan! Was konnte er mit Tabathea für einen Film ansehen, den sie verstehen würde? Einen Kriegsfilm? Um eine Frau erotisch zu stimmen, eine schlechte Wahl. Einen Anime? Smu hatte ein riesiges Regal voll mit DVDs. Einen Unterwasserfilm! Ihm fiel auch sofort einer ein: Abyss!

Zu seiner Freude nickte Tabathea. Sie wirkte oft so distanziert. Obwohl – hatte sie jemals Angst vor ihm gehabt? Eigentlich nicht. Er konnte sich nur noch schemenhaft an den Tag erinnern, an dem er den Stein in Händen hielt. Hatte sie ihn nicht an diesem Tag gestreichelt? Er war sich nicht sicher.

Tabathea sah sich in seinem Zimmer um. Mit ihrer weißen, zartschuppigen Haut, ihren riesigen, blauen Sternenaugen und dem dunkelblauen, offenen Haar wirkte sie so fremdartig in dieser Umgebung. Und er, wie sah er aus?

»*Komm.*« Er nahm Tabathea an der Hand und zog sie zu dem bodenlangen Spiegel seines Einbau-Kleiderschranks. Stumm musterten sie ihre Spiegelbilder.

»*Wir sind beide wirklich ungewöhnlich*«, stellte er fest. Wenn sie eben noch fremd gewirkt hatte – im Vergleich zu ihm war sie eine perfekte Schönheit und sah wesentlich menschenähnlicher aus als er mit seiner schwarzen Haut mit den goldenen Schlieren.

Tabathea betastete seinen Arm. Dann blickte sie zu ihm auf. »*Ich bin schuld, dass du jetzt so aussiehst*«, stieß sie hervor. »*Ich allein!*« Nun bemerkte er, wie verzweifelt sie war. »*Ich habe dein Leben zerstört. Bisher habe ich mich nicht einmal dafür entschuldigt.*« Sie sah ihn an und Tränen strömten aus ihren schönen Augen. »*Ich, ich ... ich wusste es nicht. Nun musst du sterben. Ich – es tut mir so unendlich leid, Xanmeran!*«

Er legte den Arm um sie und geleitete sie zum Bett, drückte sie vorsichtig hinab und setzte sich neben sie. Er würde nun einfach seinem Gefühl folgen. Und das sagte ihm, dass er sie trösten musste. Er nahm sie in den Arm. Was sollte er dazu sagen? Sanft streichelte er ihren Kopf. Es war schön ihn an der Schulter zu spüren. Ihr Haar duftete. Er konnte den Geruch nicht einordnen. Herbsüß aber gleichzeitig salzig. Ein Duft, der ihn anregte. Er presste das Gesicht in ihr Haar, atmete tief ein. Nun wusste er es. Wenn er die Augen schloss, roch er Sublimar.

Ob sich Auraner wohl auch so paarten wie Menschen und Duonalier? War sie überhaupt Auranerin? Ihr Vater war ein Sternengott, ihre Mutter eine Sirene. Was waren Sirenen? Er hatte nur eine vage Vorstellung. Und er? Er hatte zum Sex immer seine Dermastrien benutzt. Die waren nun fort. Er war sich ja nicht einmal über sich selbst im Klaren. Aber es war jetzt nicht der Augenblick für Selbstzweifel. Außerdem wollte er ihn nicht mit solchen Fragen zerstören. Er spürte, dass sie sehr müde war.

»*Komm, Tabathea. Lass uns ein wenig hinlegen und ausruhen. Der Film läuft uns nicht davon. Den können wir auch später ansehen.*« Sie trug eines der milchweißen, duonalischen Gewänder. Er selbst hatte seinen grauen Jogging-Anzug an. Beides war bequem genug zum Schlafen.

Er schlug die Decke zurück und legte sich auf das Bett – streckte die Arme nach ihr aus. Und sie kam zu ihm – ließ sich zudecken. Sie war erschöpft, müde, entwurzelt. Sie brauchte Schutz, seinen Schutz, und das erstrangig. Alle seine hoffnungsvoll erotischen Gefühle wichen augenblicklich einer liebevollen, beschützenden Zuneigung.

»*Schlaf, Tabathea*«, bat er. »*Mach dir keine Gedanken mehr über Dinge, die unabänderlich sind. Ich werde noch nicht sterben. Ich lebe. Ist das nicht die Hauptsache?*«

Das Blue Velvet am Rand der City von Seattle war ein Club zweiter Klasse, was das flackernde Leuchtschild mit der halb verendeten Neonröhre darin bereits eindeutig verriet. Smu hatte seine Walmart-Kleidung anbehalten. Als Freier in Designersachen würde man versuchen ihn auszunehmen wie eine Weihnachtsgans. Er klingelte an der schwarz lackierten Tür und wurde von einem Türsteher durch einen Spion begutachtet. Als die Tür sich öffnete, sah er, dass es kein Türsteher war, sondern eine ältere, spärlich bekleidete, rothaarige Frau. Sie lächelte ihn freundlich an und begleitete ihn mit wichtiger Miene ins Innere des Clubs.

Das Etablissement entsprach einhundertprozentig seiner Vorstellung von dem, was er sich immer unter einem Animier-Schuppen vorgestellt hatte: Die Wände pflegeleicht schwarz lackiert, eine ebensolche, stabil gezimmerte Bar, metallene Barhocker, mit dunklem Kunstleder bezogene Sitzbänke an den Seiten. Bunte Pin-up-Drucke in billigen Rahmen an den Wänden, kaum erkennbar in dem schummrigen, roten Licht, das die ältlichen Huren jünger und wie weichgezeichnet wirken lassen sollte. In einer Ecke des Raumes flackerte ein Fernseher mit einem Billigporno ohne Ton.

Smu schob sich auf einen der Barhocker und bestellte ein Bier. Eigentlich war ihm völlig egal, was er trank. Es war ihm sogar gleichgültig, dass die vier anwesenden Frauen kaum bekleidet waren und sie ihre Aufmerksamkeit auf ihn richteten, ihn, den einzigen, männlichen Gast. Es gab eine kleine halblaute Diskussion, wer sich um ihn kümmern durfte. Offensichtlich gewann eine Blondine in den Dreißigern den Disput, denn sie näherte sich ihm mit wiegenden Schritten.

»Na Süßer?« Sie lächelte und er sah teilnahmslos auf ihren Mund. »Spendierst du mir was?«

Diese Bar ist derartig klischeehaft, dass ihr Satz dazu passt wie der Arsch auf den Eimer, dachte er. Aber um etwas über Monica zu erfahren, musste er sie nun eine Weile aushalten. Ihm war völlig klar, dass sie als Nächstes eine Flasche Champagner zu einem eindeutig überzogenen Preis bestellen würde. Auch das war ihm schnuppe.

»Bestell dir, was du willst«, entgegnete er.

»Oh!« Sie schürzte die Lippen in einer vermeintlich erotischen Bewegung. »Da danke ich recht schön!«

Prompt stand die Flasche Schampus samt dem Sektglas vor ihr auf der Theke. Sie nippte an dem Glas. »Und? Was führt dich hierher, Sweety«, fragte sie. »Lust auf einen vergnüglichen Abend?«

Sie griff sich unter die üppigen Brüste und hob sie an.

Smu starrte auf die mit Glitzerpuder bestäubten Fleischberge. Eigentlich müsste ich mich jetzt ekeln, überlegte er. Aber sie war ihm einfach nur gleichgültig und was er sah, kam nicht wirklich in seinem Gehirn an. Er dachte an Patallia, an seine grau-violetten Augen, an sein verzagtes Lächeln und es schnürte ihm den Hals zu. So unkonzentriert kam er nicht weiter. Entschlossen nahm Smu einen Schluck Bier. Er hatte schließlich einen Auftrag!

»Na gesprächig bist du ja nicht gerade, Honey«, bemerkte die Blonde.

Smu riss sich zusammen. »Das liegt daran, dass ich verliebt bin, Süße!«, grinste er. »Und nicht nur das. Ich bin scharf auf eine Kollegin von dir – die Yvonne.«

Die Frau schob die Unterlippe vor. »Ach die! Nee, die ist nicht mehr hier. Die hat sich für was Besseres gehalten. Ist nicht wiedergekommen.«

»Verdammt!« Der Fluch war ihm unabsichtlich entwichen und war sogar ehrlich gemeint. Er drehte den Satz sofort. »Wirklich verdammt schade. Denn ich habe sie ein Mal getroffen und es hat mich erwischt. Ich finde sie umwerfend.« Er gab seinem Gesicht einen verzweifelten Ausdruck. »Wo ist sie nur?«

Die Frau sah ihn zweifelnd an.

Er versuchte es mit einer anderen Masche. »Ich denke, dass du viel zu schade bist für ein Etablissement wie das hier. Du solltest dich höherpreisig verkaufen, meinst du nicht? Es gibt doch sicher Clubs, wo richtig solvente Gäste sind.« Er sah wieder betrübt drein. »Ob Yvonne auch in so einen abgewandert ist?«

Die Blondine rümpfte die Nase. »In Läden wie das »Daydreams« kommt unsereins ja nicht rein. Ich find's echt scheiße. Yvonne hat den mal erwähnt. Aber die ist auch nur eine normale Hure. Ob sie es dahin geschafft hat? Keine Ahnung. Vielleicht steht sie mit ihrem fetten Arsch an der Straße.«

Na das will ich doch mal nicht hoffen, dachte Smu und trank sein Bier aus. Ich habe nicht die geringste Lust den Straßenstrich abzuklappern.

»Du solltest dich nicht auf so eine versteifen, Süßer«, versuchte die Frau erneut ihr Glück. »Die hat nichts, was ich nicht auch habe.« Sie lächelte ihn an, zog den Rock an der Seite hoch und gewährte ihm einen Blick auf ihre Schenkel, deren tiefe Cellulitis-Dellen auch das rote Licht nicht beschönigen konnte.

In diesem Moment wurde ihm doch etwas schlecht.

»Danke Schätzchen. Ich bin und bleibe ein Verehrer von Yvonne.« Er lächelte entschuldigend. »Sei so nett und mach mir die Rechnung.«

Die schwarze Tür schloss sich hinter ihm. Erleichtert atmete Smu die kalte Nachtluft ein. Er schlenderte an den festgefrorenen, verdreckten Schneebergen vorbei, die die Einwohner zur Seite geschaufelt hatten, um die Wege freizumachen. Noch ein Nachtclub. Aber bevor er dorthin fuhr, musste er erst einmal im Internet nachschauen, um was es sich bei dem „Daydreams" handelte. Bei diesen Clubs musste das Auftreten und das Outfit stimmen, das war ihm klar.

Schleppend lief er zu seinem Auto. Im Grunde hatte er keine Lust auf den Job. Eigentlich hatte er überhaupt keinen Spaß mehr am Leben, seit er beschlossen hatte, Patallia zu verlassen. Er ließ sich auf den Sitz des BMWs sinken und schloss die Autotür. Er war nun die zweite Nacht in Seattle und es würden noch weitere werden. Nächte ohne Patallia. Smu umklammerte das Lenkrad. War ihm das wirklich so viel wert? War ihm Patallias Unsterblichkeit tatsächlich so wichtig, dass er sich das Herz herausriss? Er wird einen anderen Mann finden, dachte er und wischte sich die Tränen aus den Augen. Oder vielleicht bleibt er auch alleine. Auf der Erde kann sich Pat schwerlich einen neuen Partner suchen, aber wahrscheinlich auf Sublimar und Duonalia. Da sind ja nur außergewöhnliche Wesen. Ja, er wird dort garantiert jemandem begegnen, den er mag.

Er schluckte die Tränen hinunter. Ich will nicht, dass er sich untreu wird. Ich will nicht, dass er sich auf so eine Art an mich bindet. Ich bin kindisch und sprunghaft. Ich will und werde mich auch niemals ändern. Wie schaffe ich es nur, mich innerlich von ihm zu lösen? Indem ich mit irgendjemandem Sex habe? Nein, dieser Gedanke behagte ihm gar nicht.

Smu ließ den Motor an und fuhr in sein Hotel. Es hatte wieder angefangen, leicht zu schneien. Fröstelnd zog er den Kragen seiner grauen Jacke hoch, als er den kurzen Weg vom Parkplatz zur Rezeption lief. Er horchte auf die typischen Geräusche der nächtlichen Stadt: Diese dröhnende Mischung aus Motorengeräuschen, Bewegungen der Menschen wie Türenknallen oder Schließen der Fenster, laute Fernseher, Stimmen, streiten, gelegentlich eine Polizeisirene. Er vermisste Vancouver, und besonders Seafair, wo man die Geräusche der nahen Stadt nicht hören konnte, denn das Meer brandete dort mächtig und wild.

Es war kalt und er fühlte sich einsam. Wieso musste er solche Entscheidungen treffen? Warum hatte nicht alles so bleiben können, wie es war? Smu ging in sein tristes Zimmer, ließ sich auf das Bett fallen und starrte auf das gerahmte Foto von Seattle, an der zartgelb gestrichenen Wand.

»Du willst wirklich auf deinen Posten in der Firma verzichten, Richard?« Sein Vater blickte ihn mit ernsten, grauen Augen über seinen Schreibtisch hinweg prüfend an. »Woher kommt dieser plötzliche Entschluss?«

Richard stützte sich mit beiden Händen auf den kalten Metallschreibtisch. So sicher wie in diesem Moment, war er sich noch nie in seinem Leben. »Ich habe andere Pläne, Vater.« Er hatte seinen Vater nie Daddy oder Paps genannt. Dafür war ihre Distanz schon immer zu groß gewesen. Er hatte auch nicht vor, an diesem Verhältnis etwas zu verändern – seinen Vater ebenfalls zu manipulieren. Er wollte ihn nicht in seiner zukünftigen Love-Society haben. »Ich werde mich selbständig machen. Meine Idee hat bereits schon etliche Anhänger gefunden.« Mákalo da Fárak, dachte er. Dieser Satz hatte sich in sein Gehirn gebrannt. Er wusste nicht, was er bedeutete, aber er übersetzte ihn immer für sich mit den Worten »Die Liebe wird siegen«.

»Und welcher Art wird diese Selbständigkeit sein?«, fragte sein Vater, dessen Handy in diesem Moment klingelte. Richard richtete sich auf. Die Ablenkung war ihm recht. Er ging zur Fensterfront des luxuriös und dezent ausgestatteten Büros im sechzehnten Stock und blickte auf das nebelfeuchte Seattle. Er würde nach dem Besuch bei seinem Vater ein Objekt auf der zwischen Seattle und Bellevue liegenden Mercer Island besichtigen, das er als sein Hauptquartier im Auge hatte. Es war ein ehemaliges, hochwertiges Internatsgebäude, das viel Platz für seine Pläne bot. Sein Vater hatte zwischenzeitlich sein Telefonat beendet. Richard wandte sich zu ihm um. »Vater, ich habe eine gute Idee Firmenfusionen betreffend. Es sind auch einige dir bekannte Personen beteiligt. Lass mich dir das Ganze präsentieren, wenn es spruchreif ist.« Er wusste, wie sehr sein Erzeuger unausgegorene Dinge hasste.

»Gut«, sein Vater nickte. »Deine Mutter wird natürlich nicht so begeistert sein, von diesen Plänen zu erfahren.«

»Kümmert sie sich denn überhaupt noch um die Firmenangelegenheiten von Leguan-Steel?« Richard bemühte sich, seiner Stimme den verächtlichen Ton zu nehmen. Seine Mutter trieb sich in der Welt herum. Ständige Schönheitsoperationen und wechselnde, junge Liebhaber prägten ihr Leben. Ihn wunderte, dass sein Vater das so hinnahm, aber ihre dreiundfünfzig-prozentige Anteilschaft an dem Unternehmen zwangen ihn offensichtlich dazu.

Richard ging zur Tür. Er erwartete keine Antwort. »Auf Wiedersehen, Vater.« Hatte er ihn noch gehört? Sicher nicht, denn beide Handys seines Vaters hatten zur gleichen Zeit geklingelt.

Er lief an der freundlich lächelnden Sekretärin im Vorzimmer vorbei zum Lift. Was sein Vater wohl sagen würde, wenn er wüsste, dass er ein wohltätiges Unternehmen nach Vorbild der Grameen-Bank plante? Durch den absoluten Gehorsam der Anhänger seiner »Love-Society« konnte er deren Kapital benutzen. Also okkupierte er mit Vorliebe Banker, Notare und Rechtsanwälte, die etwas von dieser Art Geschäft verstanden. Natürlich schärfte er allen Mitgliedern ein, sich nach wie vor normal zu verhalten und ihrem täglichen Business nachzugehen. Er wollte kein Aufsehen. Ihm war noch nicht ganz klar, wofür er die Gewinne der zukünftigen Bank einsetzen wollte. Darüber würde er sich Gedanken machen, wenn die Sache stand.

Zur Belohnung für die Mitglieder wollte er Gruppentreffen veranstalten, Liebe zelebrieren. Ja, die einzige Droge sollte Liebe sein. Es würde in dem Haus keinerlei Rauschgifte und alkoholische Getränke geben, aber dafür eine große Menge williger Anhänger – vor allem junge Frauen.

Richard stieg in der Tiefgarage von Leguan-Steel in sein Auto. Auf diese Art würde er die dekadenten Reichen zwingen, Gutes zu tun, und würde sie lehren, wie wichtig es war, sich liebevoll umeinander zu kümmern. Er würde die Gleichgültigkeit aus ihren Gehirnen verbannen. Er ließ den Motor an und fädelte sich in den Stadtverkehr ein. Mákalo da Fárak, ja, die Liebe würde siegen.

Das aus hellem Sandstein erbaute Haus war größer und schöner als er vermutet hatte. Dekorative Stuck-Blumenkränze zierten die Fensterlaibungen des oberen Stockwerks und der überbaute Eingang mit den tragenden Säulen machte einen vornehmen und soliden Eindruck. Love4 erwartete ihn. Es war Mike Davidson, einer der Banker, die er bereits okkupiert hatte. Richard hatte ihnen als Erstes ihre Namen genommen. Alle Mitglieder der Love-Society hießen nun „Love" mit Zahlen dahinter. Wenn sie bei ihm waren, sollten sie sich lediglich mit dem Ziel der Gruppe beschäftigen und nicht mit ihrer eigenen Identität. Love4 strahlte ihn an, ein grauhaariger, großer Mann mit einer sanften Ausstrahlung. Aber hatten sie die nicht alle, nachdem die Liebe über sie gekommen war?

Der Mann verbeugte sich leicht: »Mákalo da Fárak« grüßte er in. Richard lächelte zurück und betrachtete das Haus eingehend.

»Gefällt es dir?«, fragte Love4. »Ich habe es bereits von innen besichtigt. Es hat 24 Schlafzimmer mit eigenen Bädern, eine schöne Großküche, einige Nebenräume für Zusammenkünfte und ... «, seine Stimme wurde schwärmerisch, »einen kreisrunden Versammlungsraum.«

Sie betraten die große Eingangshalle mit einer eindrucksvollen Freitreppe aus hellem Marmor und einfach verputzten, weißen, Wänden. Das war stilvoll und schlicht. Richard nickte zufrieden. Sie schlenderten durch das ganze Haus. Es war ein Glückstreffer, allerdings für zwölf Millionen Dollar nicht gerade ein Schnäppchen. Seine kapitalstarken Anhänger ließen ihn jedoch gelassen auf diesen Preis blicken.

»Bitte ruf die anderen Mitglieder heute Abend hier zu einem Treffen. Love 3 bis 18. Vielen Dank, Love4, du hast das ausgezeichnet gemacht.« Er lächelte jovial. Love4 senkte den Kopf, um ihn dann wieder mit strahlendem Gesicht zu heben. »Ich weiß, dass du uns auf den rechten Weg führen wirst, Richard. Wir werden alles Notwendige in die Wege leiten.«

Zufrieden drehte Richard sich um und lief zu seinem Wagen, den er nahe am Haus geparkt hatte. Der feuchte Nebel war hier nicht zu spüren. Es war März und der Schnee schmolz. In dem großen Baum neben seinem Auto pfiff ein Vogel leise und verhalten, als traue er den steigenden Temperaturen nicht. Der Frühling war eine gute Zeit, um so ein Projekt zu beginnen. Er setzte sich auf den Fahrersitz und überprüfte seine Mailbox. Dieser jüdische Privatdetektiv Goldstein hatte ihm eine Nachricht hinterlassen. Er hatte Monika noch nicht gefunden, aber bemühte sich weiter. Fast hatte er diesen Auftrag vergessen. Wollte er die Suche fortsetzen? Richard rieb sich nachdenklich das glattrasierte Kinn. Ja, eigentlich schon. Er war neugierig, was aus ihr geworden war.

Xanmeran gab keuchend den Code für das Garagentor ein. Es hatte ihn alle Kraft gekostet, eine derartig weite Strecke am Strand entlang zu rennen. Er musste trainieren, um seine Form zu erhalten. Sein neuer Körper reagierte anders als der unsterbliche Leib. Er war instabiler und baute schneller ab. Auch hatte er seine Ernährung erweitern müssen, denn Patallia hatte Mangelerscheinungen festgestellt. Zu seinem Kefir aß er nun zusätzlich Obst, was ihm gut schmeckte. In seinem Zimmer streifte er die Schuhe von den Füßen und zog die Sportsachen aus. Ohne Schweißdrüsen schwitzte er nicht, aber nach dem Sport fühlte er sich schmutzig.

Missmutig betrachtete er seinen nackten Leib im Spiegel. Er sah dämlich aus mit dem hautfarbenen Kopf und dem schwarzen Körper. Er beobachtete die sich langsam windenden, goldenen Schlieren seiner Haut. »Du siehst scheiße aus«, sagte er zu seinem Spiegelbild. Wie Tabathea ihn jetzt wohl wahrnahm? Ob sie sein Äußeres nun überhaupt noch mochte? Er hatte sie nicht gefragt.

Xan tappte in die Dusche und drehte das heiße Wasser auf. Er hatte keine Lust sich abzuschminken, rieb sich den ganzen Kopf mit Duschgel ein und ließ den Schaum vom Duschstrahl abspülen. Genauso beschissen, wie ich aussehe, fühle ich mich auch, dachte er. Das war eine denkbar schlechte Voraussetzung, um auf Freiersfüßen zu gehen.

Nach der gemeinsamen Nacht war ihm Tabathea nicht mehr so nah gekommen. Sie schob meist die Kleine vor, hatte so immer einen Grund sich schnell zu entfernen, sobald er sich ihr näherte. Ich muss mit ihr sprechen, dachte er und frottierte sich ab. Vielleicht mag sie mich überhaupt nicht und ich mache mir umsonst Hoffnungen. Er trocknete sein Glied ab, das sich ihm bei der Berührung entgegen reckte. Er konnte sich nicht mehr daran erinnern, wann er zum letzten Mal Sex gehabt hatte. Es war Jahre her. Maureen, ja mit Maureen war das gewesen – und die war nun schon lange tot.

Er zog sich eine saubere Jeans und ein blaues Shirt über und hielt inne. Wie macht man ohne Dermastrien Sex? Er konnte eine Frau mit den Armen und Beinen festhalten. Das kam ihm seltsam vor. Sie nicht mehr ganz umschlingen zu können, sie nicht in der Luft in die Position drehen zu können, die er sich wünschte. Keine Aphrodisiaka zur Verfügung zu haben, war für ihn bei der Erotik nicht vorstellbar. Wie sollte er die Frau stimulieren? Nur mit den Händen? Vielleicht mit dem Mund? Er ließ sich auf den Stuhl vor seinem Rechner sinken und ging online. Natürlich wurde er schnell fündig. Leicht angewidert betrachtete er die kopulierenden Pärchen in den Videoclips. So sollte er das in Zukunft auch machen? Und dann mit einer Auranerin? Er musste dringend mit Tabathea sprechen. Genervt klickte er die laut stöhnenden Filme weg, war erleichtert über die darauf folgende Stille. Er würde das ganz mutig sofort erledigen. Entschlossen verließ er sein Zimmer, um Tabathea zu suchen.

Er klopfte an ihre Zimmertür. Er hatte Glück. Sie war da und alleine, ohne Marina. »*Xanmeran!*« Sie lächelte und sein Herz schlug schneller. »*Ist die Kleine schon wach?*«

»*Ich weiß es nicht, Tabathea. Ich war nicht bei ihr.*« Er betrachtete sie, nahm jedes Detail gierig in sich auf. Ihre kunstvolle Frisur, das fließende Gewand, die weiße, zart geschuppte Haut ihrer Arme, ihre leuchtenden Augen mit den funkelnden Sternen. Sie ist zu schön für mich, dachte er. Sollte er wirklich mit ihr über intime Dinge reden?

»*Ich wollte – ähm – wollte eigentlich mit dir sprechen.*«

»*Bitte nimm Platz.*« Sie deutete auf einen kleinen Korbsessel.

Das war nicht der geeignete Stuhl für ihn, weder seiner Größe noch seinem Gewicht angemessen. »*Ich setze mich lieber hierhin.*« Er ließ sich auf die Bettkante nieder, nahm mutig ihre Hand und zog sie neben sich. »*Ich wollte dich fragen, wie du dir deine Zukunft vorstellst.*« Ja, das war ein guter Anfang.

»*Ich weiß es nicht, Xanmeran*«, antwortete sie. »*Ich lebe einfach von Tag zu Tag. Wenn Solutosan mich nicht mehr braucht, werde ich nach Sublimar zurückkehren und mich um Troyan kümmern.*«

»*Aber Xerxes treibt dort noch sein Unwesen, Thea*«, gab er zu bedenken. »*Was ist, wenn er dich wieder entführen und nach Piscaderia schleifen lässt? Willst du ihn dein Leben lang versorgen?*«

Tabathea senkte den Kopf. »*Das wird wohl nicht so sein. Ich könnte mir vorstellen, dass er mich verheiraten wird. Und ich kann mir bereits denken, wen er als meinen Ehemann erwählt hat.*«

»*Wen?*«, stieß er hervor.

»*Es wird Gregan sein, Xanmeran. Er begehrt mich schon seit langem.*«

»*Gregan!*« Seine Verachtung war unüberhörbar. Er hatte den hässlichen Piscanier erst ein Mal gesehen, damals in der Residenz, als Solutosan ihn vor die Tür gesetzt hatte – aber dieses eine Mal hatte ihm gereicht. Eine solche Hochzeit würde er niemals zulassen!

»*Bitte geh nicht zurück, solange Xerxes dir schaden kann, Tabathea. Solltest du das unbedingt wollen, werde ich zu deinem Schutz mitkommen!*«

»*Das ist lieb von dir, Xanmeran*«, lächelte sie. »*Ich lege keinen Wert darauf, wieder nach Piscaderia zu gehen. Und ich will auch niemands Weib werden. Mach dir keine Sorgen.*«

»*Niemands?*«, echote er.

»*Nein, Xanmeran.*« Sie erwiderte seinen intensiven Blick.

»*Ich ... ich dachte du ... dass du mich magst*«, presste er hervor.

Tabathea riss die Augen auf. »*Das tue ich auch! Du hast mich missverstanden!*« Ihr schöner Mund verzog sich qualvoll.

Das verstand er nicht. Sie mochte ihn, wollte sich aber nicht binden? Wünschte sie ihn lediglich als ihren Freund? Er senkte den Kopf. Sagte sie das nur, weil sie ein schlechtes Gewissen ihm gegenüber hatte? Wenn sie mit ihm schlief, würde das nur sein, weil sie Mitleid empfand? Der Gedanke schnürte ihm den Hals zu. Was sollte er noch sagen? Langsam kroch die Angst in ihm hoch. Das war alles viel zu kompliziert. Er würde sich nie sicher sein, ob sie ihn liebte oder sich nur aus Wiedergutmachung mit ihm einließ. Sein Stolz meldete sich.

Er nahm ihre Hand. »*Ich danke dir für deine Offenheit, Tabathea.*« Er legte seine andere Hand auf ihre. Sie verschwand völlig. »*Ich mag dich auch und bin froh so eine Freundin wie dich zu haben.*«

Er sah, wie sie erleichtert aufatmete. So war das also. Er erhob sich, zwang sich zu einem Lächeln. »*Lass uns mit der Kleinen heute Abend ans Meer gehen, wenn es dunkel ist. Das wird sie bestimmt freuen. Ich muss nun weg, denn ich habe noch einen Termin.*« Das war gelogen, aber er wollte fort. Wollte ihr gequältes Lächeln nicht mehr sehen.

Er schloss leise die Zimmertür, ging nachdenklich die Treppen hinab zu den Trainingsräumen. Wie hypnotisiert trat er in die leere, mit Matten ausgelegte Halle. In einer Ecke stand noch seine Übungsfigur aus Holz. Früher hatte er sie benutzt, um aus Langeweile Zielübungen mit seinen Dermastrien zu machen. Er holte aus und schlug mit der Faust auf die Brust der Puppe. Es krachte! Seine Hand schmerzte. Ein weiterer Hieb. Jetzt taten die Knöchel richtig weh. Es war ein guter Schmerz, der seine Frustration besänftigte. Das Holz war sehr hart. Polierte Eiche. Er drosch auf die Figur ein, bis das schwarze Blut aus seinen zerschlagenen Fingerknöcheln strömte. Erst dann ließ er von ihr ab.

Solutosan stand bei Boboli in Vancouver in der Umkleidekabine und begutachtete sich in einer schwarzen Hose und einem grauen Hemd. Das Hemd war in seinen Augen gewagt. Es hatte seitliche, weiße Streifen, aber er fand, dass es seine breitschultrigen Proportionen vorteilhaft zur Geltung brachte.

»*Was meinst du?*«, fragte er Ulquiorra.

»*Mir gefiel das Dunkelblaue besser*«, erwiderte sein Freund prompt, »*es hatte deine Augenfarbe.*«

»*Ich weiß nicht, Ulquiorra. Immer alles Ton in Ton. Man muss doch auch einmal ein bisschen waghalsiger sein.*«

»Soll ich Ihnen noch ein weiteres Teil holen?«, fragte der Verkäufer beflissen durch den Vorhang. »Vielleicht die Hose in Blau?«

»Danke, wir kommen klar«, antwortete er prompt. Ulquiorra kicherte.

»*Die Leute werden dich für verrückt halten, wenn du so etwas sagst.*« Solutosan grinste sich im Spiegel an. Sah einen Moment Ulquiorras goldene Energie durch seine Augen huschen. Gemeinsam einkaufen zu gehen war zu ihrem Amüsement geworden. Sein Freund hatte einen völlig anderen Geschmack als er. Ulquiorra, der nur Dona-Gewänder kannte, lag meist mit seinen Ratschlägen, was Menschenkleidung anbelangte, komplett daneben. Er konnte sich zum Beispiel für Hawaiihemden in schrillen Farbtönen wie gelb und rot begeistern – Farben, die Solutosan freiwillig nie getragen hätte. Also hatten sie lustige Dispute zu ihrem Sport gemacht, wenn er durch die Klamotten- und Schuhläden schlenderte. Gelegentlich erweiterten sie diese Ausflüge noch, indem Solutosan verschiedene Eissorten testete, Bonbons lutschte, an Kräutern roch, in Chilis biss und so Ulquiorra und auch sich selbst in völlig neue Geschmackserlebnisse stürzte. Natürlich spuckte er die Sachen unauffällig wieder aus – Mango-Meloneneis bekam ihm nicht.

Sein Handy klingelte. Er sah auf das Display: Pan. »Hallo Pan.« Er nahm die Anrufe des jungen Bacanars immer mit gemischten Gefühlen entgegen.

»Solutosan? Ich habe hier noch einen Fall für dich. Leider habe ich ihn ein bisschen zu spät entdeckt, denn er ist bereits beerdigt – glücklicherweise nicht verbrannt. Ein junger

Mann, achtundzwanzig Jahre, angeblich Herzinfarkt. Er heißt Harry Bobrowski, liegt auf dem Friedhof in New Westminster. Ist gestern bestattet worden.« Das hörte sich gut an. Leichenstarre war zu überwinden, solange der Körper intakt war.

»Danke, Pan, ich mache mich sofort auf den Weg.« Er legte auf und blickte nochmals in den Spiegel. Er würde das Hemd kaufen und die Hose auch.

Er stieg in den dunkelgrauen Daimler. Er hatte einfach irgendeinen der drei Wagen aus der Garage genommen. Die Idee von Tervenarius, gleiche Fahrzeuge anzuschaffen, fand Solutosan gut. Die Zeiten, in denen sie einen Pick-Up gebraucht hatten, lagen längst hinter ihnen. Nur Smu fuhr noch mit dem alten BMW, an dem er sehr hing. Die Mercedes waren schnell, stark, zuverlässig und unauffällig. Er parkte den Wagen auf dem Friedhofsparkplatz und lief los. Prüfend schnupperte er in die Luft. Die hässlichen, verschmutzten Schneeberge an den Straßenrändern hatten sich aufgelöst. Er konnte den Frühling schon riechen. Der Nieselregen war allerdings unangenehm. Solutosan schlug den Kragen seines Mantels höher und zog den dunklen Hut tiefer ins Gesicht. Er wollte niemanden nach dem Grab fragen, also musste er eine Weile auf dem Friedhof herumlaufen.

»*Warum wohnen die Duocarns eigentlich in Vancouver?*«, fragte Ulquiorra. »*Das Wetter ist oft sehr schlecht und es ist kalt. Könntet ihr nicht woanders auf der Welt leben?*«

»Tja, gute Frage«. Seine Stiefel knirschten auf dem Kies, der die Friedhofswege bedeckte. »*Smu ist in Vancouver geboren und hier verwurzelt. Deshalb will Patallia nicht weg. Und ohne Patallia würden die anderen Duocarns nicht umziehen. So einfach ist das. Vielleicht - wenn Smu einmal nicht mehr ist ...*«

»*Das mag ich mir gar nicht vorstellen, Solutosan.*« Ulquiorras telepathische Stimme klang bedrückt.

Solutosan reckte den Hals, um die Gräber besser überblicken zu können. Er kam in den Bereich mit den frischen Grabstätten und überprüfte die Grabsteine. »*Ich habe das Gefühl, dass Patallia den Stein benutzen will. Ich kenne ihn schon so lange. Die Eile, mit der er ihn haben wollte, war auffällig. – Na zumindest denke ich, dass er mit dem Gedanken spielt, seine Unsterblichkeit aufzugeben.*«

»*Würdest du ihm dazu raten?*«, fragte Ulquiorra gespannt.

»*Nein, sicher nicht. Der Preis wird viel zu hoch sein. Sieh dir Xanmeran an. Es könnte Patallia zerstören. Aber letztendlich muss er es selbst entscheiden.*« Er blieb stehen. »*Schau, hier ist es.*«

Das Grab trug lediglich ein schlichtes Holzkreuz. Jemand hatte drei rote Rosen dazu gelegt. Er spürte, wie Ulquiorra seufzte. »*Ich gehe ihn überprüfen. Bitte lege die Hand auf den Erdboden.*«

Ulquiorra floss durch seinen Arm, streifte angenehm seine Hand und verschwand in der frisch aufgeworfenen Erde. Fast schmerzhaft schoss er nach einem Moment wieder in ihn zurück.

»*Was ist geschehen? Hast du dich verletzt?*«

»*Nein, Solutosan. Es war nur sehr unangenehm. Was soll die Todesursache gewesen sein? Herzinfarkt?*«

»*Das hat Pan gesagt, ja*«, antwortete er.

»*Der Körper ist voller Giftstoffe. Der Mann ist eindeutig vergiftet worden.*«

»*Was für ein Gift ist es? Konntest du das bestimmen, Ulquiorra?*«

»*Nein. Es war kein Heroin oder Kokain. Ich würde auf ein Nervengift tippen. Aber es war entsetzlich unangenehm, deshalb bin ich sofort zurückgekommen.*«

Solutosan seufzte. Ihm war plötzlich kalt. Der wievielte Fehlschlag war das? Er hatte sie nicht mehr gezählt. Zügig lief er Richtung Ausgang. Der Wind hatte aufgefrischt und der Nieselregen wehte nun waagerecht in sein Gesicht. Er zog nochmals an der Krempe seines Huts. Jetzt wollte er nur noch nach Hause. Er würde sich in den Whirlpool setzen, klassische Musik hören und versuchen, an nichts mehr zu denken.

Das attraktive, blonde Mädchen in dem weißen, tief ausgeschnittenen Top stellte einen Fruchtcocktail auf den kleinen Tisch aus schwarzem Marmor.

»Danke, Love19.« Richard lächelte. Die Discomusik war laut, aber nicht so dröhnend, dass man sich nicht mehr hätte unterhalten können, zumal er darauf bestand, im »Electrical« immer einen ruhigen Platz zu bekommen. Love19 hatte er dort in der Woche zuvor okkupiert. Sie wohnte bereits in dem neu erworbenen Anwesen auf Mercer Island. Er hatte über eine Agentur diskretes Personal für das große Haus gefunden und hielt nun Ausschau nach weiteren hübschen Girls für seine Love-Society. Er ließ sich Zeit. Ihm war Qualität lieber als Quantität. Die Mädchen mussten passen. Seine Mitglieder waren manipuliert, was ihn anging, aber ansonsten in keiner Weise dumm oder anspruchslos.

Ihm war klar, dass er für deren Gehorsam im Gegenzug etwas bieten musste. Die Dinge mussten im Einklang sein, das fühlte er instinktiv. Es ging nicht, nur zu nehmen. Er war verpflichtet, auch zu geben. Und seine Überlegungen in dieser Hinsicht schienen aufzugehen: Was fehlte den Reichen? Geld hatten sie genügend, konnten sich alles kaufen. Was gab es nicht zu kaufen? Liebe, Zuneigung, echte Zugehörigkeitsgefühle, ein herzliches Lächeln, ein ehrliches Dankeschön. Und Sex? Für ihn war freiwilliger Sex nur eine weitere Form der Liebe.

Er selbst war, seitdem ihm die außergewöhnlichen Kräfte zuteilgeworden waren, erstaunlicherweise völlig lustlos geworden. Sex war für ihn immer nur Mittel zum Zweck gewesen. Er hatte die Frauen benutzt. Er empfand sich als kaltes Wesen, kühl taxierend und auch zu vorsichtig, um weitere Gefühle zu investieren. Was er mit seiner Love-Society in Bewegung gesetzt hatte, betraf ihn nicht. Er war lediglich der Initiator und war zufrieden damit, die anderen voller Liebe zu sehen.

Richard blickte zu Love23 und Love19. Ihre Augen strahlten, sie trugen ein Lächeln auf den Lippen. Ja, er war erfolgreich in dem, was er tat.

Er hatte die Versammlung der Finanziers mit Bravour bewältigt. Der Kapitalfluss war in die Wege geleitet, um die Finanzierung der Organisation und die Gründung der Bank zu gewährleisten. Die Anwälte arbeiteten nun den Rest aus. Danach hatte er sich den ersten Gemeinschaftstreffen gewidmet und sie geschickt arrangiert. Er hatte gekonnt Love-Mitglieder zusammengeführt, die echte Sympathie füreinander empfanden. Dass diese dann im Beisein aller anderen ihren Sex auslebten, hielt er für eine gelungene Demonstration von gelebter Liebe.

Aus der Dunkelheit des Clubs trat eine dunkelhaarige, junge Frau auf die Tanzfläche und bewegte sich lasziv verführerisch. Ihre Hüften kreisten gekonnt, während sie sich lächelnd drehte. Richard erstarrte. Das Gesicht! Er sprang schneller auf als beabsichtigt. Love19 und Love23, die eng bei ihm saßen, zuckten vor Schreck zusammen. Er besann sich. »Entschuldigt mich, meine Lieben«, bat er, neigte sich zu den Mädchen und strich ihnen leicht über die erhitzten Wangen. Dann eilte er an den Rand der Tanzfläche. Aufregung schoss durch seinen Leib. Sie war es! Es war wirklich Monica! Sie tanzte lächelnd an ihm vorbei, stutzte kurz und blinzelte. Hatte sie ihn erkannt? Voller Ungeduld wartete er, bis der alte Santana-Song vorüber war, in der Hoffnung, dass sie aufhörte zu tanzen.

Bei den letzten Takten stand sie vor ihm, ließ die Hüfte nochmals verführerisch schwingen und stoppte dann. »Na, Sweetheart«, begann sie mit rauer Stimme. »Dieser Abend gehört doch uns, oder?«

Richard erstarrte. Sie hatte ihn nicht erkannt. Sie war darauf aus, Kerle abzuschleppen. Sie war eine ... Gleichgültig, sagte er sich. Das werde ich herausfinden.

»Auf jeden Fall«, antwortete er, lächelte und umfasste ihre schlanke, biegsame Taille. Mit zartem Nachdruck führte er sie an seinen Tisch. »Bitte Love19 und Love23, lasst uns allein«, raunte er den beiden Mädchen zu, die sich sofort erhoben.

»Oh!« Monica kicherte. »Du hast deine Begleiterinnen aber gut erzogen.« Sie setzte sich, zog ihren schwarzen Minirock glatt. »Ich hatte eben den Eindruck, als würden wir uns von irgendwoher kennen.« Sie sah ihn prüfend an. Dieser Blick ließ sie sofort wesentlich älter wirken. »Du hältst diesen Satz für eine billige Anmache, stimmt's?« Sie warf den Kopf in den Nacken und lachte.

Nun wollte er es genau wissen. »Ich lasse mich von jemandem wie dir gerne anmachen«, lächelte er. »Wie viel?«

»Na du bist aber ein ganz Direkter«, erwiderte sie, immer noch lächelnd. Das Lächeln verschwand. »Zweihundert für eine Stunde, Spezialitäten extra.«

Richard blickte in ihr Gesicht, erforschte gründlich ihre Züge. Wenn er genau hinsah, konnte er die Härte entdecken. Sie würde lange daran gearbeitet haben, überhaupt in einen Club wie diesen zu gelangen. Er hatte sie immer für ein intelligentes Mädchen gehalten. Damals hatte sie vor gehabt zu studieren. Was war aus ihr geworden? Sie hatte ihre Klugheit dazu genutzt, als Hure aufzusteigen. Verachtung schlich sich in ihn. Er würde sie von ihrem Elend erlösen.

Fast zärtlich nahm er ihre Hand und legte sein Mal auf ihr Handgelenk. »Mákalo da Fárak«, sagte er. »Dir wird die Liebe zuteilwerden.« Monica starrte ihn an. Blieb bewegungslos.

»Ich bin Richard«, stellte er sich lächelnd vor.

»Richard«, flüsterte sie.

War da ein Erkennen? Er wusste es nicht. »Dein neuer Name ist Love24. Hast du das verstanden?« Er schlug die Beine übereinander und betrachtete sie ausgiebig – nun mit anderen Augen.

Ach ja, der Auftrag an den Juden. Er zückte sein Handy und wählte die Nummer des Detektivs. »Hallo Herr Goldstein! Richard Ryan hier. Ich wollte nur Bescheid sagen, dass sie die Suche abbrechen können.« Er blickte auf Monica, die in diesem Moment ihre Schenkel spreizte und ihn auf ihr Geschlecht blicken ließ. Ihre Verderbtheit schnürte ihm die

Kehle zu. »Ich habe kein Interesse mehr an der gesuchten Person. Schicken Sie mir Ihre Rechnung.«

Smu stand wie angewurzelt am Rand der Tanzfläche des „Electrical" und stierte auf sein Handy. Dann hob er den Blick und sah zu dem kleinen Tisch an dem Richard Ryan mit Monica saß. Kein Interesse? Er sah, wie sein Klient der Frau zwischen die gespreizten Beine glotzte. Der wollte ihn doch wohl verarschen! Ryan kannte das Mädchen und ließ es trotzdem von ihm suchen? Er hatte angeblich kein Interesse mehr an ihr, während er sich ihre intimsten Details betrachtete? Smu schwoll der Hals vor Ärger. Er hatte drei Wochen lang nichts anderes getan, als Clubs und Adressen nach der Frau abzugrasen. Sollte er rübergehen und den Kerl zur Rede stellen?

Während er noch überlegte, sah er zwei hübsche, junge Mädchen an Richards Tisch gehen. Beide knieten sich vor den Mann, aber der blickte sich hastig um und winkte ihnen aufzustehen.

Smu senkte schnell den Blick. Die Weiber schienen dem Kerl hörig zu sein. Da war etwas oberfaul! Zum ersten Mal war sein Interesse an dem Fall geweckt. Er verdrückte sich in eine dunklere Ecke, von wo aus er Ryan unauffälliger beobachten konnte. Wie gut, dass er schwarzes Leder trug und das Haar dunkel gefärbt hatte. Richard Ryan hätte ihn sonst vielleicht erkannt.

Er beobachtete den Mann, bis er sich erhob und mit seinen drei Begleiterinnen den Club verließ. Das Quartett hatte den ganzen Abend über den Eindruck einer verschworenen Gemeinschaft gemacht, dessen eindeutiger Beherrscher Ryan gewesen war. Die Frauen hatten ihn ununterbrochen angehimmelt. Hatte er denen KO-Tropfen in ihre Drinks gemischt? Ein solches Benehmen kam ihm spanisch vor, zumal er bei den Frauen keinerlei Eifersucht feststellen konnte. Smu war im Kinderheim mit vielen Mädchen aufgewachsen. Keine hätte sich jemals so gebärdet. Dieses Haremsverhalten war ihm ausgesprochen suspekt.

Smu verließ den Club und stieg in sein Auto. Er folgte Ryans nachtblauem Lamborghini auf der Interstate90 Express bis Mercer Island. Ryan fuhr bis in die äußerste Ecke der Insel. Es wurde gefährlich ihm zu folgen, da es dort nur noch eine Straße gab und offenbar ein einziges Anwesen, denn Smu fuhr langsam an einem kleinen Schild „Mortons School for Boys" vorbei. Er löschte die Scheinwerfer und ließ den BMW in der Dunkelheit im Schritttempo weiter rollen. Er sah, wie Richard Ryan den Frauen höflich aus dem Wagen half, sich kurz umblickte, ihn aber in dem schwarzen BMW im Schatten der vielen Büsche nicht wahrnahm. Dann verschwand er im Haus. Smu zückte sein Handy und surfte nach der Schule. Das Jungeninternat war schon fünf Jahre zuvor aufgegeben worden. Ich komme wieder, Ryan, dachte Smu. Mich kannst du nicht für dumm verkaufen.

Xanmeran legte sich die Gewichte zurecht mit denen er trainieren wollte. Das machte er versonnen und sorgfältig. Er hatte auf dem Weg in den Trainingsraum Solutosan getroffen, der ihn freundlich lächelnd gegrüßt hatte. In diesem Lächeln war auch Ulquiorras Wesenheit wahrnehmbar, was ihm erneut einen heftigen Stich ins Herz gegeben hatte. Er vermisste ihn so sehr. Die gemeinsame Zeit mit ihm nach ihrer Versöhnung war viel zu kurz gewesen.

Er sah, dass Solutosan alles versuchte, um die missliche Lage zu beenden.

Nachdenklich legte er sich auf die Trainingsbank und hob die Metallstange mit den Gewichten aus der Verankerung. Er hielt inne, schob die Stange wieder zurück. Ja, die Entscheidung war fällig. Er richtete sich auf und blieb auf der Bank sitzen, den Kopf auf die Knie gestützt.

Sein Leben war nichts mehr wert. Und das war eine Tatsache, der er ins Gesicht sehen musste. Er konnte den Duocarns nicht mehr helfen. Das, wofür er sein Leben lang gestanden hatte, hatte sich in Luft aufgelöst. Ihn erwarteten höchstwahrscheinlich einige Jahre in dem Duocarns-Haus in der Hoffnung, doch noch für deren Zwecke eingesetzt zu werden. Aber es war unwahrscheinlich, dass man ihn nochmals bei riskanten Einsätzen mitnahm, gleichgültig, wie gut er trainiert war. Er war sterblich, seines wichtigsten Talents beraubt, und weder Tervenarius noch Solutosan würden ihn in Gefahr bringen wollen. Welche Fähigkeiten waren übrig, die er in die Waagschale werfen konnte? Er war besonders gut darin, Dinge in die Luft zu sprengen. Diese Gabe hatte er in der Fremdenlegion perfektioniert. Wozu war das noch nütze? Bei den Duocarns würde er solche Fähigkeiten nicht wieder brauchen. Nein, er war ausgemustert.

Um Geld brauchte er sich keine Sorgen zu machen. Er konnte sich eine Frau suchen und auf Duonalia oder Sublimar leben, bis er starb. Um was zu tun? Weitere Kinder in die Welt zu setzen? Seine eher mittelmäßigen Texte zu schreiben? Oder seine Muskeln zu trainieren?

Er legte sich auf die Bank zurück und nahm die Metallstange auf. Nein, seine Uhr war abgelaufen in dem Moment, als er den Stein ergriffen hatte. Aber – er stemmte die Stange weit hoch und drückte die harten, schwarzen Arme durch, er konnte noch ein gutes Werk tun, konnte den Duocarns ein letztes Mal dienen: Er würde Ulquiorra seinen Körper schenken.

Wieso war er nicht schon vorher darauf gekommen? Er war fähig, das Leid seines besten Freundes und seines Sohnes zu beenden. Und auf diese Art konnte er den Duocarns ihren zweiten Torwächter wiedergeben.

Aber wie sollte er sich umbringen, ohne seinen Körper zu beschädigen? Würden die beiden dieses Geschenk überhaupt annehmen? Er würde sie dazu zwingen müssen. Er betrachtete die Metallstange in seinen Händen. Muskeln. War nicht das Herz auch einfach nur ein Muskel? Er würde diesen Muskel trainieren, um ihn zu beherrschen. Und dann wollte er ihm befehlen: Stopp!

Niemand beachtete ihn, denn alle waren mit ihren eigenen Problemen vollauf beschäftigt. Keinem würde auffallen, dass er trainierte. Er hatte genügend Zeit, um intensiv zu üben. Wie lange musste sein Herz stillstehen, damit sich seine Seele von seinem Körper löste?

Entschlossen hängte er die Hantelstange wieder in ihre Halterung, stand auf und ging eine Stoppuhr aus dem Geräteschrank holen.

Smu saß auf dem Hotelbett mit dem Rechner auf den Knien. Er sortierte die Fotos der Besucher, die er geschossen hatte. Etlichen Gesichtern konnte er bereits Namen zuordnen. Er wackelte mit den Zehen, um zu überprüfen, ob sie noch existierten, und zog eine zusätzliche Decke über die Beine. Die kalten Füße waren das Schlimmste gewesen, als er in dem Gebüsch vor Richard Ryans Anwesen auf der Lauer gelegen hatte. Schniefend zupfte er ein Kleenex aus der Box und putzte sich die Nase. Sie war bereits derartig wund gerieben, dass die kleinste Berührung weh tat.

Na gut, der Preis war hoch gewesen, aber es hatte sich gelohnt. Er wusste nun, wer in dem Haus lebte und wer zu den Veranstaltungen ging. Dort wohnten, außer Monica, noch drei weitere junge Mädchen und etwas Personal. Zu Besuch kamen Damen und Herren der High Society von Seattle. Darunter befanden sich auffällig viele Banker, Rechtsanwälte und Notare. Eine elitäre Gesellschaft. Hatte Richard Ryan ein Bordell gegründet? Das passte irgendwie nicht zu der ganzen Sache, zumal einige der Gäste auch in Begleitung von Frauen waren.

Er hatte etliche Tage in dem Gebüsch gefroren und das Kommen und Gehen beobachtet. Dann war ihm ein kleiner Waldweg in der Nähe des Hauses aufgefallen und er hatte mit seinem BMW die Zufahrt dorthin gefunden. Leider hatte das Auto keine Standheizung, so dass sein Schnupfen und die kalten Füße ein Dauerzustand geworden waren. Immerhin konnte er nun geschützt im Wagen sitzen und den Eingang des schlichten Gebäudes mit einer Kamera beobachten, die er getarnt im Gebüsch installiert hatte. Die Treffen fanden wöchentlich statt – meistens sonntags. Alle Personen, die das Haus betraten, machten einen ruhigen und gelassenen Eindruck. Niemand verhielt sich auffällig. Nein, diese Menschen waren zielsicher dort eingetreten. Um was zu machen? Um wen zu sehen?

Smu surfte im Netz nach Richard Ryan. Gab es irgendwelche Neuigkeiten von ihm? Er hatte sich nun regelrecht in diesen Fall verbissen. Und er wusste, dass er an einem Punkt angekommen war, an dem er alleine nicht mehr weiterkam. Er brauchte Hilfe.

Er blickte auf das Display seines Handys. Patallia hatte angerufen, aber er hatte den Anruf nicht gehört, da das Handy stumm geschaltet war. Er war nicht wieder nach Seafair gefahren.

Da kam eine SMS. „Komme dich in Seattle besuchen. Sag mir, in welchem Hotel du bist. Pat". Er starrte das Handy an. Patallia in Seattle? Was würde das bringen? Er hatte die Sache mit Patallia nicht geklärt – hatte sich selbst eingeredet, dass er zu viel zu tun hatte. Ja, er hatte sich gedrückt. Er fühlte, dass es nicht reichen würde, Patallia zu sagen: »Hör zu, ich will das nicht mit dem Stein. Wenn du weiterhin darauf bestehst, verlasse ich dich.« Das war Erpressung und das war nicht seine Art. Patallia liebte ihn und würde sich nicht so einfach loswerden lassen. Und du liebst Pat, sagte seine innere Stimme, aber sie war leise und er brachte sie zum Schweigen.

Smu klappte seinen Laptop zu und lehnte sich in die Kissen zurück. Das einzige Argument, das er Patallia servieren konnte, war, dass er einen anderen hatte. Dann würde Pat ihn gehenlassen. Was seinen Fall anging, brauchte er jemanden, den er in diese elitäre Gemeinschaft einschleusen konnte, und der versiert genug war, um Gefahrensituationen zu meistern. Einen Poli ...

Smu schnellte aus den Kissen hoch und schlug sich mit der Hand vor die Stirn, was er kaum fühlte, da der Schnupfen wie ein betäubender Klotz dahinter saß. Jake! Das war die Lösung! Jake war scharf auf ihn und mit ihm konnte er eine Situation provozieren, die Patallia dazu bringen würde, ihn freizugeben. Und Jake konnte er vielleicht in das Haus auf Mercer Island einschleusen. Die Frage war nur wie. Als Butler oder Bodyguard? Ach, das war nun nicht vorrangig. Nun war es erst einmal wichtiger nach Vancouver zu fahren und nach Duonalia zu gehen, um Jake zu engagieren. Ob der diesen Job annehmen würde? Er musste es versuchen. Es war Freitag. An diesem Tag war Patallia in der Tierstation bei Chrom. Das war günstig. Smu wollte ihm zunächst nicht begegnen. Deshalb musste er sofort losfahren.

Entschlossen nahm er sein Handy und schrieb eine SMS mit folgender Lüge an Patallia: „Komme morgen nach Hause. Smu".

Seafair empfing ihn mit strahlendem Sonnenschein. Er kam mit gemischten Gefühlen zurück. Einerseits war er glücklich wieder zu Hause zu sein, andererseits musste er sich nun der Situation stellen. Er gab seinen Gencode in das Handgerät ein, das immer im BMW lag, und öffnete so das Garagentor. Zwei der Daimler standen in der Garage. Also würde Pat mit dem dritten unterwegs sein.

Mit schnellen Schritten ging er durchs Haus und suchte Solutosan. Mercuran kam ihm auf dem Flur im ersten Stock entgegen. Er sah frisch und fit aus und lächelte ihn an. »Hallo Mercuran, weißt du, wo Solutosan ist?«

»Ich glaube, er ist im Keller bei dem Salzwasserbecken. Er hatte erwähnt, dass mit dem Salzgehalt etwas nicht stimmt.« Mercuran musterte ihn von oben bis unten. »Ist alles okay bei euch? Ich habe dich schon so lange nicht mehr gesehen.«

Smu hatte sich bereits umgedreht und war auf dem Weg die Treppen hinunter. »Ja, alles bestens, Mercuran.«

Eine Tür im Flur des Kellergeschosses stand offen, aber er hörte keine Stimmen. Nicht ungewöhnlich in einem Haus voller Telepathen. Smu steckte seinen Kopf zur Tür hinein. Solutosan und Tabathea, mit Marina auf den Knien, saßen am Rand eines kleinen Swimmingpools. »Smu!« Marina erblickte ihn, sprang von Tabatheas Schoß und rannte auf ihn zu. Ihr weißes Kleidchen wehte um ihre dünnen, grünen Beine. Er hatte keinen Gedanken mehr an Marina verschwendet, stellte er beschämt fest. Dabei mochte das Kind ihn wirklich. Er hatte ihr nicht einmal etwas aus Seattle mitgebracht.

Er nahm sie auf den Arm und lächelte sie an. »Na du kleine Nixe. Wo hast du denn deinen Schwimmring?« Marina lachte. »Der ist kaputt. Ich habe ihn mit nach Sublimar genommen und Tan hat in ihn reingebissen.« Natürlich hatte Marina in ihrem Leben nie eine Schwimmhilfe gebraucht. Smu hatte ihn nur für sie gekauft, um sie ein bisschen zu necken. »Heute habe ich leider kein Geschenk für dich.« Er ging mit ihr zu Solutosan und stellte ihm seine Tochter vor die Füße. »Hallo!« Er wusste nicht, wie er Solutosan und Ulquiorra ansprechen sollte. Er nickte Tabathea liebenswürdig zu.

Solutosan musterte Smu interessiert mit seinen blitzenden Sternenaugen. War etwas von dem Problem zwischen ihm und Patallia zu den anderen Duocarns durchgesickert. »Gut, dass du wieder da bist«, sagte Solutosan. »Patallia wird sich freuen.«

Ja, Solutosan wusste es. Ein Zeichen, dass Pat offensichtlich zurückgezogen und bedrückt durchs Haus geschlichen war.

»Komm, Marina«, Tabathea lächelte ihn an. »Es ist Zeit für deinen Unterricht.« Sie streckte dem Kind die Hand hin. Marina nahm sie und blickte mit großen Augen zu ihm auf. »Kommst du auch mit?«

»Nein, Marina. Ich muss mit Solutosan sprechen. Wir spielen nachher ein bisschen, okay?« Er wusste, dass das gelogen war. Er würde nicht die Zeit dazu haben. Aber ihm fiel in diesem Moment keine andere Ausrede ein.

Marina nickte und ging mit Tabathea gehorsam hinaus.

Smu wandte sich an Solutosan, der ihn weiterhin interessiert betrachtete. Wie immer erschien er Smu wie ein ruhender, mächtiger Löwe, auch wenn er an diesem Tag seine weiße Mähne zu einem dicken Zopf geflochten trug. »Ich stecke in einem wichtigen Job, Solutosan.« Er hatte nicht vor mit dem goldenen Duocarn seine Beziehung zu Patallia zu diskutieren. »Ich muss nach Duonalia in die Kampfschule. Könntest du – ähm, könntet ihr mich bitte hinbringen?«

Er fand Jake, Arinon, Luzifer und Slarus in den Warrantz-Ställen vor. Luzifer und Slarus schaufelten Mist aus den Boxen, während Arinon und Jake mit hölzernen Schubkarren den stinkenden Dung zum Tor der Kampfschule hinausfuhren. Jake kam ihm in einem schmuddeligen Dona-Anzug entgegen und strich sich das verschwitzte Haar aus der Stirn. Er erkannte Smu zunächst nicht. Dann blickte er verblüfft.

»Smu!« In seiner Stimme war echtes Erstaunen und – tja, wie sollte er das deuten? – so etwas wie Sehnsucht.

Arinon, in einer abgeschabten Jeans mit nacktem Oberkörper, kam mit einer leeren Schubkarre durchs Tor und blieb wie angewurzelt stehen. Seine gelben Augen flimmerten.

»Hallo, ihr alle!« Smu bemühte sich, seine Stimme ungezwungen und fröhlich klingen zu lassen. Er wusste nicht, wer ihn von den Männern in Englisch verstanden hatte. Er zupfte verlegen an seinem schwarzen Pulli, denn er hatte ganz in Gedanken vergessen, sich ein duonalisches Gewand anzuziehen. Aber im Kreis zweier Trenarden, eines Quinari und eines verschwitzten Menschen war das wohl gleichgültig.

Solutosan war im Haus verschwunden um Dona zu trinken, also stand er allein bei den Männern.

»Ich wollte zu dir, Jake. Kann ich kurz mit dir sprechen?«

Jakes Augen blitzten interessiert. »Ja, sicher. Komm ich zeige dir meinen Garten.«

Arinon verharrte immer noch starr im Toreingang. Deshalb schlängelte er sich geschickt an seinem großen, grauen Leib vorbei. »Hallo Arinon.« Seine Stimme hatte süßlicher geklungen als beabsichtigt. Verlegen schritt er Jake schnell hinterher, der bereits ein Stück gelaufen war und sich nun zu ihm umdrehte.

Uff, an Arinon hatte er ja gar nicht gedacht, als er Solutosan bat, ihn zur Kampfschule zu bringen. Der One-Night-Stand mit ihm lag nun schon so lange zurück. Peinlich berührt rieb er sich mit der rechten Hand die Pobacke mit der Narbe, hörte aber sofort auf, da Jake ihn scharf beobachtete.

»Und? Was gibt's?« Jake hatte natürlich nicht vor, ihm das Gemüse zu zeigen, sondern ließ sich in einer Boden-Senke ins Gras fallen. Nun konnten sie vom Haus aus nicht mehr gesehen werden. Smu setzte sich zu ihm. Wie ruhig und friedlich es auf Duonalia war. Die ständig milde Sonne und der sanfte Wind. Auf Duonalia gab es keine Vögel. Stattdessen beherbergte es Insekten mit teilweise bizarren Stimmen, die nur nachts schnarrten, quäkten und piepten.

»Ich habe einen Job für dich«, begann er gerade heraus. »Und zwar auf der Erde. Genau genommen in Seattle.« Er schilderte Jake, was sich zugetragen hatte und wie weit er in dem Fall gekommen war.

Jake hörte sich seinen Bericht an. Zuerst mit teilnahmslosem Gesicht, aber dann wurde er immer lebhafter. »Das ist ja wirklich eigenartig, Smu!« Seine grauen Augen musterten ihn interessiert, der Wind spielte in seinem blonden, schulterlangen Haar. Er war attraktiv, keine Frage. Sehr männlich, mit Drei-Tage-Bart und zarten Fältchen in den Augenwinkeln. Sein Körper wirkte durchtrainiert und gestählt. Außerdem hatte er einen klaren, analytischen Verstand. Das wusste Smu noch aus der gemeinsamen Zeit in Vancouver. Jake war sein Mann, er hatte sich nicht geirrt.

»Richard Ryan kennt mich. Ich brauche jemand, der sich ihm nähert und mehr herausfindet. Da habe ich an dich gedacht. Ich kann dir nicht viel bezahlen, aber vielleicht hast du ja mal wieder Bock auf der Erde zu arbeiten.« Er hatte nicht vor, das Duocarns-Geld für diese Angelegenheit zu verwenden. Ryan war zu seiner Privatsache geworden.

Er sah Jake an, merkte, wie dieser überlegte. »Ich will ehrlich zu dir sein. Arinon und ich sind am Ende. Und das schon seit einer Weile. Vielleicht ist es wirklich so, dass Menschen und Quinari zu unterschiedlich sind, um sich auf Dauer zu verbinden. Es ist Zeit für mich etwas Neues zu beginnen. Deshalb nehme ich dein Angebot an. Ich betrachte das Ganze als Beziehungspause. Danach werde ich weiter sehen.«

Smu nickte. Das verstand er nur zu gut. War er nicht in der gleichen Situation? Aber du liebst ihn noch, sagte die leise Stimme. Bei diesen beiden scheint die Liebe gestorben zu sein. Uninteressant! Er schob die Stimme wieder beiseite. »Wann kannst du kommen?«, fragte er.

Jake hatte sich erhoben. »In fünf Minuten«, antwortete er und sah lächelnd auf ihn hinab.

»Gut!« Richard erhob sich und stützte die Hände auf den schweren, alten Mahagoni-Tisch, an dem sich die für die Bankgründung relevanten Love-Mitglieder versammelt hatten. »Nun braucht das Kind noch einen Namen. Mákalo da Fárak. Ich bin der Meinung, dass Farak-Bank ein guter Name sein wird.« Die Banker nickten einstimmig. Er hatte nichts anderes erwartet. »Fein!« Er drehte sich zu seinen beiden Presseagenten. »Dann können wir den Start der Bank ja bald verkünden. Ich schlage in zwei Wochen vor, denn dann ist die große Bankiersversammlung, bei der die Presse ebenfalls vertreten sein wird.« Auch damit waren die Mitglieder einverstanden. »Ich danke euch allen!« Richard strahlte die Anwesenden an und setzte sich in Bewegung. Er umkreiste den runden Tisch, umarmte jeden seiner Anhänger und gab ihm die Hand. Beim Händedruck berührte er sie sanft mit seinem Mal.

Es war Abend, als Solutosan ihn im Wohnzimmer in Seafair absetzte. Mercuran fütterte seine Fische mit Maden und anderem Gewürm, während Tervenarius es sich auf dem Sofa bequem gemacht hatte und fernsah. Trautes Heim – Glück allein, dachte Smu, schob seinen Po auf die breite Lehne des Sofas, um auf Jake zu warten.

»Na Jungs!« Er grinste. Er konnte sich bildlich vorstellen, wie die beiden Unsterblichen die Ewigkeit verbringen würden – geruhsam und gemütlich.

Er zerrte ein mehrfach benutztes Taschentuch aus seiner Jeans und schnäuzte sich. Beide Männer hoben erstaunt die Köpfe.

»Du bist ja krank!« Mercuran war entsetzt.

»Na und? Habe ich mir beim Observieren geholt. Du kannst dich doch sowieso nicht anstecken, Mercuran.« Er steckte das Taschentuch weg.

»Aber ... aber du warst noch nie krank!« Mercuran blickte ihn mit seinen durchdringenden Eisaugen an.

Ja, das stimmte. Jetzt erst fiel ihm ein, dass er ja auch Patallias Elixier, seinen Jungbrunnen, bereits seit Wochen nicht mehr genommen hatte.

Flirrend erschien das Tor erneut und Solutosan trat mit Jake hervor. »Wir sind sofort wieder weg nach Sublimar«, gab der Duocarn kurz bekannt und verschwand. Sein energetischer Ring fiel zusammen.

Jake stand blinzelnd mit einem Rucksack auf dem Rücken mitten auf dem Wohnzimmerteppich. »Mir ist schlecht«, stöhnte er. »Ich finde es grauenvoll, so zu reisen.« Mercuran kicherte und Tervenarius grinste breit.

»Egal, jetzt bist du ja hier. Komm Jake«, antwortete Smu. »Ich denke, du solltest erst mal duschen.«

Jake blickte weiterhin irritiert an seinem fleckigen Karateanzug hinab.

»Jake?«, fragte Smu noch einmal.

Langsam kam der blonde Mann zu sich. »Ja, ich komme.«

Gemeinsam gingen sie die Treppe hinauf. Smu überlegte schnell. Die Uhrzeit war richtig. Um diese Zeit kam Patallia meistens nach Hause. Er würde die Chance sofort nutzen. »Hier kannst du dich waschen.« Er lotste Jake in sein und Patallias Zimmer und zeigte ihm das Bad.

Nachdem Jake in der Dusche verschwunden war, zog er sich flink aus, schlüpfte in seinen Bademantel und stellte sich in die Tür. Er horchte auf das Summen des Garagentors und das Motorengeräusch des Daimlers und fluchte, dass beides so gedämpft war. Fast hätte er die leisen Schritte auf der Treppe nicht gehört, da er sich wieder geräuschvoll die Nase putzte. Mit einem Satz war von der Tür weg und im Bad.

Jake kam in diesem Moment aus der Dusche und blickte sich suchend nach einem Handtuch um. »Sag mal, Smu, kannst ...«, ihm blieb das Wort im Hals stecken, als Smu seinen Bademantel abstreifte und nackt vor ihm stand.

»Ja, kann ich«, antwortete Smu prompt, schnappte ein Frotteetuch aus dem Regal und näherte sich Jake mit schnellen Schritten. Er drückte ihm das Handtuch in die Hand, zog Jake mit einem Ruck zu sich heran und küsste ihn. Der keuchte völlig überrumpelt. Aber er ließ sich nicht lumpen, warf das Badelaken zu Boden und erwiderte den Kuss.

Er spürte Patallia eher, als dass er ihn sah. Es war ihm, als würde Patallias fassungsloser Blick seinen Rücken durchbohren. Cool bleiben, dachte er, jetzt unbedingt cool bleiben. Er merkte, dass sein Kuss bei Jake nicht ohne Folgen geblieben war. Jakes Schwanz pochte hart an seinem Schenkel.

Er drehte sich um. »Ach, hallo Pat«, sagte er. Seine Stimme wollte fast versagen. »Du bist ja schon zu Hause.«

Er blickte in Patallias Gesicht und was er sah, fuhr ihm derartig wuchtig in die Glieder, dass sich schlagartig ein Fels in seiner Brust bildete, sein Herz nicht mehr schlagen wollte, das steinerne Gefühl hoch in seine Kehle stieg, seine Wangenknochen verhärtete und ihm die Tränen aus den Augen drückte. Er hatte Patallia den Todesstoß versetzt.

Niemals hätte er erwartet, so viel Verletztheit in seinen Augen und seinem Gesicht vorzufinden.

Ich habe einen Fehler gemacht! Es schrie regelrecht in ihm. Ich habe ihm weh getan! Ich habe ... Aus einer Sekunde wurde eine Ewigkeit. Patallia drehte sich um und ging.

»Was war denn das?«, fragte Jake verblüfft. Den hatte er bereits vergessen. Er schnellte herum. »Zieh dich an, Jake. Klamotten sind im Schrank. Ich muss was klären!«

Er versuchte den Bademantel anzuziehen, während er barfuß hinter Patallia herlief – verhedderte sich im Ärmel. Wohin war er so schnell verschwunden? Smu hörte die Tür der Garage und rannte. Sein Glück lief ihm gerade davon! Seine Liebe ging – tödlich getroffen. Sie verschwand und nahm sein Herz mit. Wo war Patallia? Er spürte kaum den kalten Wind. Voller Panik spurtete er los an den dunklen Strand. Wo war er? Dann sah Smu ihn. Es sah aus als wollte er ins Wasser gehen. »Pat!«, brüllte er über das Donnern der Wellen hinweg und rannte schneller. Was hatte er getan? Wieso hatte er keinen Gedanken daran verschwendet, dass das, was er geplant hatte, Patallia zutiefst verletzten würde?

Smu hielt Patallia am Ärmel fest. »Pat!« Seine Nase lief. Es war ihm egal. »Bitte Pat, es ist nicht so, wie es aussah!« Patallias durchsichtiges Gesicht erschien unwirklich in der Dunkelheit. Er schimmerte wie ein Gespenst. Angst stieg in ihm hoch. Patallia wirkte wie aus Glas, eisigem Glas. Er kann mich hier auf der Stelle töten, dachte Smu. Das kostet ihn nur einen Handgriff. Aber er blieb eisern stehen. »Bitte Pat, sprich mit mir!«

»Ich hatte dich so vermisst.« Er konnte Patallia kaum verstehen. Die Wellenbrecher brüllten und schäumten.

»Ich habe dich auch vermisst, Pat!« Während er das rief, wusste er, dass genau das die Wahrheit war. Er hatte gelitten ohne Pat. Er war einsam gewesen. Er hatte ihm unendlich gefehlt. Der Wind zerrte ihm den Bademantel auseinander. Nun fror er jämmerlich. Ihm schlugen die Zähne aufeinander. Er versuchte, den Mantel zusammenzuhalten. »Verzeih mir!« Er konnte kaum sprechen. Warum machte er immer so eine Scheiße? »Ich bin ein Idiot.« Er sagte es nochmals –

gleichgültig ob Pat ihn verstand. »Ich bin eine solcher Idiot!«

Patallia betrachtete ihn von oben bis unten. Lange, nachdenklich. Seine Augen in der Dunkelheit wirkten wie Murmeln aus Marmor.

»Das stimmt«, sagte er. »Nur Idioten würden bei dieser Temperatur so dünn bekleidet an den Strand gehen.«

Smu sah ihn schlotternd an. Hatte er das eben wirklich gesagt? Patallia packte ihn am Ärmel seines Bademantels und zog ihn zum Haus. Er öffnete die Garage, zerrte ihn hindurch. Ohne ein Wort zu sagen, geleitete er ihn die Treppe hinunter in den Raum mit dem Salzwasserbecken. »Rein da!«, befahl er und drehte am Regler. Smu reagierte nicht. Er stand zitternd vor dem kleinen Pool. Wollte Pat ihn nun umbringen? Ihn ertränken? Er sah in Patallias Gesicht. Ein Pokerface. »Worauf wartest du?« Er packte seine Hand und Smu spürte einen Stich. Pat hatte ihm etwas injiziert. Ja, dachte er, während er den Bademantel zu Boden fallenließ und ins Becken stieg. Ich habe es verdient. Es ist mir egal.

Patallia hatte das Salzwasser in dem Bassin erhitzt. Es umschmeichelte seinen Körper. »Kopf unter Wasser«, befahl Patallia. Ja genau, erst betäuben, dann ersäufen, dachte Smu. Ich habe meine Liebe kaputtgetreten. Warum eigentlich? Auf einmal kamen ihm die ganzen Gründe für seine Handlungsweise banal und albern vor. Er tauchte unter. Es war angenehm. Patallia berührte ihn nicht – stand nur neben dem Becken. Er kam wieder hoch. Seine Nase knisterte. Der Schnupfen löste sich. Er atmete tief durch. Patallia betrachtete ihn forschend.

»Geht es dir besser?«, fragte er. »Ich habe dir ein Antibiotikum gegeben.«

Smu starrte ihn an. »Aber Jake«, stammelte er.

»Ja?« Patallia zog die Augenbrauen fragend hoch.

»Ich habe nichts mit Jake, Pat. Wirklich nicht!« Dann brach alles aus ihm heraus. Seine Angst, wenn Patallia den Stein benutzen würde. Seine Furcht vor der Verantwortung. Er war so stolz, dass Patallia ein Duocarn war. Er wollte ihn nicht als schwachen Sterblichen. Er fluchte auf Tabathea, die den Stein angeschleppt hatte. Er wollte, dass alles wieder so war wie vorher! Er hasste es, die schwermütigen Gedanken in Patallias Augen zu sehen. Er hielt es nicht aus, dass Patallia um Erlaubnis bettelte, sterblich zu werden. Und da hatte er gedacht, dass Patallia sich besser von ihm trennen würde, wenn er ihn mit Jake ... Aber da war ja gar nichts und ... Smu liebte Pat wie er war. Ja, er liebte ihn. Er saß in dem warmen Becken, die Tränen rannen ihm über das Gesicht, mischten sich mit dem salzigen Wasser. Er war aus der Fassung gebracht. Das Schlimmste, das ihm passieren konnte, war Patallia zu verlieren, denn er war ein Teil von ihm. Die Zeit allein in Seattle war entsetzlich gewesen. Er fühlte sich grauenvoll – aber er hatte alles gebeichtet. Ganz anders als geplant. Nun war er einfach nur fertig.

Patallia setzte sich an den Rand des Beckens, zog seinen Kopf zu sich, streichelte beruhigend sein nasses, festgeklebtes Haar. »Ist ja schon gut, Smu. Ich habe Solutosan den Stein gegeben.« Er fasste unter sein Kinn und hob Smus Gesicht zu sich empor. »Ich werde die Zeit mit dir genießen, so lange sie dauert. Ich werde mir jede Minute einprägen, nein einbrennen, so dass ich sie immer wieder aufrufen kann, wenn du einmal nicht mehr bei mir bist.« Er zögerte. »Und ... und ich fange in diesem Moment damit an.«

Bei Smu war endgültig die Luft raus. Er fühlte seine Schläfen pochen. »Ich glaube, ich habe Fieber, Pat.« Patallia hatte ihm verziehen. Es würde alles wieder gut werden. Pat würde bleiben, wie er war. Mehr konnte er in dem Moment nicht erfassen.

»Sofort raus aus der Wanne, Smu, und ab ins Bett!« Er spürte, wie Patallia ihn am Arm packte und aus dem Becken zog. Pat ist wirklich stark, dachte er noch. Er fühlte sich wie in Watte gepackt. Ach nein, das war nur ein riesiges Badelaken. Wieso war Xanmeran plötzlich da? Er wurde von ihm getragen, die Treppen hoch und sanft abgelegt. Er spürte einen kleinen Stich im Arm. »Und jetzt schlafen«, verordnete Patallias sanfte Stimme.

Der Krach durchdrang alles. Er kam wie der Klang eines monströsen Gongs in seinem Gehirn an. Xerxes löste sich vom Energetikon. Im ersten Moment wusste er nicht, wo er war. Er schüttelte irritiert den Kopf. Der Lärm hörte nicht auf. Jemand schlug mit einem harten Gegenstand an die Ferrculan-Tür seines Gemachs. Wie lange hatte er so gesessen? Sein ganzer Körper schmerzte. Er musste dringend zu sich kommen. Mit zitternden Händen verstaute er das Energetikon unter seinem Gewand und schwamm zur Tür, denn der Lärm wollte nicht verstummen. Er öffnete und konnte sich gerade noch zur Seite wenden, anderenfalls hätte der schwere Stein in Gregans Klauen seinen Schädel getroffen.

»*Gregan!*«, fauchte er.

»*Herr!*« Gregan ließ den Felsbrocken zu Boden sinken. »*Herr, ich wusste mir keinen anderen Rat mehr. Ihr habt Euch so viele Zyklen nicht gemeldet, das Essen nicht angerührt. Ich habe mir Sorgen um Euch gemacht!*«

Sorgen! Xerxes schnaubte. Besorgnis war wahrlich kein piscanischer Charakterzug. Nun gut, er war der König. Als solcher wurde er vermisst. Aber nur weil irgendwelche Emporkömmlinge Vergünstigungen von ihm erbitten wollten – Posten und Kristalle.

Er schwamm zu seinem Sessel zurück. Er musste sich um die Piscanier kümmern. So ungern er es zugab, Gregan hatte recht.

Der kam mit einer Kristallschale voller schöner Fische angeschwommen. Ja, er hatte wirklich Hunger. Wenn er in sich hinein horchte, hatte er Hunger wie eine ganze Legion Soldaten.

»*Gib her!*« Unwirsch riss er Gregan die Schale aus den Krallen und verschlang einen der glänzenden Körper mit einem Bissen. »*Berichte!*«

Gregan verbeugte sich.

»*Ich weiß, ich bin natürlich nicht in der Position meine Meinung äußern zu dürfen.*« Gregan duckte sich unter seinem Blick.

»*Bitte versteht es auch nicht so, wenn ich sage, dass sich die höheren Ränge fragen, wo ihr König ist und wo die versprochenen Zuwendungen bleiben.*«

Das war zu erwarten gewesen. Sollte er deshalb Gregan den Kopf herunterreißen? Nein. Er musste die Sache klären. Nachdenklich kaute er weiter. »*Und was hast du auf diese Vorwürfe geantwortet, du Wurm?*«, fragte er lauernd.

»*Ich sagte, dass Eure Majestät sich unwohl fühlen*«, Gregan wagte die Augen ein wenig zu heben, »*was ja auch der Wahrheit entsprach.*«

»*In der Tat hat mich die Rück-Eroberung meines Thrones Kraft gekostet*«, antwortete er. Er sah Gregan prüfend an. Schluckte er seine Worte? Sie wussten beide, dass er die Dreckarbeit den anderen überlassen hatte. Aber Gregan verneigte sich lediglich.

Xerxes spie verächtlich einige Gräten aus. Er traute seinem neuen Zeremonienmeister nicht über den Weg. Jedoch würde er nun diese ganzen Gerüchte beenden. »*Bald ist Zandar-Nacht, Gregan. Ich will, dass du eine große Zeremonie ausrichtest. Du wirst mir eine Liste besorgen von den wichtigen Familien Piscaderias. Und bedenke dabei, dass ich nicht dumm bin. Ich sehe genau, ob du jemanden begünstigst. Des Weiteren wünsche ich eine Bestandsliste der Kristalle. Du kannst die Wand in dem Gewölbe wieder abbauen lassen. Wir benötigen sie nicht mehr. Die Ringmacher können sie verwenden. Ich brauche viele Ringe. Dann wirst du einen Jagdtrupp aussenden und einen großen Squali fangen. Ich will seinen entbeintem Schädel. Das Fleisch wird den Gästen der Zeremonie serviert werden. Aber kein Wort darüber, was das für ein Festmahl sein wird! Hast du mich verstanden?*«

Gregan sah ihn bewundernd an – seine Klauen befingerten den Kristall-Zeremonienstab an seiner Hüfte. »*Ihr seid der wahre König*«, stotterte er.

Xerxes blickte ihn mit zusammengekniffenen Augen an. Ob das die Wahrheit war? Sah Gregan wirklich nicht seine Schwächen?

»*Nun verschwinde! Du weißt, was du zu tun hast, Gregan.*«

Er sah dem Piscanier nach, der sich rückwärts schwimmend verbeugte und dann mit einem schnellen Flossenschlag aus seinem Gemach verschwand. Ja, das Energetikon war seine Schwäche geworden – zumindest für den Moment. Auf zwei Welten zu leben erforderte viel Zeit und er hatte sich gehenlassen. Richards Entwicklung war einfach zu interessant gewesen. Er konnte ihn durch das Mal nicht mehr kontaktieren. Es war ihm nicht mehr möglich, in seine Träume einzudringen und Befehle zu erteilen. Auch verstand er die Sprache nicht, die Richard benutzte. Aber er konnte durch dessen Augen sehen und durch seine Ohren hören und begriff die Gefühlswelt, in der dieser fremde Mann lebte. Die Energie, die durch das Mal strömte und die Phrase, die er seinem Opfer eingeimpft hatte, zeigten Wirkung. Richard baute an seinem neuen Imperium. Nicht umsonst sagten Richard und seine Gefolgsleute ständig den Satz: »Mákalo da Fárak.« Auf piscanisch hieß das: Der König wird kommen.

Smu war ein paar Mal wach geworden. Patallia saß an seinem Bett. Smu lächelte und schlief augenblicklich ein. Gelegentlich hob jemand seinen Kopf und flößte ihm eine süße Flüssigkeit ein, strich ihm über die Stirn. Das war gut und tröstlich und Smu schloss erneut die Augen. Einige Male hatte Patallia ihn dazu aufgefordert, in ein Gefäß zu pinkeln. Das war erleichternd gewesen und danach hatte er sofort wieder geschlafen. Wie oft war es im Zimmer hell und abermals dunkel geworden? Er wusste es nicht, als er erholt und frisch aufwachte und in das strahlende Sonnenlicht blinzelte, in das sein Bett getaucht war. Jemand schloss schnell die Jalousien, bis auf einige Spalten. Jake.

»Wie lange sitzt du denn schon hier?«, gähnte Smu.

»Fast eine Woche. Dich hatte es ganz schön erwischt. Aber Patallia hat dich mit einer Spezialtherapie behandelt. Wie ich sehe, hat sie geholfen.« Jake grinste.

Spezialtherapie? Garantiert hatte Pat ihm wieder den »Jungbrunnen« eingetrichtert. Ich war blöde das Zeug nicht mehr zu nehmen, dachte Smu, extrem dämlich. Er blickte nach unten auf die Bettdecke, die sich wie ein kleines, spitzes Zelt angehoben hatte. Eindeutig, es war der Jungbrunnen.

»Na, dir scheint's ja wirklich wieder besser zu geh'n.« Jake grinste noch breiter. »Sollen wir unser Spiel aus der Dusche fortsetzen?«

Smu fuhr hoch. »Du Spinner! Du denkst doch wohl nicht, dass mir das ernst war! Ich ...«, nun fiel ihm auf die Schnelle kein Argument für seinen Kuss ein.

»Mir völlig klar, dass du deinen netten Doc damit eifersüchtig machen wolltest. Bin ja nicht blöd. Hat nur irgendwie nicht geklappt, was?«

Smu knirschte mit den Zähnen. Das musste er nun wohl auf sich sitzenlassen. »Privatsache«, knurrte er.

»Schwamm drüber.« Jake strahlte ihn an. »Können wir uns jetzt mal langsam dem Job zuwenden? Ich habe nämlich echte Neuigkeiten.« Er holte tief Luft. »Richard Ryan eröffnet eine soziale Bank!«

»Eine was?« Smu schob sich hoch, packte sein Kopfkissen in den Rücken und lehnte sich bequem dagegen. Auf Jake schien Verlass zu sein. Es war klasse, dass er die Sache allein weiter angegangen war.

»Sagt dir der Name 'Grameen-Bank' etwas?« Smu schüttelte den Kopf.

»Diese Bank hat soziale Ziele. Sie gibt Kleinkredite an arme Menschen – hauptsächlich in Bangladesch. Die Kunden sind in der Regel Frauen, da es sich erwiesen hat, dass diese, gleichgültig wie arm sie sind, ihre Schulden immer zurückzahlen. So können diese Leute Kleinunternehmen finanzieren und ihre Familien über Wasser halten. Niemand sonst würde ihnen ohne Sicherheiten Geld geben.«

Smu war baff. »Richard Ryan hat mir nicht den Eindruck gemacht, als würden ihn die Armen dieser Welt in irgendeiner Weise interessieren.«

Jake setzte sich auf den Rand seines Bettes. Er war beim Friseur gewesen und hatte nun einen Kurzhaarschnitt mit längerem Deckhaar, das ihm fransig und frech in die Stirn fiel. »Tja, so kann man sich täuschen, Smu.«

»Jetzt ist mir klar, wieso sich so viele Banker und Notare bei Ryan auf Mercer Island herumgetrieben haben. Aber wie passen diese Frauen, die ihm offensichtlich hörig waren, in dieses Bild? Das waren doch keine armen Weiber. Okay, Monica ist eine Hure. Ob sie auch einen Kredit braucht?«, dachte er laut.

Jake schüttelte versonnen den Kopf. »Ich weiß es nicht, aber ich werde es erfahren. Ich habe bereits einen Plan.« Er machte eine bedeutsame Pause, seine grauen Augen fixierten ihn. »Während du dich hier ausgeruht hast, habe ich mir von einem alten Kumpel einen Presseausweis besorgt. Ich schreibe nun für den Vancouver Express.«

»Aber das ist doch ein blödes Käseblatt«, wandte Smu ein. Zum Thema „ausruhen" sagte er jetzt besser nichts. Er hatte keine Lust sich mit Jake zu streiten.

»Völlig egal, Smu, die haben auch einen Wirtschaftsteil und als deren Reporter werde ich nah bei Richard Ryan stehen, wenn er seine neue Bank bekanntmacht. Das tut er nämlich in zehn Tagen.«

Zehn Tage. »Hast du mit Tervenarius gesprochen, was deinen Aufenthalt hier im Haus angeht, Jake?«

Der sah ihn verblüfft an. »Nicht direkt. Er sagte nur „Willkommen zurück". Ich habe eines der Gästezimmer bezogen. Na ja, was man so beziehen nennt. Ich besitze ja nun eigentlich nichts mehr. Die Sachen habe ich aus dem Kleiderschrank in dem Zimmer.« Er sah an sich hinab.

Das war gut. Jake war bei den Duocarns integriert. Was die Kleider anging, hatten sie beide die gleiche Größe – aber Jake bevorzugte einen schlichteren Stil als er. Jake würde seine Klamotten nicht mögen.

Smu stieß die Bettdecke von sich und schwang die Füße aus dem Bett. »Zeit einkaufen zu geh'n, Jake«, grinste er.

Xerxes richtete sich in voller Größe am Ende der Steintafel auf, die in der geräumigen Halle von Piscaderia platziert worden war. Die von Gregan nach seinen Angaben ausgestattete Feier war seiner würdig. Der ganze Hofstaat hatte sich zusammengefunden, um ihm zu huldigen – natürlich nur in der Hoffnung Kristalle zu ergattern. Aber das war ihm gleichgültig. Hauptsache sie verbeugten sich, dienerten und schworen ihm die Treue. Einige, von denen er sich mehr versprach, hatte er mit Kristallringen belohnt. Währenddessen war die weitreichende, hypnotische Stimme der besten Sängerin von Piscaderia, einer Sirenen-Tochter, an den felsigen Wänden der Halle vorbei gestrichen, hatte sich beruhigend und besänftigend in den Gehirnen der Anwesenden festgesetzt. Xerxes entfernte unauffällig den Gehörschutz aus seinen Ohren. Er ließ sich nicht auf diese Art manipulieren. Aber ihm hatte gefallen, dass Gregan das Mädchen bestellt hatte, um die Abgesandten der höchsten Familien einzulullen.

Nun thronte er auf dem erhöhten Sitz, hielt seinen Ferrculan-Stab fest in der Klaue, den immer noch der Schädel des Tertes zierte, und blickte auf die speisenden Gäste.

»*Ich hoffe, es schmeckt euch*«. Er sah in die Runde. »*Denn dieser Fisch ist eine Delikatesse, die ihr in Zukunft öfter verspeisen werdet.*« Die kauenden Gäste hoben erstaunt die Köpfe. »*Was ihr da esst, ist der erste von vielen Squalis, die wir von nun an erlegen werden – zum Wohl unseres Volkes.*«

Dem neben ihm sitzenden piscanischen Adligen blieb das Maul offen stehen, so dass ihm ein Brocken Squali-Fleisch entwich.

»*Und damit ihr seht, wie ernst ich es meine ...*«. Er riss mit einem Ruck Tertes Haupt von seinem Stab, griff unter den Tisch, holte den Squali-Schädel hervor und spießte ihn stattdessen auf die Spitze. Zusätzlich umgab er sich triumphierend mit einem goldenen Schleier an Energie.

Seine Gefolgschaft verharrte erst sprachlos, brach dann in begeisterte Hochrufe aus, in die sich nach und nach vehemente Kampfparolen mischten: »*Unser König Xerxes! Wohlan! Wir werden die Fischfresser alle vernichten!*«

Xerxes nickte zufrieden. Genau so hatte er es geplant. Waren diese Dummköpfe erst einmal damit beschäftigt, die intelligenten Squalis zu fangen, hatte er genügend Zeit sich weiterhin seinem Liebling Richard zu widmen.

Solutosan erwachte von dem Regen, der auf die Scheiben seines Fensters prasselte. Er sah in die rasch dahinziehenden dunklen Wolken, die kurz darauf ein Stück strahlendblauen Himmel freigaben und der durchbrechenden Frühlingssonne Platz machten. April.

»Guten Morgen, Ulquiorra.« Er reckte und streckte sich. »Was liegt heute an?«

Sein Freund lächelte. »Es ist praktisch jemanden wie mich zu haben, der sich deine Termine merkt, nicht wahr?«

Solutosan lachte. »Entschuldige, ich wollte dich nicht als Terminkalender missbrauchen.« Er hatte sich inzwischen daran gewöhnt, auf diese Art mit Ulquiorra zusammen zu sein – sein Freund war für ihn Ratgeber, innere Stimme und interessanter Gesprächspartner in einem.

»Du wolltest das mit dem Stein angehen«, erinnerte Ulquiorra ihn.

Ach ja, der Stein. Den musste er noch loswerden. Die Frage war wie.

»Ich weiß nicht, ob ich ihn einfach so in der Anomalie entsorgen kann. Oder ob ich ihn besser in den Tiefen des Ozeans versenke? Mein Gefühl sagt nein. Ich tendiere eher dazu, ihn zum Sternentor zu bringen. Ich vermute, dass die beiden Dinge eine spezielle Verbindung haben.«

»Du willst ihn einfach durch das Tor werfen?« Ulquiorra Stimme klang zweifelnd. »Du weißt nicht, was dann passieren wird. Möglicherweise zerstört er das Tor.«

Solutosan stand auf und ging ins Bad. »Ich weiß. Dazu kommt, dass ich ihn nicht anfassen kann. Vielleicht wird das nötig sein. Ich habe mir deshalb überlegt, dass ich Xanmeran mitnehmen möchte. Er ist nun sterblich und kann den Stein ohne Probleme berühren.« Solutosan bürstete sich das lange, weiße Haar und band es mit einem Haargummi zusammen. »Dazu kommt, dass es für ihn bestimmt eine Genugtuung sein wird, wenn er das Ding entsorgen kann, das sein Leben über den Haufen geworfen hat.«

»Eine gute Idee, Solutosan. Ihr solltet nur wirklich vorsichtig vorgehen.«

Solutosan nickte. Er wusste, dass Ulquiorra diese Bewegung im Badezimmerspiegel durch seine Augen sehen konnte. Er würde eines der blauen Serica-Gewänder anlegen und Xanmeran fragen gehen.

Xanmeran starrte ihn überrascht an. »*Den Stein entsorgen ...*«, wiederholte er tonlos.

Hatte er ihn mit dieser Bitte überfordert? Es war Solutosan so vorgekommen, dass Xanmeran sich an sein neues Leben gewöhnt hatte. Er lebte in Ruhe im Duocarns-Haus, kümmerte sich um Tabathea und um Marina, trainierte viel und hatte einen zufriedenen Eindruck gemacht.

»*Ähm, ich kann verstehen, wenn du ...*«, Solutosan brach ab denn er wollte Xan keine Angst unterstellen, »*... wenn du dich unwohl fühlst noch einmal mit dem Stein in Kontakt zu kommen. Ich frage dich, da er ja nun keine Gefahr mehr für dich darstellt und weil ich annahm, dass du ihn gern selbst vernichten würdest ...*«

Er konnte den Ausdruck in Xanmerans Augen nicht deuten.

»Hat er Angst?«, fragte er Ulquiorra.

»Ich weiß es nicht«, antwortete dieser sofort.

»*Er hatte doch noch nie Furcht vor irgendetwas, Ulquiorra.*«

Solutosan blickte seinem alten Freund forschend in die dunklen Augen und wartete auf dessen Antwort.

»Nein, schon gut.« Xanmeran sah ihn an und wieder konnte er diesen Blick nicht deuten. »*Ich helfe euch selbstverständlich! Gebt mir fünf Minuten.*«

Solutosan nickte. »*Ich bin solange unten frühstücken.*«

Xanmeran hatte keine fünf Minuten gebraucht. Kurz nach ihrem Gespräch stand er bereits in der Küche und schenkte sich ein Glas Kefir ein. Solutosan sah, dass seine Hand dabei ein wenig zitterte. Nun war er sich wirklich unsicher. War seine Bitte tatsächlich so unzumutbar? Dem »alten« Xanmeran, den er kannte, hätte es eine Genugtuung bereitet, den Verursacher seiner Probleme in tausend Stücke zu sprengen. Danach hätten sie gelacht. Aber auf Xanmeran lag etwas Schwermütiges – nein, es war keine Angst. Er schien gestresst.

»*Bist du sicher, dass du das mit mir durchziehen willst, Xan? Wenn du ein Problem hast, frage ich Smu oder Tabathea.*«

Xan schüttelte den schwarzen Kopf. »*Lass uns gehen, Solutosan.*«

Solutosan öffnete das Tor am Hafen des westlichen, duonalischen Mondes. Von dort aus mussten sie laufen. Xanmeran schritt schweigend in einem Dona-Gewand neben ihm her. Dann endlich war er bereit zu sprechen.

»*Ich konnte mich nun nicht von den anderen verabschieden*«, begann er. Solutosan schnappte nach Luft. »*Nein, sag jetzt nichts. Hör mir zu. Erst einmal möchte ich, dass du zu Patallia, Meodern und Tervenarius gehst. Sag ihnen, dass ich die Zeit mit ihnen genossen habe und dass ich mir keine besseren Freunde wünschen konnte. Sie sind das Beste, was mir in meinem langen Leben passiert ist.*« Nun hielt Solutosan es nicht mehr aus.

»*Bist du wahnsinnig? Das hört sich ja an, als hättest du vor, bei der Entsorgung des Steins zu sterben! Ich ...*«, Solutosan war fassungslos. »*Ich weiß gar nicht, was du da redest!*«

Xanmeran antwortete nicht. Er blickte zum Sternentor, das nun in Sichtweite gekommen war. »*Es ist viel Zeit vergangen, seit ich durch dieses Tor gegangen bin*«, sinnierte er. »*Es war ein buntes und aufregendes Leben.*«

Solutosan war sprachlos. Er hatte nicht die geringste Vorstellung davon, was Xanmeran vorhatte. Der schritt an seiner Seite die breiten, grauen Steinstufen empor.

»*Gib mir den Stein!*« Xanmeran streckte fordernd die Hand aus.

»Ulquiorra, hilf mir. Was soll ich tun? Er plant irgendetwas, aber ich weiß nicht was. Ich will nicht, dass er sich etwas antut!«

Er wartete ungeduldig auf Ulquiorras Antwort. Die Sekunden dehnten sich zu Minuten. »*Er ist dein Freund und mein Vater. Ich vertraue darauf, dass er das Richtige tut, Solutosan. Hat er das nicht immer getan?*«

Solutosan schluckte. Er starrte in Ulquiorras schwarze Augen, in sein entschlossenes Gesicht. Dann musste es wohl so sein.

Er griff in die Tasche seines Gewands, holte die sechseckige Dose hervor und reichte sie Xanmeran. Der öffnete sie ohne zu zögern und entnahm ihr den Stein.

Sie traten näher an das Tor heran. Das drückende Gefühl in Solutosans Brust verstärkte sich. Gleichzeitig nahm die starke Ausstrahlung des Tores ihn gefangen. Die ganze Situation wurde unwirklich. Was hatte Xan vor?

Der schwarze Krieger musterte das Sternentor. Er ließ seinen Blick von der linken Fläche des einfachen, grauen Sockels schweifen, den Rundbogen entlang, auf der rechten Seite wieder herunter. Xan stutzte. Im gleichen Moment sah Solutosan es ebenfalls: Ein unscheinbares Loch im unteren Bereich des Tores, klein und oval ausgehöhlt. Diese Öffnung war ihm bei seinen vorherigen Besuchen nie aufgefallen. Er schritt mit Xanmeran näher heran. Das Dröhnen in seinem Schädel verstärkte sich. Er schluckte, um den Druck abzumildern.

»Beim Vraan. Das Ding passt da rein! Woher wusstest du das, Xan?«

Der schüttelte nur bedächtig den Kopf. »*Ich wusste es nicht. Ich habe es gehofft.*«

Ohne Eile ging Xanmeran in die Knie. »Soll ich ihn aufhalten, Ulquiorra?« Ihn packte die Angst um seinen Freund.

»*Nein, ich fühle, dass er weiß was er tut, Solutosan.*« Ulquiorra Stimme war bestimmt.

Gebannt, mit angehaltenem Atem, sah er, wie sich Xanmerans Hand mit dem Stein der Öffnung näherte. Fast schon zärtlich drückte er den Gesteinsbrocken in den Hohlraum. Er passte genau. Solutosan blinzelte. Stein und Höhlung waren verschwunden. Die dröhnende, drückende Stimmung hatte schlagartig aufgehört. Er blickte auf die grobe, graue Steinfläche. Fort. Der Stein war einfach weg, als hätte das Tor ihn geschluckt.

Solutosan stieß erleichtert die Luft aus. Xanmeran kniete immer noch vor dem Tor. Beim Vraan! Xan rührte sich nicht. »Xan?« Er konnte die Nervosität in seiner Stimme nicht unterdrücken. »*Siehst du, nichts passiert! Das Tor hat den Stein einfach genommen!*« Er versuchte, fröhlich zu klingen. Das bedrückende Gefühl kehrte wieder, stärker als zuvor.

»Xan?«

Xanmeran erhob sich langsam, drehte sich zu ihm um. »*Ich möchte, dass ihr beide mir nun zuhört: Ich liebe euch. Ihr seid die wichtigsten Wesen in meinem Leben. Ich bin stolz auf deine Freundschaft, Solutosan, die mir immer sehr kostbar war. Und ich bin glücklich dein Vater zu sein, Ulquiorra. Du hast alle Erwartungen übertroffen, die ein Vater jemals an seinen Sohn stellen könnte. Ohne dich und deine Mühe stünden wir nun nicht hier.*« Solutosan hörte ihm gebannt zu.

»*Ihr zwei habt die Ewigkeit vor euch. Mein Leben ist nun begrenzt. Meine Lebensaufgabe war es, den Duocarns zu dienen. Diese Pflicht möchte ich heute mit einem Geschenk der Dankbarkeit an euch beenden.*«

»Was? Was ... redest ... « Solutosan war völlig überrascht.

Xanmeran hob die Hand, um ihn zum Schweigen zu bringen. »*Ihr werdet meinen Entschluss nicht ändern können. Ich werde euch zwingen, dieses Geschenk anzunehmen. Ich werde dir, mein guter Freund, deinen Geliebten wiedergeben und dir, mein Sohn, deinen Körper.*«

Schlagartig war Solutosan klar, was Xanmeran vorhatte. Er wollte sich umbringen.

Xan hatte diese Erkenntnis auf seinem Gesicht abgelesen. »*Ja, du wirst mich nicht davon abhalten. Wir sind hier auf Duonalia und Patallia ist nicht da, um mich wiederzubeleben. Ich habe trainiert, mein Herz anzuhalten. Und das werde ich gleich tun.*« Er nahm Solutosans Hände. »*Ich möchte euch bitten, diesen Entschluss zu akzeptieren und mein Geschenk anzunehmen.*«

»Nein!«, sagten Solutosan und Ulquiorra gleichzeitig.

»*Gut, dann begrabt mich auf Duonalia. Verschmäht meine Gabe. Lasst meinen Kadaver ohne Leben.*«

»Bitte Xan ...« Solutosan war fassungslos. »*Dein Leben ist doch noch lebensw* ...«, hob er an, aber sah an Xanmerans Gesicht, dass derartige Sätze völlig überflüssig waren.

»*Ich kann nicht* ...«, flüsterte Ulquiorra in ihm. »*Ich will nicht* ...«

Xanmeran legte sich unter seinem bestürzten Blick auf den Steinboden vor das Sternentor. »*Bitte vergesst nie, dass ich euch liebe*«, sagte er. – Dann verharrte er still. Die goldenen Schlieren seiner Haut hörten auf sich zu bewegen – blieben erstarrt stehen.

Solutosan stand da mit hängenden Armen, unfähig sich zu rühren. »*Er hat sein Herz angehalten? Was soll ich tun?*« Ulquiorra antwortete nicht. »*Ulquiorra!*« Er warf sich neben Xanmeran auf den Steinboden, packte ihn, schüttelte ihn. »*Xan! Das kannst du doch nicht machen!*«, brüllte er.

»Hör auf, Solutosan.« Ulquiorras Stimme war sehr leise. »*Du beschädigst meinen neuen Körper!*«

»Was?« Er ließ Xanmeran zu Boden sinken. »*Du willst ...?*«

»*Ja, Solutosan. Wir müssen jetzt vernünftig sein. Er ist fort. Ich akzeptiere sein Geschenk. Er will es so. Ich werde seinen Leib jeden Tag mit Stolz tragen und seiner gedenken. Bitte lege deine Hand auf seine Stirn und die andere auf sein Herz.*«

Solutosan riss sich zusammen. War es nicht eine Sache zwischen Vater und Sohn? Hatte er da überhaupt noch zu entscheiden?

Er legte die Hand auf Xanmerans kühle Stirn, berührte mit der rechten dessen kräftigen Brustkorb. Überwältigt schloss er die Augen, denn der Strom, der durch ihn floss, war stark. Ulquiorra verließ ihn. Es war so weit. Fast hätte er geschrien »*Bitte geh nicht!*«, denn das Gefühl der Einsamkeit verstärkte sich. Der goldene Energiefluss, den Ulquiorra ausmachte, verebbte. Er war fort.

Solutosan blieb zitternd zurück. Tränen strömten über seine Wangen. Niemals hätte er gedacht, dass es sich so bitter anfühlen würde, Ulquiorra zu verlieren. Er löste die

Hände und blickte in das leblose Gesicht seines alten Freundes.

Ulquiorra schlug die Augen auf.

Solutosan kniete neben ihm. Er war völlig überrumpelt, hatte die Tränen noch im Gesicht. Ulquiorra sah ihn an. Seine Augen – ja, es war sein Blick und nicht mehr der seines alten Freundes. Er lächelte. Es war Ulquiorras Lächeln. Aber, es war der riesige Körper Xanmerans. Die goldenen Schlieren der Haut bewegten sich langsam. Ulquiorra richtete sich vorsichtig auf. Solutosan war zu schockiert, um ihm zu helfen. Er sah ihm zu, wie er behutsam die Gliedmaßen testete, den Kopf drehte, die Knie anzog, sich das Gewand hochzog um … Erst jetzt schien Ulquiorra einzufallen, dass Solutosan weiterhin neben ihm kniete. Er strich schnell das Gewand nach unten und lächelte verschämt.

»*Ulquiorra?*« Solutosan wusste, dass er es war, aber musste doch noch einmal nachfragen.

»*Ich kann mich wieder bewegen, Solutosan. Ich habe Arme und Beine!*« Ulquiorra kam auf die Füße. Er warf die Arme in die Luft, sprang auf dem rauen Steinboden vor dem Sternentor herum wie ein übermütiges Kalb. Es sah wirklich lustig aus, jedoch Solutosan konnte nicht lachen. Er hatte Xanmeran noch nie munter herumtollen gesehen.

»*Freust du dich nicht?*« Ulquiorra strahlte. Doch – doch, er freute sich. Es war der Wahnsinn, was passiert war. Ulquiorra hatte einen Körper – und was für einen! Aber zu welchem Preis? Ulquiorra blieb stehen, denn sein Gesicht musste Bände gesprochen haben.

Er ließ sich neben ihn fallen und nahm seine Hände. »*Freude und Trauer, Solutosan*«, sagte er leise, »*sind auch in mir.*« Seine telepathische Stimme war die Ulquiorras, nicht die von Xan.

»*Ich möchte gern laufen, Solutosan*«, bat er. »*Lass uns gehen.*«

»*Wohin?*«, fragte Solutosan, völlig desorientiert.

»*Irgendwohin wo wir alleine sind. Ich möchte mich erst an den neuen Zustand gewöhnen. Bitte öffne ein Tor nach Sublimar in die Mangroven.*«

Solutosan erhob sich. Seite an Seite gingen sie die Steinstufen hinab. Am Fuß der Treppe drehte Solutosan sich zum Sternentor um. Da stand es, und blickte in die Ferne als wäre nichts geschehen – ruhig und behäbig. Und plötzlich empfand auch er Ruhe und Gelassenheit. Das Tor hatte recht so zu sein. Es würde in alle Ewigkeit so stehen – ebenso wie Ulquiorra und er.

Er öffnete eine Pforte in die Anomalie und reichte Ulquiorra etwas zögernd die Hand. Gemeinsam machten sie den Schritt in die Schwärze und folgten dem Pfad nach Sublimar. Solutosan betrachtete die goldflirrende Gestalt neben sich, denn Ulquiorra hatte sich dematerialisiert, hatte Xanmerans Körper in reine Energie verwandelt. Gemeinsam sprangen sie aus dem energetischen Ring in das warme Salzwasser Sublimars.

Es wiederholt sich alles, dachte Solutosan. Wieso ist mir das vorher nie aufgefallen? Ulquiorra stand in dem tropfnassen Dona-Gewand vor ihm

»*Du solltest es ausziehen und zum Trocknen in die Mangroven hängen, X ... Ulquiorra*«, sagte er. »*Ich werde mich daran gewöhnen, ganz bestimmt.*« Aber würde er das wirklich?

Sein eigenes Serica-Gewand war sofort trocken. Solutosan ließ sich auf die geflochtene Terrasse des Mangrovenhäuschens fallen. Er war völlig erschöpft, fühlte sich ausgelaugt und gestresst.

Ulquiorra hatte sich bereits zu den Mangroven umgedreht, die bis an den Rand der Veranda wuchsen. »*Bist du sicher?*«, fragte er über die Schulter.

Hatte er Xanmeran irgendwann nackt gesehen? Ja, aber es war eine Ewigkeit her. Er schluckte und nickte dann.

Gebannt blickte er auf seinen Freund, der das Gewand über den Kopf zog. Xanmeran war schön gewesen. Die ausgeprägte Muskulatur seines Rückens zeichnete sich bei jeder Bewegung ab. Die goldenen Schlieren der schwarzen Haut glänzten in der Sonne. Ulquiorra war nun so groß – so stark.

Größer und stärker als er selbst. Er drehte sich zu ihm um. Blickte an sich hinab. Auch Solutosan konnte den Blick nicht abwenden. Sein Hals wurde trocken. Xanmeran hatte ihnen in der Tat ein prachtvolles Geschenk gemacht.

»*Bitte lass uns schwimmen gehen, Solutosan*«, bat Ulquiorra beschämt. »*So kann ich lernen, die neuen Muskeln zu bewegen.*«

Solutosan streifte das Gewand ab und glitt ins Wasser, verschmolz seine Beine, sah, wie sein Freund ebenfalls von der Terrasse sprang. Es war eine starke Barriere zwischen ihnen. Wo war die alte Vertrautheit? Das Verstehen?

Ulquiorra schwamm zu ihm. »*Sind wir noch Freunde?*«, fragte er verunsichert. Die nächste Frage war ihm ins Gesicht geschrieben. Liebst du mich noch?, stand darin.

Solutosan wandte sich ab. Das ging ihm alles zu schnell.

Er zog sich an der Terrasse hoch und setzte sich an die Kante. »*Ich möchte lieber von hier aus auf dich aufpassen. Verstehst du das? Ich will dich nicht noch einmal verl ...* «, er brach ab.

Er behielt Ulquiorra ununterbrochen im Blick, der vor dem Häuschen auf und ab schwamm. Ob er sich jemals daran gewöhnen würde? Ulquiorras blanker Schädel glänzte zwischen den seichten Wellen, gelegentlich trat sein starker Rücken hervor. Würde er irgendwann mit ihm schlafen können? Er konnte es sich nicht vorstellen.

Jake schlenderte aus der Garage in die Duocarns-Küche. Er hatte sich noch ein paar neutrale Kleidungsstücke besorgt. Mit Smu einkaufen zu gehen war ein Desaster gewesen. Der exzentrische Smu hatte wahrlich einen anderen Geschmack als er und liebte es in Läden zu kaufen, die hochpreisig waren, was Jake überhaupt nicht einsah. Immerhin hatte er einen preiswerten Laptop erstanden, den er nun auf den Küchentisch stellte und auspackte.

Er würde sich Zeitungsartikel im Netz suchen müssen, diese etwas modifizieren und als die eigenen ausgeben. Er machte das nicht gerne, aber, um als einigermaßen erfolgreicher Journalist dazustehen, musste er einen Blog erstellen und diesen mit Inhalten füttern. Er musste vorbereitet sein, denn er hatte vor, Richard Ryan zu interviewen. Dazu brauchte er noch massig Informationen über die Grameen-Bank.

Er verstaute das Verpackungsmaterial in der großen Küchen-Mülltonne und klemmte den Laptop unter den Arm. Das mit dem Blog würde er sofort angehen. Am nächsten Tag war bereits Ryans Ankündigung die Bank betreffend.

Er ging die Treppen in die Schlafräume hinauf und sah Patallia und Smu in dem schummrigen Gang in inniger Umarmung stehen. Sie küssten sich versunken. Na dann war ja wieder alles in Ordnung an der Duocarns-Front. Er grinste die beiden im Vorübergehen an.

»Morgen«, sagte Smu nur.

Er nickte.

In seinem Zimmer ließ Jake sich auf das Bett fallen. Er hatte wohl gegrinst, aber im Grunde war ihm nicht nach Lachen zumute. Die beiden liebten sich – und er? Er hatte seine Liebe verloren und wusste nicht einmal so recht, wie das geschehen war. Die ganzen Differenzen auf die Unterschiede zwischen Quinari und Menschen zu schieben, war ihm zu einfach. Vielleicht liebte Arinon ihn ja doch noch, so wie er gesagt hatte. Hatte der tägliche Trott sie eingeholt, so dass Arinon es nicht mehr für nötig befand, ihre Beziehung weiterhin zu pflegen – ihm hin und wieder zu sagen, wie wertvoll Jake ihm war? Er brauchte das. Ohne gelegentliche Liebesbeweise war für ihn eine Partnerschaft nicht erfüllend. Er selbst hatte immer daran gearbeitet, sich kleine Aufmerksamkeiten für Arinon ausgedacht, die dieser lächelnd angenommen hatte. Hatte er gelächelt, weil er das lächerlich fand?

Jake erhob sich und schloss den Rechner an. Es war müßig darüber nachzudenken. Er war nun wieder alleine, er war zurück in Vancouver. Episode beendet. Vielleicht würde er Solutosan in ein paar Monaten bitten, ihn noch mal für

einen kurzen Besuch nach Duonalia zu bringen, um zu sehen ob Arinon und er sich wirklich nichts mehr zu sagen hatten.
Er öffnete einen Browser und begann mit der Arbeit.

Solutosan kontaktierte Tervenarius telepathisch. »*Terv? Wo bist du? Darf ich dich stören?*«
»*Ich bin mit Patallia im Labor. Was gibt es?*«
»*Wir würden gern die Bewohner des Duocarns-Hauses zusammenrufen, denn wir haben euch etwas mitzuteilen.*«
Tervenarius stutzte. »*Okay. Ich seh mal nach, wo die anderen sind. In einer halben Stunde im Wohnzimmer, in Ordnung?*«
»*Ja*«, antwortete Ulquiorra.
Tervenarius hielt inne. »*Ulquiorra?*«, fragte er vorsichtig.
»*Ja, ich bin auch hier, Terv. Wir sehen uns in einer halben Stunde.*«
Ulquiorra und Solutosan brauchten keine dreißig Minuten zu warten. Die Information, dass Ulquiorra wieder da war, mobilisierte jeden Mann. Tervenarius hatte offensichtlich blitzschnell erkannt, dass etwas mit ihm geschehen war, denn, mit Solutosan vereint, hatte er Ulquiorras telepathische Stimme nicht wahrnehmen können.
Tervenarius betrat mit Mercuran das Wohnzimmer. »Ah, gut Xanmeran, du bist auch schon da«, sagte er zu Ulquiorra, der ihn mit unbewegter Miene betrachtete. Terv wandte sich zu Mercuran und wollte mit ihm sprechen, aber das Wort blieb ihm im Hals stecken. Er fuhr blitzschnell herum und starrte Ulquiorra ungläubig an. Seine goldenen Augen flackerten.
In diese Stille kamen Patallia und Smu. Sie hatten Jake im Schlepptau. »Betrifft es ihn auch, Solutosan?«, fragte Smu.
Solutosan nickte. »Ja, es ist gut, wenn er ebenfalls Bescheid weiß.«
»Worüber?« Patallia runzelte die Stirn. Er blickte nicht ihn, sondern Ulquiorra an. Dann blieb ihm der Mund offen stehen.

Ja, dachte Solutosan, die Duocarns haben es sofort bemerkt. Wir waren so lange mit Xanmeran verbunden. Er biss die Zähne zusammen, denn der Gedanke an Xan ließ die Trauer mit ungeheurer Wucht in ihm aufsteigen.

»Es ist am besten, wenn ich euch erzähle, was passiert ist«, begann Ulquiorra. »Bitte Solutosan hole mir einen Kefir«, bat er.

Ulquiorra hatte bemerkt, dass er mit seiner Selbstbeherrschung rang. Er ging in die Küche und lauschte von dort, während er wunschgemäß das Glas füllte.

»Mein Vater ist tot.« Ulquiorra Stimme durchbrach die Totenstille im Wohnzimmer. »Xanmeran ist von uns gegangen.«

Solutosan hörte, wie alle Männer den Atem anhielten. »Er hat mir seinen Körper geschenkt. Er bedauerte, sich nicht von euch verabschieden zu können.«

Solutosan ging ins Wohnzimmer zurück. Er hatte seine Fassung wiedergewonnen und drückte Ulquiorra das Glas in die Hand.

»Darf ich dazu etwas sagen?«, fragte er Ulquiorra. Der nickte und setzte sich auf einen der braunen Ledersessel. Er bewegt sich viel eleganter als Xan, dachte Solutosan eine Sekunde lang. Er spielte nervös mit seinem Armreif, um sich nochmals zu sammeln. »Ich möchte euch gern wortwörtlich wiedergeben, was Xanmeran gesagt hat, bevor er sein Herz zum Stillstand gebracht hat. Er tat dies um Ulquiorra zu zwingen, seinen Körper anzunehmen.« Er ließ den Reif los: »Ich möchte, dass du zu Patallia, Meodern und Tervenarius gehst. Sag ihnen, dass ich die Zeit mit ihnen genossen habe und dass ich mir keine besseren Freunde wünschen konnte. Sie sind das Beste, was mir in meinem langen Leben passiert ist.«

Die Männer waren sprachlos. Sie starrten ihn an, blickten entgeistert und erschüttert zu Ulquiorra, der vor sich hinstarrte und an dem Kefir nippte.

»Das ...«, Patallia fand als Erster die Sprache wieder. »Das muss er von langer Hand geplant haben.« Mit fahrigen Fingern strich er über seine Glatze und ließ sich dann auf das breite Sofa fallen. »Er hat einen Moment gewählt, in dem ich nicht anwesend war. Das ist klar.«

Solutosan nickte. »Ja, das hat er, denn er wollte nicht wiederbelebt werden. Ulquiorra hatte die Wahl: Entweder das Geschenk anzunehmen oder den Leichnam auf Duonalia zu bestatten.«

Smu schnaufte und warf sich neben Patallia auf die Couch. »Was eindeutig Verschwendung gewesen wäre.«

Tervenarius blieb still. Mit langen Schritten ging er auf Ulquiorra zu und blickte ihn prüfend an.

»Er hat den Unfall mit dem Stein nicht verkraftet«, sagte Mercuran leise. »Ihm war sein Leben nichts mehr wert. Was wird Tabathea dazu sagen?«

Tabathea? Daran hatte Solutosan überhaupt noch nicht gedacht. Sie würde sich höchstwahrscheinlich lebenslang mit Vorwürfen plagen. Das sagte er jedoch nicht. »Wo ist sie? Und wo ist Marina?«

»Die beiden sind unten im Salzwasser-Pool«, antwortete Tervenarius, der endlich die Sprache wiedergefunden hatte. »Ich hoffe, ihr versteht, dass ich das Ganze erst einmal in Ruhe verdauen muss. Kommst du mit Mercuran?«

Der dunkelhaarige Mann nickte. »Ja, so geht es mir auch. Bitte sei mir nicht böse, Ulquiorra.« Sie gingen Richtung Tür.

»Nein.« Ulquiorra schüttelte den Kopf. »Ich verstehe es. Für mich ist dies ebenfalls ein unfassbares Erlebnis. Ich muss mich erst an den Körper meines Vaters gewöhnen. Es wird wohl eine Weile dauern, bis ...«. Er stockte und klammerte sich an sein Glas. »Ich, ich ... «, Tränen liefen ihm über die Wangen. »Ich begreife noch nicht ganz, was er da getan hat – und ich vermisse ihn so.« Er fuhr sich mit dem Ärmel seines Gewands verwirrt und mit zitternder Hand über die Augen. »Ich danke euch.« Er erhob sich, stellte den Kefir auf den Wohnzimmertisch und lief an Tervenarius und Mercuran vorbei, die wie angewurzelt dort verharrten. »Danke«, flüsterte er noch einmal und war verschwunden.

Die Männer standen wie zu Ölgötzen erstarrt da und blickten zur Tür, die sich leise schloss.

Xanmeran hatte sie verlassen.

Jake hatte dem ganzen Geschehnis gespannt beigewohnt. Das alles hatte ihm tiefe Einblicke in die internen Probleme der Duocarns vermittelt. Sie hatten unfassbare Möglichkeiten, irrsinnige Gaben, Unsterblichkeit. Aber was aus all dem entstehen konnte – er hatte nicht die blasseste Ahnung gehabt. Er hatte Xanmeran nie getroffen, verstand jedoch, dass nun der Marschall Duonalias, Ulquiorra, seinen Körper besaß. Den schlanken, smarten Duonalier hatte er ja bereits nach seiner Verletzung kennengelernt.

»Ähm, ich geh dann auch mal«, sagte er in die Stille, aber ihm war klar, dass keiner der Männer ihn hörte. Sie verharrten, in ihren eigenen Gedanken versunken.

Jake ging langsam und nachdenklich in sein Zimmer. Die Duocarns kannten sich bestimmt ... – wie lange wohl? Tausende Jahre? Sie waren alle sehr alt. Nun einen der Ihren zu verlieren, musste grausam sein. Ihn zukünftig immer noch vor Augen zu haben, aber mit neuer Identität war völlig verrückt.

Seit er Arinon das erste Mal gesehen hatte, waren ständig solche irren Dinge passiert. Er sah aus dem Fenster auf den wilden Garten, in dem zwischen einigem verdorrten Gestrüpp kleine Frühlingsblumen sprossen.

Sein Garten auf Duonalia würde auch verwildern. Er konnte es nicht ändern. Er stützte die Hände auf den kühlen, hellen Marmor der Fensterbank, lehnte die Stirn gegen das Glas. Er musste sich zusammenreißen, damit die gedrückte Stimmung, die von den übrigen Männern ausging, nicht auf ihn übersprang. Er hatte keine Lust verlorenen Dingen hinterherzutrauern.

Nein, er wollte nach vorne blicken. Er musste fit sein. Er löste sich vom Fenster und blickte auf sein Handy. Die Tasche, die er zu der Versammlung mitnehmen wollte, stand schon fertig gepackt. Den Presseausweis hatte er griffbereit.

Es gab keinen Grund länger im Haus zu bleiben. In der Zeit bis zum Treffen würde er einen Cappuccino trinken gehen. Er zog seinen Anorak an, hängte die Tasche über die Schulter und lief durch die Garage ins Freie. Der scharfe Meerwind packte ihn sofort und fuhr in sein Haar. Er würde in die Stadt laufen und sich unterwegs ein Taxi schnappen. Als mittelmäßiger Reporter konnte er unmöglich einen der Daimler nehmen. Er lächelte erwartungsvoll. Richard Ryan hatte im Sheraton zur Pressekonferenz geladen.

Solutosan suchte Ulquiorra. Er folgte seiner goldenen Spur. Ulquiorra war in ihrem Zimmer. Er lag auf dem Bett, als Solutosan den Raum betrat, hatte die Hände über der Brust gefaltet, die Augen geschlossen. Solutosan ließ sich auf der Bettkante nieder.

»*Nein, Solutosan, glücklich hat Xanmeran mich mit seinem Geschenk nicht gemacht*«, begann Ulquiorra unvermittelt. »*Ich merke, wie die anderen mich ansehen. Sie hätten gerne meinen Vater wieder. Ich komme mir vor wie ein Dieb. Auch du hast schlagartig alle Sympathien für mich verloren. Das ist das Schlimmste für mich. Hätte ich den Körper nicht annehmen dürfen?*«

Solutosan schluckte. Er wusste nicht, was er sagen sollte. Er hatte sich so sehr einen Leib für Ulquiorra gewünscht. Aber seinen besten Freund dafür zu verlieren? Er fühlte sich so erschöpft.

»*Ich bin einfach nur müde*«, antwortete er wahrheitsgetreu. Er legte sich mit einem kleinen Abstand neben Ulquiorra und schloss die Augen. Er spürte dessen Körperwärme nah bei sich. Die Wärme von Xanmerans Körper, sagte er sich – Xan war fort.

Er lauschte auf Ulquiorras sanfte Worte. Seine telepathische Stimme war unverändert.

»*Ja, leg dich hin. Ich ... ich glaube, ich weiß, wie ich uns helfen kann. Vertraust du mir?*«

»Ja, natürlich vertraue ich dir, Ulquiorra.« Das war die Wahrheit.

»Gut. Lass die Augen geschlossen bitte.« Er hörte, wie Ulquiorra sich erhob. Dann ein Geräusch wie zerreißender Stoff. Sein Freund kam zurück.

»Ich werde dir jetzt die Augen verbinden. Lass die Binde um, bis ich es dir erlaube, sie abzunehmen, ja?«

Er nickte und hob mit geschlossenen Lidern den Kopf an. Und wirklich, Ulquiorra verband ihm mit einer schmalen Stoffschärpe die Augen. Nun konnte er nur noch dessen Energiespur sehen.

Ulquiorra begann ihn zu streicheln. Zart fuhr er ihm mit den Fingerspitzen über die Wange, den Nasenrücken hinab, verweilte kurz auf den Lippen.

Solutosan seufzte. Wie lange war es her seit Xerxes seinen Körper zerstört hatte? Monate? Ein Jahr? Er hatte sich keinen Ersatz gesucht – ohne Küsse und Liebkosungen gelebt.

Ulquiorra erkundete mit sensiblen Fingern seinen Leib bis zu den Zehenspitzen, vermied es, Intimitäten zu berühren. Seine Haut kribbelte, denn Ulquiorra leitete eine kleine Menge Energie in ihn. Energie. Eigentlich hatte sein Freund keine zu verschwenden – war noch auf seine Hilfe angewiesen. Er musste ihn weiter aufbauen nach seinem Transfer. Das hatte er zu seiner Beschämung völlig vergessen.

Der da neben ihm lag und ihn so zärtlich berührte, war der Mann, den er liebte – der noch auf seine Unterstützung angewiesen war. Wie sollte er ihm diese Hilfe geben – die benötigte Kraft zukommen lassen? Durch die Hände?

Ulquiorra war wieder bei seinem Gesicht angekommen. Er spürte seine Körperwärme. Solutosan fasste sich ein Herz, tastete nach ihm, zog ihn zu sich heran. Nein, sagte er zu sich, ich küsse nicht Xanmeran, es ist Ulquiorra. Er konzentrierte sich auf dessen Ausstrahlung. Ulquiorras Lippen waren hart. Er strich mit der Zunge darüber. Nein nicht hart, aber fest und männlich, die Haut samtig. Anders als er ihn gewöhnt war. Ulquiorra senkte den Mund auf seinen. Solutosans Glied schoss in die Höhe, bauschte das Serica-

Gewand. Es war ihm egal. Er wollte es wissen. Ja, und er würde die Energie durch den Mund fließen lassen.

Sie verschmolzen. Solutosan stöhnte auf. Sein Geliebter war wieder da. Er war unverändert. Ihre energetischen Strömungen verbanden sich, die Zungen fest umschlungen. Er forschte in Ulquiorra. Nein, es war etwas mit ihm geschehen. Solutosan spürte die Verletzungen der vergangenen Ereignisse, die sein Freund höchstwahrscheinlich im gleichen Maß bei ihm wahrnahm, denn er streichelte sein Inneres ganz sanft, versuchte die Wunden zu schließen.

Solutosan ergriff ihn mit beiden Händen. Nein, da war kein Haar mehr. Glatte Haut auf Ulquiorras Kopf, ein kräftiger Nacken mit harter Muskulatur, weiche Ohren. Xanmeran hatte weiche Ohren gehabt? Er fühlte Ulquiorra bei diesem, seinem Gedanken lächeln. Dieses Lächeln war ihm so vertraut. Seine Herzen schlugen heftig. Nun pulsierte auch sein Glied.

Er würde seinen Geliebten stärken. Ihm die Kraft geben, die er brauchte, um seinen neuen, großen Körper zu beherrschen. Ulquiorra dematerialisierte sich, um seine Spende besser aufnehmen zu können. Solutosan folgte ihm in die Energieform.

Ineinander verschmolzen hoben sie vom Bett ab. Solutosan floss in ihn. Ich liebe dich noch, hab keine Angst, sagte sein Strom. Wir schaffen das – glaube mir, wir schaffen das. Er schlang die goldenen Arme um ihn, spürte Ulquiorras Dankbarkeit, seine Verletzlichkeit, sein Glück, seine Hoffnung. Bitte lass mich nicht allein, war Ulquiorras Botschaft. Nein, Solutosan würde ihn nicht im Stich lassen. Sie verharrten. Raum und Zeit standen still. Einige Sekunden, viele Stunden – eine Ewigkeit.

Umschlungen setzten sie auf dem Bett auf – erleichtert und gestärkt. Solutosan löste seine Lippen, materialisierte sich und zog die Augenbinde fort. Er blickte auf Ulquiorras energetische Gestalt, die sich allmählich wieder in den starken, schwarzen Körper formte. Er hatte Vater und Sohn in seinen Armen. Er liebte sie beide.

Er sah Ulquiorra fest in die Augen und senkte die Lippen erneut auf seinen Mund. Lange und heftig, bestätigend. Solutosan löste sich, dematerialisierte den Armreif und legte ihn seinem Freund um das Handgelenk. Entschlossen festigte er ihn. Es war Ulquiorras Reif und es war der Anfang von etwas Neuem.

Im Sheraton herrschte ein heftiges Gedränge, denn nicht nur Richard Ryan hatte zur Pressekonferenz geladen, sondern es fand auch das jährliche Bankiers-Bankett statt. Die eintretenden Gäste wurden einer strengen Kontrolle unterzogen.

Ein Muskelberg in einem schwarzen, engen Anzug warf einen missmutigen Blick auf seinen Presseausweis. »Noch mehr Presse?«, knurrte er. Jake nickte. Er kam sich klein vor neben dem Kerl.

»Deshalb heißt es ja Pressekonferenz«, konterte er frech. Der Mann grunzte und winke ihn durch.

Jake folgte den Schildern zur öffentlichen Versammlung der Farak-Bank. Der Raum mit dem hellen Parkettboden und den vielen Klappstühlen war dicht besetzt. Auch an den Wänden standen bereits Menschen mit umgehängten oder gezückten Kameras. Am langen Tisch vor dem Publikum saß Richard Ryan mit seinen Anwälten und Bankiers. Jake benutzte die Ellenbogen gnadenlos, um sich zwischen zwei Reportern an die Wand zu quetschen. Es war klar, dass er während der Konferenz keine Chance haben würde, an Ryan heranzukommen.

Dafür konnte er ihn von seiner Position aus sehr gut sehen. Rasch zog er seinen Notizblock aus der Tasche und ein kleines Aufnahmegerät. Das Gerät schaltete er ein und hielt es in der Hand. Smu sollte auf jeden Fall einen Mitschnitt der ganzen Konferenz bekommen. Diese würden sie dann gemeinsam durcharbeiten.

Richard Ryan musterte das Gedränge im Saal teilnahmslos und desinteressiert. Reicher Schnösel, dachte Jake. Macht mal eben eine Bank auf. Will den Armen helfen. Wer das glaubt! Richard saß steif, die Hände ruhig auf den Tisch gelegt, den Kopf hoch erhoben. Nun rückte er die dezent grauweiß gestreifte Krawatte zurecht und klopfte leicht mit der Fingerspitze an das Mikrophon neben seinem Wasserglas. Sofort beruhigte sich das Stimmengewirr im Saal.

»Meine Damen und Herren«, begann Ryan mit seiner angenehmen Stimme. Er könnte sicher gut singen, dachte Jake flüchtig. Ganz sicher – mit dieser Stimme. »Ich danke Ihnen für Ihr zahlreiches Erscheinen. Ich bin Richard Ryan, und das neben mir sind ...« Er stellte die Banker kurz vor, die freundlich nickten. »Die Idee eine Bank nach Vorbild der Grameen-Bank zu gründen, hatte ich bei einer Auslandsreise nach Nigeria. Es ist vielleicht ungewöhnlich in diesen unsicheren Zeiten eine Bank zu schaffen, aber ich halte eine Unterstützung der Armen dieser Welt, deren Vielzahl täglich wächst, für unerlässlich.« Er machte eine Pause. »Wir werden unsere Darlehensaktivitäten auf folgende Länder beschränken.« Ryan nannte eine Anzahl der ärmsten Dritte Welt Länder. »Und wir werden, dem Vorbild der Grameen-Bank entsprechend, nur Kredite an Frauen vergeben.« Dieser Satz löste Gemurmel im Saal aus. Kameras blitzen.

Jake lauschte Ryans angenehmer Stimme, der fortfuhr, die Details der Farak-Bank zu beschreiben. Wieso eigentlich Farak, dachte er? War das die Abkürzung für irgendetwas? F für Foundation? A für Assistance oder Aid? Er würde versuchen, Ryan diese Frage zu stellen, denn im Anschluss an dessen Vortrag war eine Fragestunde geplant.

Ryan übergab das Wort an den älteren, grauhaarigen Banker an seiner Seite und setzte sich. Der angesprochene Mann ließ sich über die Finanzierungsdetails aus. Ryan blickte wieder starr und unbeteiligt vor sich hin. Ein seltsamer Mensch, dachte Jake. Seine Ausstrahlung war quasi gar nicht vorhanden, als hätte er eine Mauer um sich gebaut. Ja, er wirkte wie eingemauert. Was er wohl hinter dieser Wand verbarg? Es juckte Jake in den Fingern. Sein Polizisten-

Jagdeifer war erwacht. Er konnte verstehen, dass Smu dem Kerl nicht über den Weg traute. Hörige Weiber, verschwiegene Treffen auf Mercer Island mit den Reichen und Mächtigen aus Seattle, das bleiche, unbeteiligte Gesicht, obwohl er ein so großes, sozial engagiertes Projekt plante. Eigentlich hatte Jake Begeisterung erwartet, ein Lächeln, etwas Enthusiasmus – aber nichts dergleichen kam von Richard Ryan, der nun wieder das Wort ergriff und seine Ansprache zu Ende brachte.

Es war einen Moment still im Saal. Dann brachen die Fragen alle zur gleichen Zeit los. Die Kameras klickten, das Stimmengewirr erhöhte seine Lautstärke, die Luft war zum Schneiden dick. Jake blickte sehnsüchtig zur Fensterfront, wandte sich um und sah, dass Ryan das ebenfalls tat. Er würde lieber woanders sein, schoss es Jake durch den Kopf. Ryan schien auch die ganzen Zurufe nicht zu hören. Endlich bat einer der Bankiers um Ruhe.

Fragen – die Reporter hatten eine Unmenge davon. Jake versuchte, seine Frage nach der Farak-Bank ebenfalls anzubringen, aber ein dunkelhaariger Journalist mit Schirmmütze kam ihm zuvor.

Richard Ryan antwortete persönlich: »Farak ist der Name des Mannes, der mich zu diesem Projekt inspiriert hat, und der nicht in die Öffentlichkeit treten möchte. Ich bitte die Damen und Herren sich mit dieser Auskunft zufriedenzugeben, bis Herr Farak etwas anderes beschließt. Ich danke Ihnen.« Für Ryan war die Konferenz beendet. Er erhob sich. Unzufriedene Stimmen wurden laut. Der grauhaarige Bankier hob die Hand. »Ich möchte Sie bitten, weitere Details unseren Pressemitteilungen zu entnehmen. Wir danken Ihnen!«

Nun ja, Jake hatte wenig Ahnung von Bankgeschäften. Die Informationen der Banker erschienen ihm knapp, aber ausreichend. Es waren so viele Zahlen genannt worden, dass ihm der Schädel davon noch schwirrte. Er steckte schnell sein Aufnahmegerät in die Tasche und drängte sich durch die Menge, denn Ryan hatte sich erhoben und lief mit gesenktem Kopf zum Ausgang. Das war seine Chance. Nun würde er versuchen den Mann anzusprechen. Es half ihm, gut trainiert zu sein. Er drängelte und schlängelte sich durch die Menschen, landete letztendlich an Richard Ryans Seite und wurde mit ihm zusammen zum Ausgang des Sheraton geschoben.

»Ich bin Jake Michaels vom Vancouver Express«, stieß er rasch und sehr eindringlich hervor, damit er Ryans Aufmerksamkeit erregte, der ihm einen schnellen Blick zuwarf. »Ich schreibe eine große Fortsetzungsstory über Leguan-Steel und Ihre Familie, Herr Ryan.«

Der Druck und das Gedränge verstärkten sich. Sie wurden durch die Tür des Sheraton gedrückt, wie zwei Korken aus einer Flasche. Endlich hatten sie mehr Raum. Sie standen sich auf dem Absatz der breiten Eingangs-Treppe gegenüber. Er hatte nur Sekunden, das wusste er. Richard Ryan blickte ihn mit gerunzelten Brauen und zusammengekniffenen Augen an. »Mister Michaels, ich glaube nicht, dass ...»

Da stimmt etwas nicht! Jakes geschulter Instinkt schrie auf. Er riss den Kopf herum und sah in der Menschenmenge vor dem Sheraton eine kleine, dunkelhaarige Frau stehen. Sie zielte mit einer Waffe auf Richard Ryan, drückte ab. Gleichzeitig mit dem Knall warf Jake sich vor den Mann. Die Wucht der Kugel schmetterte seinen Körper gegen ihn. Sie stürzten beide zu Boden. Stechender Schmerz fuhr ihm durch die rechte Schulter. Ein weiterer blaffender Schuss. Er sah im Fall, dass jemand den Arm der Frau in die Luft schlug. Glück gehabt, dachte er noch. Das hätte ins Auge gehen können. Er lag auf Richard Ryan. Der musste hart auf die Marmortreppe des Sheraton aufgeschlagen sein. Jake ächzte. Ryan gab keinen Laut von sich. Schreie ertönten. Warum schreien die so?, überlegte er. Schulterschuss, nichts Besonderes. Dann wurde ihm schwarz vor Augen.

Solutosan erwachte. Sein erster Blick galt Ulquiorra, der neben ihm schlief. Er trug noch immer das Dona-Gewand, das Xanmeran getragen hatte, als er mit ihm nach Duonalia aufbrach, um den Stein zu vernichten.

Solutosan stützte den Kopf in die Hand und betrachtete ihn. Das war also das neue Aussehen seines Geliebten. Mit allem hatte er gerechnet, jedoch nicht mit dem starken Körper Xanmerans. Xan und er waren Freunde gewesen, hatten verrückte Abenteuer gemeinsam erlebt. Aber Xanmeran war ein Heteromann und ihm wäre niemals in den Sinn gekommen, mit ihm schlafen zu wollen. Nun gehörte der schwarze Leib Ulquiorra und Solutosan betrachtete ihn mit anderen Augen.

Ulquiorra war jetzt kräftig. Xan war immer stärker gewesen als er. Er hatte gegen ihn beim Armdrücken ständig verloren.

Solutosan richtete sich höher auf, um Ulquiorra ganz zu betrachten. Am liebsten hätte er ihm das Gewand hochgezogen, um ihn besser anschauen zu können, aber das wagte er nicht.

Ulquiorra war durch seine Bewegung wach geworden.
»*Du willst mich ansehen*«, stellte er fest. »*Du möchtest mich nun als Ulquiorra sehen. Habe ich recht?*«

Solutosan nickte.

Lächelnd schob sich Ulquiorra aus dem Bett und streifte das Gewand über den Kopf. Er legte sich anmutig wieder hin.

»*Wie schaffst du es, dich in diesem Körper so gewandt zu bewegen?*«, fragte Solutosan. Eigentlich hatte er noch mehr Fragen, aber diese fiel ihm als Erste ein.

»*Bewegen?*« Ulquiorra blickte ihn erstaunt an.

»*Ja, du bewegst dich, als würdest du siebzig Kilo wiegen – so geschmeidig. Das sieht seltsam aus. Xan ...* «, er brach ab. Er wollte Ulquiorra nicht ständig mit seinem Vater vergleichen.

»*Sag ruhig, was du denkst*«, ermunterte ihn sein Freund.
»*Wir müssen über ihn sprechen. Das würde ihn freuen.*«

»*Nun gut*«, nickte Solutosan. »*Xanmeran war nun wahrlich kein eleganter Mann. Er hat sich kraftvoll, jedoch, seiner Körpermasse entsprechend, recht schwerfällig bewegt. Du nimmst diese mehr als einhundert Kilo und schwebst, im Verhältnis zu ihm.*«

Ulquiorra lachte. Es war Xans Stimme, aber doch auch wieder nicht. »*Und? Findest du das gut oder schlecht?*«, fragte er, drehte den Kopf zu ihm und legte ihn schief. Auch das tat er anders als Xan es gemacht hätte. Nein, Xan hätte den Kopf niemals fragend schief gelegt. Es war verrückt.

»*Es ist einfach nur ungewohnt und sehr bizarr*«, antwortete er.

Ulquiorra schlug die Bettdecke zurück. »*Du wolltest mich eben anschauen. Tu das, solange du möchtest.*«

Solutosan setzte sich ganz auf. Das sanfte, morgendliche Licht, das durch das Dachfenster drang, zeigte jedes Detail des schwarzen Leibes. Solutosan betrachtete ihn mit neuen Augen. Er hatte Ulquiorras langes Haar geliebt. Nun hatte er eine Glatze. Aber eine samtweiche, tröstete Solutosan sich. Das Gesicht, so vertraut. Die breite Brust. Was hatte er für Brustwarzen gehabt? Solutosan rückte neugierig näher. Schwarz, klein. Er wollte ihn nicht berühren, also rutschte er wieder ein Stückchen zurück, um nicht in Versuchung zu kommen es zu tun. Der flache, muskulöse Bauch, schmale Lenden. Solutosan sah über sein Geschlechtsteil hinweg. Mit dieser Betrachtung wäre er überfordert gewesen. Sein Blick folgte den kräftigen, mit harten Muskeln versehenen Oberschenkeln, den Waden und den großen Füßen.

»*Du wirst neue Schuhe brauchen*«, sagte er zu Ulquiorra.

»*Ist das alles?*« Ulquiorras Bauch bebte vor unterdrücktem Lachen.

»*Ja, und mindestens fünf Kilo gut deckendes Camouflage-Make-up*«, dozierte Solutosan. »*Ein Hut wäre auch nicht schlecht. Du weißt, wegen des Wetters. Und ...*«

Ulquiorra konnte sich nicht mehr beherrschen und platzte heraus mit herzhaftem Gelächter. Ja, irgendwie war es wirklich lustig. Danke, Xanmeran, dachte er und blickte seinen Freund an, dessen Lachen abbrach und der ihn unvermittelt ernst anblickte.

»*Ja, danke, Xanmeran*«, wiederholte Ulquiorra, als hätte er seine Gedanken gelesen.

Was, zum Teufel, hatten sie ihm gegeben? Jake erwachte benommen, konnte die Augen kaum öffnen. Seine Umgebung war weiß. Krankenhaus, dachte er und schloss ermattet die Lider.

»Er hat geblinzelt«, tönte eine Stimme in seiner Nähe. Eine Frauenstimme. Er öffnete erneut die Augen. Dieses Mal strengte er sich richtig an und schaffte es, die rotwangige Krankenschwester vor seinem Bett ganz ins Blickfeld zu bekommen.

»Das ist gut«, antwortete eine Männerstimme. Eine angenehme Stimme, dachte er. Der Mann würde bestimmt gut singen können. Singen? Nun war er völlig wach. Er drehte den Kopf in Richtung der Stimme. Richard Ryan lag im benachbarten Krankenhausbett und lächelte ihn an. Ein dickes, dunkelblaues Kühlelement thronte auf seinem Kopf.

Kühlakku auf dem Schädel? Hatten sie eine Party gefeiert? Nun fiel ihm alles wieder ein: die Pressekonferenz, der Schuss. Er versuchte, die Schulter zu bewegen. Nein, das hätte er besser seingelassen. Ihm entwich ein Ächzen.

»Nicht bewegen«, mahnte die mollige Krankenschwester. »Ich komme später noch mal!«

»Okay, M'am«, krächzte er, aber sie war schon zur Tür hinaus. Er hatte Durst. Danach hätte sie ihn ja ruhig einmal fragen können.

»Haben Sie Durst?«, fragte Richard Ryan. Jake nickte. Warum lag Ryan in einem gewöhnlichen Zwei-Bett-Zimmer neben ihm? Der Kerl hatte doch Kohle bis zum Abwinken und garantiert genügend Geld für eine Privatklinik und ein Einzelzimmer.

Ryan, in einem schwarzen Schlafanzug mit feinen weißen Streifen, schob das Kühlelement vom Kopf, stieg aus dem Bett und setze sich vorsichtig auf die Kante von Jakes Matratze. Er reichte ihm ein Glas Wasser. Jakes Hand zitterte. Sie mussten ihn ganz schön vollgepumpt haben.

Das Wasser tat gut und weckte weitere Lebensgeister.
»Warum?«, fragte er.
»Warum diese Frau geschossen hat?«, beantwortete Ryan seine Frage. »Aus Eifersucht. Sie ist die Gattin eines befreundeten Bankers und befürchtete wohl, ich würde ihn zu einem unsoliden Lebenswandel verführen. Sie ist in Polizeigewahrsam.«

Jake schüttelte den Kopf. »Warum sind Sie hier?«

Ryan sah ihn erstaunt an. »Sie haben mir das Leben gerettet, mein Freund. Da man mich mit der Gehirnerschütterung sowieso ärztlich versorgen wollte, dachte ich es wäre eine gute Idee, wenn ich mich bei dieser Gelegenheit um meinen Retter kümmere.«

Hmm. Diese Art zu denken hatte er Ryan gar nicht zugetraut. Was hatte er überhaupt für einen Eindruck von ihm gehabt? Zugeknöpft, ja genau, das hatte er vermutet. Eingemauert. Nun bin ich ihm näher gekommen als ursprünglich geplant, dachte Jake.

»Das war eine gute Idee«, antwortete er. »Denn so kann ich ja vielleicht doch noch mein Interview bekommen.« Jake grinste schief.

»Sie wollen wirklich bei so einer kleinen, unbedeutenden Zeitung Fuß fassen?«, fragte Ryan. »Wie ich hörte, sind Sie neu im Journalisten-Business. Ich persönlich bin ja ganz froh darüber, dass Sie früher Polizist waren. Ihr schnelles Reaktionsvermögen hat mich gerettet.«

Soso, Ryan hatte in Windeseile Informationen über seinen „Wohltäter" eingeholt. Er konnte sich vorstellen, dass sein Leben bereits wie auf einem Tablett vor dem Mann gelegen hatte. Okay, er war zwei Jahre auf Duonalia gewesen, aber das hatten die Duocarns ja sehr gut mit einer vorgetäuschten Weltreise verschleiert.

Ryan blickte ihm prüfend ins Gesicht. »Ich hoffe, Sie verzeihen mir, dass ich Informationen über Sie eingeholt habe. In meinem Geschäft muss man vorsichtig sein.«

Nee Junge, dachte Jake. Damit nagel ich dich fest. »Ich bin nicht beleidigt, wenn ich auch von Ihnen interessante Dinge für mein Interview erfahre.«

Ryan betrachtete ihn nachdenklich. »Was wollen Sie wissen?«

So nicht, dachte Jake. »Ich muss mich neu vorbereiten. Am besten fange ich sofort damit an.« Er versuchte sich aufzurichten. Die rechte Schulter schmerzte, also benutzte er den linken Arm, um sich abzustützen. Langsam schob er die Beine aus dem Bett und setzte sich auf die Bettkante neben Ryan. Seine Beine waren nackt. Sein Hinterteil ebenfalls. Verdammt, sie hatten ihm ein Krankenhausnachthemd angezogen! Er hasste diese Dinger. Würde er aufstehen, stünde er mit nacktem Arsch vor Ryan. Ihm wurde mulmig und schwindelig.

»Ich halte das für keine gute Idee«, gab Ryan zu bedenken. Jake sah ihm in die Augen. So eine Farbe hatte er noch nie gesehen. Ryans Blick war dunkelgrau. Anthrazit mit auffälligen, blauen Sprenkeln in der Iris. Seufzend schob Jake die Beine wieder unter die Bettdecke und lehnte sich mit zusammengepressten Zähnen zurück, denn der Schmerz ließ nicht lang auf sich warten.

Richard Ryan war aufgestanden, stand vor seinem Bett und lächelte ihn an. Was gab es denn da zu grinsen? Das hatte höllisch weh getan. Der Mann nahm sanft seine Hand und legte das Handgelenk an seines. »Mákalo da Fárak«.

»*Wir müssen darüber sprechen, wie es weitergehen soll.*« Solutosan sah Ulquiorra ernst an.

Sein Freund zog die Decke über den nackten Körper und blickte nachdenklich auf seine gefalteten Hände. »*Ich weiß es nicht, Solutosan. Ich denke nicht, dass ich in dieser Gestalt nach Duonalia zurückkehren und mich erneut um den Posten des Marschalls bewerben werde. Ich fühle mich auch noch nicht stark genug, um einfach mein altes Leben als Torwächter für die Duocarns aufnehmen zu können.*«

»*Nein, das sicher nicht.*« Solutosan zog die Beine im Schneidersitz unter den Leib, stützte die Ellenbogen auf die Knie und legte den Kopf in die Hände. »*Du bist noch nicht so stark, wie du früher warst. Ich möchte, dass du an meiner Seite bleibst, bis du wieder ganz hergestellt bist.*«

Ulquiorra nickte. »*Ich richte mich in der nächsten Zeit nach dir und deinen Plänen. Was hast du vor?*«

»*Ich will nach Sublimar. Zum einen um meine Beratungstage fortzuführen und zum anderen, um Troyan zu unterstützen. Ich habe nicht vergessen, was Xerxes getan hat. Und er ist noch irgendwo dort. Ich werde sein Versteck finden. Ich will auch nicht, dass Tabathea und Marina nach Sublimar gehen, bevor diese Sache geklärt ist. Wir sollten frühstücken und dann aufbrechen.*«

»*Gut.*« Ulquiorra schlug die Decke zur Seite und schwang die Beine aus dem Bett. »*Mein Vater hatte erstaunlich viel Kraft.*« Er saß auf der Bettkante und musterte ihn. »*War er stärker als du?*«

»Allerdings«, knurrte Solutosan.

»*Ärgert dich das?*«, fragte Ulquiorra neugierig und leicht belustigt.

»*Na ja, er hat mich immer besiegt. Nur Arishar konnte er nie klein kriegen.*«

Ulquiorra schüttelte ungläubig den Kopf. »*Ich bin nie auf die Idee gekommen, mich zu prügeln oder körperliche Gewalt einzusetzen. Warum seid ihr so?*« Er drehte sich und rutschte mit einer geschmeidigen Bewegung über das Bett zu ihm, legte den Kopf in Solutosans Schoß und blickte zu ihm auf.

Solutosan sah erstaunt auf ihn hinunter. Das war sehr intim, zumal er selbst ebenfalls nackt war. Ulquiorras Haupt fühlte sich auf seinen gekreuzten Beinen samtig und schwer an. Er verlor den Faden. Was hatte er eben sagen wollen? Er strich seinem Freund versonnen mit dem Daumen über das Nasenbein, berührte seine Lippen, das Kinn, sah in die schwarzen Augen. Vater und Sohn hatten die gleichen Augen gehabt. Er legte die Hände auf Ulquiorras Schultern, fuhr die einzelnen ausgeprägten Muskeln entlang, beobachtete, wie sich die goldenen Haut-Schlieren langsam bewegten.

Ja, Xan hatte sich geprügelt, bis er zur Fremdenlegion ging. Danach nicht mehr.

»*Indem man sich mit anderen Männern nach Absprache rauft, bekommt man ein Gespür für die eigene Stärke. Schläge einstecken und austeilen löst belastende Emotionen. Diese verschwinden durch die Hiebe und auch durch den Schmerz, wenn man Prügel einsteckt. Man fühlt sich hinterher gereinigt und befreit. Außerdem vermittelt einem die Bewegung das Gefühl von Lebensfreude.*«

Ulquiorra sah fasziniert zu ihm hoch.

»*Mir ist bewusst, dass es eine primitive Art ist, Zufriedenheit und Gelassenheit zu erzeugen. Aber manchmal ist ein Kampf ein guter Ausweg, wenn man nicht mehr weiter weiß.*«

Ulquiorra schloss die Augen und genoss seine Berührungen. »*Ob ich mit dem starken Körper nun vielleicht auch so sein werde?*«, sinnierte er.

Solutosan lachte. »*Wohl kaum. Wie ich bisher gesehen habe, füllst du diesen Leib völlig anders aus als Xanmeran.*« Es war schön Ulquiorra so nah zu spüren. Wie gern würde er alles tun, damit sie sich wieder näher kamen – die Kluft überbrückten.

Er blickte auf Ulquiorra herab, der die Hände hob und sie drehte und wendete, während er sie betrachtete.

Solutosan ergriff sie und ließ Energie durch sie fließen. Er würde seinen Freund kontinuierlich wieder aufbauen.

Mit geschlossenen Augen floss er in ihn. Ulquiorra hatte Sehnsucht nach ihm. Er schluckte betroffen, als er das entdeckte. Er vermisste ihn ebenfalls schmerzlich. Solutosan ergriff seine Hände fester, gab ihm Kraft, Zuversicht und Stärke – fügte eine Welle Liebe hinzu. Er spürte Ulquiorras Freude, der sich dematerialisierte, um die Gabe besser aufnehmen zu können. Solutosan öffnete die Lider und betrachtete den goldflirrenden Leib seines Freundes, ihre ineinander verschmolzenen Hände. Sie würden wieder zueinanderfinden. Das wusste er plötzlich mit Gewissheit. Sie waren von der gleichen Art, befreundet, vertraut – sie liebten sich. Daran würde eine äußere Hülle nichts ändern. Was sie lediglich brauchten, war Zeit, um sich einander vollends anzunähern. Solutosan lächelte.

»Ja, ich weiß, dass die Bank Farak-Bank heißen soll«, sagte Jake leicht genervt. Er verstand nicht ganz, was Ryan von ihm wollte. »Ich hatte mich schon gefragt, wer dieser Mister Farak ist. Was bedeutet dieser Werbeslogan genau?«

Richard stierte ihn an.

Was war denn das für ein Gesichtsausdruck? Der Mann war völlig verblüfft. Dann nahm er nochmals seine Hand, legte ihre Handgelenke aufeinander. Jake sah erstaunt auf ihre Hände. Hatte er da eben etwas schimmern gesehen? Richard trug doch keinen Schmuck. Der löste sich von ihm.

»Ähm«, er räusperte sich. Was sollte er davon halten? »Was ist denn los?«

Richard ließ sich auf das Nachbarbett sinken.

Hatte er etwas an sich, dass plötzlich außergewöhnlich war? Er trug ein peinliches Krankenhausnachthemd. Aber das hatte er doch schon die ganze Zeit an. War irgendwas mit seinen Händen nicht in Ordnung? Er drehte die Handflächen zu sich. Nein, alles war wie immer.

Richard Ryan betrachtete ihn wie eine Bombe, die jeden Moment explodieren würde. Wenn ich jetzt unvermittelt „Buh!" rufe, wird er sich garantiert zu Tode erschrecken, dachte Jake amüsiert. Diese reichen Fritzen waren wirklich gewöhnungsbedürftig. Aber – war er nicht sogar jahrelang mit einem Quinari klargekommen?

Sein Gegenüber hatte sich wieder gefasst. Jedoch war nun etwas anders zwischen ihnen. Was es war, konnte Jake nicht deuten.

»Ich werde jetzt auf jeden Fall diese öde Stätte verlassen«, knurrte Jake bestimmt. »Auskurieren kann ich mich auch in ... «, ja wo denn nur? Er konnte zu den Duocarns zurück, sich von Patallia heilen lassen, aber das würde er Richard natürlich nicht sagen. Also half es nur Wohnungslosigkeit vorzutäuschen. »... in meinem Hotel«, führte er den Satz zu Ende. Er blickte dem weiterhin sprachlosen Ryan herausfordernd an. »Es ist so, dass ich mir nach der Rückkehr von meiner

Reise noch keine Wohnung suchen konnte. Mir war es erst einmal wichtiger einen Job zu haben.«

Nun endlich erwachte Richard Ryan aus seiner Erstarrung. »Ich verstehe.« Er schien mit seinen Gedanken immer noch woanders. Dann blickte er ihm fest in die Augen. »Sie kommen selbstverständlich bis zu Ihrer vollständigen Genesung in mein Haus, Jake. Das bin ich Ihnen schuldig.«

Na das hatte ja gut geklappt. Natürlich kam er gerne mit. Smu würde zufrieden sein, dass er von nun an direkt an der Informationsquelle klebte.

Jake tat, als wollte er über den Vorschlag nachdenken.

»Keine Widerrede«, lächelte Richard Ryan.

Solutosan öffnete das Tor im Wohnzimmer der Residenz auf Sublimar und trat mit Ulquiorra an seiner Seite hindurch. Es war sehr ruhig in dem großen Haus. Nur die Brunnen erfüllten einige Winkel mit ihrem quirligen Plätschern.

Ulquiorra sah aus dem Fenster. »*Troyan ist auf der Terrasse, Solutosan. Er scheint aufgeregt. Ein paar Auraner sind bei ihm.*«

Solutosan kam an seine Seite. »*Da ist etwas passiert, Ulquiorra. Komm, wir gehen hin.*«

Gemeinsam traten sie auf die großflächige Veranda, auf der acht auranische Männer standen und heftig mit Troyan diskutierten. Vor der Eingrenzungsmauer schwammen einige Squalis, die Köpfe neugierig aus dem Wasser gereckt.

»*Solutosan! Xanmeran! Gut, dass ihr kommt!*« Troyan kam ihnen mit ausgestreckten Händen entgegen. Solutosan sah Ulquiorra an, der leicht den Kopf schüttelte.

»Was ist los?«, fragte Solutosan.

Sofort umringten die Männer sie. »*Jemand tötet unsere Squalis!*«, rief einer der Auraner in einem sonnengelben Serica-Gewand.

»*Dafür gibt es keinen Beweis*«, beschwichtigte Troyan ihn. »*Noch wissen wir nur, dass sie spurlos verschwinden.*«

»*Das ist schlimm genug*«, beschwerte sich ein weiterer Mann in einem grünen Gewand. »*Wir sind ohne ihre Milch verloren. Das weißt du!*« Er wandte sich an Solutosan. »*Du bist der Sohn des Sternengottes. Du musst etwas unternehmen!*«

Solutosan wollte antworten, aber Troyan unterbrach ihn. »Er ist doch eben erst angekommen und weiß von nichts. Beruhigt euch bitte!«

Solutosan deutete einladend auf die Eingrenzungsmauer. Nun sah er, dass auch Sana und Marlon sich unter den Squalis befanden. Er setzte sich und streichelte seine Tiere, die vor Freude quiekten. Die Männer nahmen etwas widerwillig Platz. Troyan kam an seine Seite. Ulquiorra blieb am Terrasseneingang stehen.

»Bitte berichtet, was vorgefallen ist«, bat Solutosan mit ruhiger Stimme.

Die Männer wollten alle zur gleichen Zeit sprechen, aber Troyan hob die Hand. Sein zerstörtes Gesicht wirkte gestresst. »*Es sind Squalis verschwunden. Bisher so um die zehn Stück. Es sind ausgewachsene Tiere, die sich an ihre Besitzer gebunden hatten. Es ist also unwahrscheinlich, dass sie diese freiwillig verlassen haben.*«

»Wie lange sind sie fort?«, fragte Solutosan.

»*Es fing vor etwa fünf Zyklen an*«, berichtete der Mann in dem gelben Gewand. »*Ich denke, es verschwinden zwei Tiere während eines jeden Zyklus.*«

Vor der Terrasse bewegte sich etwas im Wasser und ein weiterer Auraner zog sich an der Mauer empor. Sein goldenes Haar klebte nass auf Schultern und Rücken. Das blaue Gewand trocknete sofort. »*Tamra und Bera sind ebenfalls fort!*«, keuchte er. »*Meine Frau ist außer sich! Was ist nur mit den Tieren los? Ah, da ist auch Solutosan! Du musst etwas tun! Das muss aufhören! Wir werden noch all unsere Squalis verlieren!*«

Solutosan erhob sich und schritt nachdenklich auf der Terrasse auf und ab. Ihm war in diesem Moment gleichgültig, wie die Auraner das deuten könnten. Ihm drängte sich natürlich sofort ein Verdacht auf: die Piscanier. Aber sollte dieses Volk wirklich an allem Übel schuld sein, das auf Sublimar passierte? Das waren Spekulationen. Er blieb stehen und sah Ulquiorra prüfend an. Ja, sein Freund hatte die gleichen Gedanken. Ein Blick reichte, um sich zu verständigen. Er drehte sich zu den Männern um. Zuerst war es wichtig für Ruhe zu sorgen.

»*Ich würde vorschlagen, dass wir, solange wir noch nichts Konkretes wissen, unsere Tiere erst einmal schützen. Sie dürfen nachts nicht mehr hinaus. Tagsüber stellen wir Wachen an die Ufer. Das müssen wir vorrangig organisieren. Troyan, sorge dafür, dass auf Sublimar entsprechende Mitteilungen verteilt werden. Geh bitte sofort zu den Schreibern. Alle Männer, die bereit sind aufzupassen, sollen sich am Ende des Zyklus vor dem Museum versammeln. Wir teilen sie dann ein. Wir müssen die verbliebenen Tiere schützen. Ich bin natürlich ebenfalls dort. Und nun geht.*«

Während seiner kleinen Rede hatte sich Ruhe über die Männer gesenkt. Nun spiegelte sich Entschlossenheit auf ihren Gesichtern. Alle erhoben sich von der Mauer und sprangen ins Wasser.

»*Bitte Troyan, komm dann gleich wieder. Ich muss mit dir sprechen.*«

Sein Bruder nickte bestätigend und machte sich auf den Weg. Bis auf Sana und Marlon waren nun auch die Squalls der Männer verschwunden.

»*Was war das denn?*«, staunte Ulquiorra. »*Die Piscanier jagen Squalis?*«

Solutosan fuhr herum. »*Du denkst auch, dass sie dahinter stecken? Das ist nur eine Vermutung. Um es genau zu wissen, muss ich mit Tertes sprechen.*«

»*Das kannst du dir sparen*«, wisperte eine leise Stimme im Wasser vor der Mauer.

»*Wer bist du?*« Solutosan beugte sich vor, konnte aber nur eine kleine, dünne Gestalt in den Wellen erkennen. Ulquiorra war neugierig neben ihn getreten.

»*Ich traue mich nicht an Land. Ich will nicht gesehen werden. Ich bin Lulli, eine Freundin deiner Schwester.*«

»*Bitte Ulquiorra warte hier auf Troyan. Erkläre ihm die Sache mit Xan. Ich bin gleich wieder da.*«

Solutosan sprang ohne zu Zögern auf die Umgrenzungsmauer und von dort ins Meer. Er bildete seine Flosse und tauchte ab. Nun konnte er die dünne Piscanierin erkennen, die sich vorsichtig an die grobe Mauer drückte. Ihre gelben Atem-Tentakeln schwammen wirr um ihr Gesicht. »Wo ist Tabathea«, fragte sie?

»Meine Schwester ist nicht mehr auf Sublimar«, erklärte er. »Es ist hier zu gefährlich für sie, solange Xerxes sein Unwesen treibt.«

»Unser König ist sehr mächtig«, antwortete Lulli vorsichtig.

»König? Tertes ist der piscanische König!«

»Das war einmal«, flüsterte Lulli. »Xerxes hat ihn gestürzt. Mit Gregans Hilfe.«

Das waren schlechte Neuigkeiten. Aber warum verriet die Piscanierin ihm das?

Die Kleine blickte sich unruhig um. »Ich muss fort. Grüß Tabathea von mir.«

»Halt!« Solutosan packte sie grob am Arm. »Jagen die Piscanier Squalis? Und warum?«

»Die Squalis fressen unsere Fische! Deshalb fressen wir jetzt sie!« Die Augen des Wesens drangen kugelrund hervor. Sie glaubte offensichtlich, was sie da sagte. Solutosan ließ vor Verblüffung ihren Arm los. Ein Fehler, denn seine Informantin war mit einem blitzschnellen Flossenschlag verschwunden.

Er tauchte auf und zog sich an der aus groben, weißen Steinen zusammengefügten Mauer empor.

»Du kannst mich gerne duzen. Ich bin Richard.« Richard konzentrierte sich auf den hektischen Straßenverkehr, denn es herrschte Mittagszeit in Seattle und die Straßen waren überfüllt.

Jake neben ihm lächelte. »Dass ich Jake heiße, weißt du ja.« Er blieb eine Weile still. »Bist du sicher, dass du mit der Gehirnerschütterung schon fahren kannst, Richard?«

»Ja natürlich, kein Problem.« Ihm war ein wenig schwindelig, aber er riss sich zusammen. Er hatte den Lamborghini nicht im Sheraton lassen wollen, deshalb waren sie mit dem Taxi dorthin gefahren, um den Wagen zu holen.

Er musterte Jake mit einem kurzen Seitenblick. Sein rechter Pulloverärmel hing leer herunter. Er hatte ihn mit dem verletzten Arm nicht vollständig anziehen können. Warum war es ihm nicht möglich, Jake zu beeinflussen? Wieso hatte das Mal bei ihm versagt?

Jake pfiff leise und bewundernd, als sie in die blühende Allee vor seinem Haus einbogen, reckte den Hals, um das nahe Meer zu betrachten. »Das ist ein schönes Plätzchen.«

»Ja, ich liebe dieses Anwesen. Früher hat meine ganze Familie es bewohnt. Aber nun ist meine Mutter meist auf Reisen und mein Vater bevorzugt sein Penthouse in Seattle-Mitte. Ich würde die Nähe zum Meer niemals aufgeben.«

Während er das sagte, bemerkte Richard, wie seinen Kopf leer wurde. »Ich glaube, ich muss mich wirklich gleich ein wenig hinlegen«, gestand er. Er fuhr den Wagen vorsichtig in die Garage und stieg aus. Alles drehte sich um ihn. »Fühl dich wie zu Hause, Jake«, ächzte er. »Gästezimmer sind im 1. Stock. Ich geh ins Bett.« Seine Knie wurden weich.

Er spürte, wie Jake mit dem gesunden Arm zugriff und ihn stützte. »Komm ich helfe dir. Du wärst besser noch im Krankenhaus geblieben.«

Mit zitternden Knien kam er mit Jakes Hilfe im Wohnzimmer an und fiel auf die breite Couch. Jake streifte ihm die Schuhe ab, lockerte die Krawatte, hob seine Beine auf das Sofa und breitete ein kuscheliges Plaid über ihn. Wie lange ist es her, dass mich jemand zugedeckt hat?, dachte er und war eingeschlafen.

Jake stand vor dem schlafenden Richard und betrachtete ihn. Auf irgendeine Weise ist dieser Kerl verwirrt, dachte er. Richard war ein attraktiver Mann, das war keine Frage – hochgewachsen, sportlich mit einer etwas zu großen, schmalen Nase in dem bleichen, aristokratischen Gesicht.

Das sonst so ordentliche, dunkle Haar war nun zerwühlt und gab ihm einen jungenhaften Charme.

Was war es für ein Geheimnis, das Richard verbarg? Sein Schnüffler-Sinn konnte sich nicht irren. Es hatte etwas mit dem Anwesen auf Mercer Island zu tun. Er musste Ryan unbedingt dazu veranlassen, ihn dorthin mitzunehmen.

Aber zuerst würde er das Haus besichtigen.

Er durchstreifte sämtliche Räume, fing im ersten Stock an und suchte sich eines der mit edlen Holzmöbeln eingerichteten Gästezimmer aus. Die Zimmer lagen alle mittig, während der Ost- und Westflügel große Appartements beherbergten, die offensichtlich Richards Eltern gehörten. Er lief die breite Freitreppe ins Erdgeschoss hinunter, fand die moderne Küche, den Kühlschrank und öffnete ein Bier. Mit der Flasche in der Hand besichtigte er Richards Schlafzimmer mit Blick auf das Meer, seinen begehbaren Kleiderschrank und das luxuriöse Bad aus schwarzem Marmor. Staunend blieb er vor der Badewanne stehen, die offensichtlich aus einem einzigen Marmorstück bestand und in den Boden eingelassen war. Mit den vergoldeten Hähnen musste das Teil so viel gekostet haben, wie er als Polizist im ganzen Jahr verdient hatte – wahrscheinlich mehr.

Jake spazierte ins Arbeitszimmer, dessen Regal-Wände dicht gedrängt mit Büchern vollgestellt waren. Zufrieden mit seiner Hausbesichtigung setzte er sich an Richards Schreibtisch und sah sich genau um. Die wenigen freien Wandstücke schmückten bunte Aquarelle. Mit Orientteppichen in gedämpften Rot- und Brauntönen versehen, war dieses Zimmer das gemütlichste im ganzen Haus. Er blickte auf die graue See und auf die Jacht, die an dem einzigen Steg vor Anker lag. Richard hatte einen ausgesprochen gehobenen Wohnstil.

Jake angelte sein Handy aus der Jackentasche und legte die Beine auf den Schreibtisch. Gemächlich wählte er Smus Nummer.

»Mann, Jake, wo steckst du?« Smus Stimme klang ein wenig angesäuert.

»Ich sitze hier in Richard Ryans Arbeitszimmer in seinem Haus.« Stille.

»Im Ernst?«

»Jep!«

»Und wo ist er?«

»Er schläft, Smu.«

Wieder war Smu sprachlos.

Jake lächelte und spannte ihn nicht weiter auf die Folter. In Kurzform berichtete er, was vorgefallen war.

Smu war begeistert. »Sieh zu, dass du auch nach Mercer Island kommst, okay?«

Auf seine Verletzung ging er mit keinem Wort ein. Typisch für ein Männergespräch zwischen einem hartgesottenen Privat-Detektiv und einem abgekochten Bullen, dachte Jake amüsiert. »Das habe ich vor. – Ach so, noch etwas. Vielleicht ist es nicht wichtig, aber er hat mir zwei Mal das Handgelenk auf den Arm gepresst. Beim ersten Mal lächelnd – er hat dabei etwas von seiner Farak-Bank gemurmelt – und beim zweiten Mal verbissen und hektisch. Was konnte das gewesen sein? Seitdem verhält er sich mir gegenüber irgendwie anders.«

»Inwiefern hat er sich verändert?«, fragte Smu gespannt.

»Ich weiß nicht so recht. Ich habe das Gefühl, dass sein Interesse an mir erwacht ist.«

»Hat er sich in dich verliebt?«

»Hä? Was? Quatsch. Ist er nicht sowieso straight? Man sagt ihm doch viele Weibergeschichten nach.«

Er hörte Smu regelrecht grinsen. »Klar. Du weißt, wie oft das ein Alibi schwuler Promis ist.«

»Hmm.« Jake dachte einen Moment lang nach. »Nein, das war es nicht.«

»Find's raus, Junge«, ermuntere Smu ihn.

»Werde ich machen.«

Er beendete das Gespräch und betrachtete die halbleere Bierflasche. Das mit dem Bier war nach den vielen Medikamenten eine schlechte Idee gewesen.

Jake erhob sich und lief in die Küche. Er hatte ein elendes Völlegefühl im Bauch. Wahrscheinlich hatte er seinem Magen in der letzten Zeit zu viel zugemutet. Zumal er die Umstellung vom duonalischen Essen auf die Erdennahrung noch nicht ganz verkraftet hatte.

Er füllte einen Wasserkocher mit Wasser und suchte in den Küchenschränken nach Tee und einer Kanne. Schwarzer Tee mit Minze. Der war genau richtig. Auf Duonalia hatte er meist Ismanien-Tee getrunken, der blumig und süß war. Wie es Arinon wohl ging? Ob er ihn vermisste? Nachdenklich ließ er das kochende Wasser auf die Teeblätter in der Glaskanne fließen. Ob Richard Tee wollen würde, wenn er wach wurde? Den Minze-Tee konnte man auch kalt trinken.

Richard saß, das Gesicht in den Händen verborgen, auf der Kante des Sofas, als er mit der dampfenden Tasse ins Wohnzimmer zurückkehrte.

»Willst du einen Tee?«, fragte Jake.

Richard hob den Kopf – starrte ihn an wie einen Geist. Seine Augen flackerten. Himmel, Arsch und Zwirn! Hatte er etwas falsch gemacht?

Es war Richard, als würde er wieder in seine Kindheit zurück versetzt. Tanja, Monicas Mutter stand vor ihm. Sie weckte ihn liebevoll, nachdem sie ihn eine Stunde zuvor zu einem Mittagsschlaf gebettet hatte. Sie hatte ihn zugedeckt und über das Haar gestrichen. Sie war auch diejenige gewesen, die ihm Tee brachte, wenn er sich unwohl fühlte. Diese Geborgenheit hatte er nie wieder im Leben gespürt.

Wieso stand plötzlich dieser wildfremde Mann vor ihm und bot ihm Tee an, nachdem er ihn sorgfältig zum Schlafen zugedeckt hatte? Jake war sein Lebensretter. Und es ging ihm selbst nicht gut.

Richard stierte auf die Hand mit der dampfenden Teetasse und auf den baumelnden Ärmel. Er sah Jake ins Gesicht. Der Mann wirkte nicht sonderlich gepflegt – zerzaust, mit Drei-Tage-Bart. Das blonde Haar hing ihm in die Stirn. Die grauen, freundlichen Augen musterten ihn fragend.

Richard schluckte. »Ich, ich ...«. Er brach ab. Er, der kühle Rechtsanwalt, der selbstbewusste Gründer eine Bank, einer mächtigen Sekte, er hockte verwirrt da und fand keine Worte, weil er zuvorkommend und fürsorglich behandelt wurde, von jemandem, den er nicht einmal gut kannte – von einem Mann, dem er keine Liebe und Zuneigung künstlich eingetrichtert hatte.

»Ja, danke«, brachte er schließlich hervor.

Jake schüttelte leicht irritiert den Kopf, trat zu ihm und reichte ihm die Tasse. »Ich hab's ein bisschen am Magen. Ich hol mir auch noch eine.« Dann verschwand er wieder in der Küche.

Was passierte hier? Richard betrachtete sein Handgelenk. Die Narben waren unverändert. War der Zauber vorbei?

Er trank einen Schluck Tee. Jake hatte ihn gesüßt. Er spürte, wie sich vor Rührung der Hals zusammenzog, Speichel in seinen Mund stieg, den er hastig herunterschluckte, die Tränen jedoch – die konnte er nicht unterdrücken. Sie strömten aus seinen weit aufgerissenen Augen die Wangen hinunter. Um Gottes willen! Er wischte sich schnell mit dem Ärmel über die Augen, aber Jake, der in diesem Moment aus der Küche kam, hatte es gesehen.

»Geht es dir nicht gut?« Er stürzte zu ihm. Tee schwappte über den Tassenrand auf den Parkett-Fußboden.

»Doch, doch.« Er wischte nochmals über sein Gesicht. »Meine Augen tränen nur. Das kommt bestimmt noch von der Gehirnerschütterung.«

Jake setzte sich neben ihn und starrte in seine Tasse, nahm einen Schluck. »Eigentlich dürfte ich nicht schon wieder müde sein«, sagte er. »Aber ich bin es.«

Er sah liebebedürftig aus in diesem Moment, er war verletzt und wirkte ein bisschen verlassen.

Richard reagierte instinktiv. Er stellte seinen Tee auf den Couchtisch, knuffte ein Kissen zurecht, legte sich hin, rutschte weiter auf das Sofa und machte Jake Platz. Er sah Jake auffordernd an. So etwas hatte er noch nie getan. Er staunte über seinen eigenen Mut.

Jake lächelte nicht. Er nickte lediglich, zog die andere Hälfte seines Pullis aus und schob sich auf die unverletzte Seite neben ihn, lag nun mit dem Rücken zu ihm. Beschützend zog Richard das Plaid über sie beide. Der Mann war angenehm warm. Das Gefühl der Geborgenheit kehrte zurück. Er kuschelte den Kopf in das Sofakissen, sah auf den blonden Hinterkopf vor sich, rutschte vorsichtig noch näher.

Er hatte alles richtig gemacht mit seiner Love-Society. Das war es, was die Menschen brauchten: Liebe und Geborgenheit, Vertrauen, gegenseitige Rücksichtnahme. Auf einmal spürte er es selbst. Er, der die ganze Zeit außen vor geblieben war, während Love1 bis 24 zufrieden und erfüllt waren. Nun hatte er auch jemanden. Glücklich schloss Richard die Augen.

Als Richard aufwachte, war es später Nachmittag. Jake neben ihm schlief tief und fest. Eine ungewöhnliche Situation, dachte er. Aber diese konnte er auf die Liste der Kuriositäten schreiben, die ihm passiert waren seit – ja seit wann denn eigentlich genau? Seit diesem Traum in dem er das Ungeheuer im Spiegel seines Autos gesehen hatte. Danach war alles Schlag auf Schlag gegangen und er fühlte sich als Spielball der Ereignisse.

Richard schob vorsichtig die Arme in die Höhe und streckte sich lautlos, um Jake nicht zu wecken. Ihm ging es sehr viel besser. Er hatte versucht, die bizarren Begebenheiten in etwas Positives zu verwandeln: Die Love-Society und auch die Bank stellten menschliche und nützliche Projekte dar. Nun gut, ob es so einfach gewesen wäre Finanziers für die Farak-Bank zu finden, wenn er die Mitglieder nicht manipuliert hätte – wahrscheinlich nicht. Jake ließ sich nicht beeinflussen. Offensichtlich war dieser Zauber nun beendet. Oder nicht? Er musste es an einem anderen Menschen versuchen, um ganz sicher zu sein.

Richard schob sich langsam nach unten weg, robbte hinter Jakes Rücken vom Sofa. Er trug nach dem Krankenhausaufenthalt immer noch die Anzughose, das Hemd und die Krawatte, die er auf der Pressekonferenz getragen hatte. Das war am Tag zuvor gewesen. Er fühlte sich schmutzig und musste duschen.

Auf dem Weg ins Bad hörte er Geräusche in der Küche. Wer konnte das sein um diese Uhrzeit? Er schlich vorsichtig zur Küchentür und spähte durch die Öffnung. Maria, die langjährige, ältere Hausangestellte, rumorte am Kühlschrank.

Sie fuhr zusammen, als sie ihn in der Tür stehen sah. »Herr Ryan! Haben Sie mich erschreckt! Ich wollte nur die Schüssel mit dem Kartoffelsalat für meine Tochter holen, die ich hier vergessen habe. Sie hat heute Abend eine Party und ...« Sie brach ab. »Geht es Ihnen nicht gut?«

Er stand vor ihr und überlegte kurz. »Doch Maria, es ist alles in Ordnung. Ich habe eine etwas turbulente Zeit hinter mir.« Er trat zu ihr. »Kartoffelsalat?« Er lugte in die Plastikschüssel, die mit einem Deckel verschlossen war. Natürlich wollte er keinen Salat. Er wollte sie näher an sich heranlocken.

Maria strahlte. »Ich lass Ihnen welchen hier!« Flink hatte sie eine Glasschale gegriffen und einige Löffel Salat hineingefüllt. Sie hielt ihm das Geschenk lächelnd hin.

»Das ist wirklich sehr nett Maria«, antwortete er freundlich, ergriff die Schüssel, stellte sie auf die Anrichte, erfasste in der gleichen, flüssigen Bewegung ihre Hand und presste das Mal auf ihr Handgelenk. »Mákalo da Fárak«, sagte er leise. Er fühlte die Kraft, die von den Narben ausströmte.

Maria blickte ihn an. »Ich bin so glücklich, schon seit Jahren für Sie arbeiten zu dürfen, Richard«, hauchte sie und wurde rot. In ihrem Gesicht erschien ein demütiger Ausdruck. Sie sank vor ihm auf die Knie. »Ich verehre Sie. Bitte sagen Sie mir, wenn ich irgendetwas besser machen kann. Ich werde es sofort tun. Sie können alles von mir haben.« Die mit vielen kleinen Fältchen umgebenen blauen Augen schimmerten feucht.

»Es ist wirklich in Ordnung, Maria«, erwiderte er peinlich berührt und half ihr hoch. Die Frau gehörte quasi zur Familie. Er hatte eigentlich beschlossen, dass er seine Familienmitglieder nicht okkupieren wollte. »Sie machen eine ausgezeichnete Arbeit. Nun gehen Sie und bringen den Salat zu Ihrer Tochter. Sie wird sich bestimmt freuen.«

Nachdenklich betrachtete er den Kartoffelsalat während Maria die Küche verließ und leise die Haustüre zuzog. Nein, das Mal funktionierte einwandfrei. Was war das nur mit Jake?

Plötzlich spürte er, dass er nicht mehr allein war. Richard wandte sich um. Jake hatte sich in der Küchentür aufgebaut. Er trug immer noch das weiße Unterhemd, den Verband um die Schulter und musterte ihn finster, die Augenbrauen zusammengezogen. Die Sehnen der gebräunten Unterarme zuckten, als wollte er jeden Moment zuschlagen. Dann drehte er sich abrupt um und ging wortlos ins Wohnzimmer zurück.

Richard lief instinktiv hinter ihm her, blieb in einiger Entfernung stehen. Jake hatte gesehen, dass er das Mal eingesetzt hatte. Ob er verstanden hatte, was daraufhin mit Maria geschehen war? Jake zog sich umständlich seinen Pulli wieder an. Ohne ihn eines Blickes zu würdigen, ging er Richtung Eingangstür. »Danke für den Tee«, grunzte er im Vorbeigehen. Richard hörte die Tür ins Schloss fallen.

Er musste ihn aufhalten! Jake war der einzige Mensch, den er nicht manipulieren konnte. Er wusste nicht warum. Er musste den Grund herausfinden. Außerdem war Jake der Einzige, der sich selbstlos um ihn gekümmert hatte. Der erste, echte Freund.

Richard stand im Wohnzimmer und starrte vor sich hin. Dann drehte er sich um und rannte hinter Jake her, der bereits die Allee entlang lief. »Wo willst du denn hin?«, rief er. »Bitte bleib stehen. Ich werde dir alles er ...«. Wollte er Jake die Situation wirklich erklären? Einem Reporter? Nun bemerkte er, dass er auf Socken losgelaufen war. »Bitte Jake, hör mich an!«

Was sollte er ihm nur sagen? Konnte er ihm vertrauen? Der Mann hatte eine Kugel für ihn gefangen.

Jake blieb stehen. »Du hast keine Schuhe an«, stellte er mit Blick auf seine Füße fest.

»Ich weiß.«

Der blickte ihn durchdringend an. »Ich will dich nicht bei deinem Tête-á-tête mit deiner Haushälterin stören, die dir ja offensichtlich sehr ergeben ist. Alle Leute in deiner Umgebung scheinen das zu sein.« Die Abendsonne gab seinem blonden Haar einen rötlichen Schimmer. »Ich habe keine Lust mich in diesen Kreis einzureihen, Richard. Ich wollte eigentlich nur ein Interview, aber du bist mir zu manipulativ und zu gefährlich. Wie machst du das? Hypnotisierst du sie? Wurde der Schuss auf dich abgegeben, weil dir jemand auf die Schliche gekommen ist?«

Richard zog scharf die Luft ein.

»Natürlich will ich ein Interview, aber der Preis dafür ist mir zu hoch. Die nächste Kugel eines weiteren „Richard-Fans" trifft vielleicht richtig.« Er drehte sich um und wollte weiterlaufen, Richard packte ihn jedoch fest am gesunden Arm. Er durfte Jake mit diesen Informationen keinesfalls gehen lassen.

»Ich erkläre dir alles. Ich brauche Hilfe. Aber nicht hier. Bitte komm mit zurück.«

Jake musterte ihn. »Ich will wissen, was auf Mercer Island ist.«

Richard stand wie vom Blitz getroffen. Sein Verstand raste.

Nun hatte er alles auf eine Karte gesetzt. Jake sah, dass Richards Gehirn unter Hochdruck arbeitete. Er versuchte, ihn noch stärker in die Enge zu treiben. »Ich helfe dir, aber dafür möchte ich ehrlich wissen, was los ist.«

Richards Gesicht verfinsterte sich. Er schüttelte mit zusammengekniffenen Brauen den Kopf. »Hast du mir hinterher spioniert, Jake? Hast du das alles geplant? Auch den Schuss? Gehst du so weit, nur um einen reißerischen Artikel zu bekommen und dich zu profilieren? Ich habe etwas ins Leben gerufen, das den Menschen gut tut, das Arbeitsplätze schafft bei den Ärmsten der Armen. Es geht hier nicht nur um mich. Ja, ich persönlich mag ein Problem haben. Aber die Entstehungsgeschichte der Farak-Bank ist nichts für die Öffentlichkeit. Tut mir leid.«

Er hatte nichts mehr gemeinsam mit dem geschniegelten Typen, den Jake auf der Pressekonferenz gesehen hatte. Richard war unordentlich und zerzaust, wandte sich um und ging zurück zum Haus.

Verdammt! Das war alles nicht richtig so. Die Bank war eine gute Sache. Er wollte sie ihm nicht zerstören. Aber er musste endlich dem Geheimnis auf die Spur kommen, das die Menschen dazu veranlasste vor Richard Ryan auf die Knie zu gehen.

Also beschleunigte er seine Schritte und ging neben Richard her zurück zum Haus. »Ich will ein Interview, das stimmt. Aber ich habe bestimmt nicht diese verrückte Frau engagiert, um auf dich zu schießen.« Sie hatten die offene Haustür erreicht.

Richard drehte sich zu ihm um. Seine Augen flackerten. »Ich gebe dir ein Interview. Aber zuerst gehe ich duschen. Außerdem brauche ich ein Abendessen. Wir sollten diese Sache ruhig angehen. Es steht zu viel auf dem Spiel. Wenn du damit einverstanden bist, setzen wir das Gespräch morgen Vormittag an. Leg dir bis dahin deine Fragen zurecht.«

Gut, das war akzeptabel. Trotzdem würde er auf der Hut sein. Wenn Richard wirklich brisante Dinge zu verbergen hatte, war er, Jake, vielleicht in Gefahr. Und mit der Verletzung würde er es bei einem Angriff schwer haben. Er hatte sich sehr weit vorgewagt. War es ein Fehler gewesen, Mercer Island zu erwähnen? Er hatte damit eine wichtige Karte auf den Tisch gelegt.

Sein Bauchgefühl sagte ihm, dass es unklug war, Richard nun allein zu lassen. Dazu kam, dass der Mann immer interessanter für ihn wurde. Es war inzwischen nicht nur die

Neugierde, der Schnüfflersinn, die ihn trieben. Nein, so langsam mischte sich persönliches Interesse in seine Ermittlung. Das gemeinsame, vertrauliche Schlafen auf dem Sofa hatte ihm zu Denken gegeben.

»Hast du etwas dagegen, wenn ich mich beim Abendessen anschließe?«, fragte er. »Ich gehe allerdings vorher auch duschen.«

»Kampf den Fischfressern!« Xerxes hob seinen Ferrculan-Stab mit dem Squali-Gebein, wandte sich zum Gehen und überließ die versammelten, höhergestellten Gefolgsleute ihren weiteren Hetzreden.

Er wollte fort, wollte Ruhe haben. Was war aus Richard geworden? Er hatte das Energetikon schon so lange nicht mehr benutzt, dass es ihm regelrecht in den Fingern juckte, als er, endlich in seinem Gemach angekommen, das Buch öffnete. Wie gut, dass das Mal ihm nun ermöglichte, auch in seinen wachen Phasen in Richard Ryan zu schlüpfen. Er legte die Stirn auf die Seiten.

Wo war er? Richard lag bei einem anderen Mann. Xerxes konnte dessen hellhaarigen Schopf neben ihm sehen. Was waren denn das für Emotionen? Xerxes Magen machte sich bemerkbar. Er fletschte die Zähne. Diese Art von Wohlgefühl kannte er nicht von Richard, der sich mehr als angenehm zu fühlen schien. Wer lag da neben ihm?

Aha, Richard stand auf – rutschte von der Unterlage und ging zu einer älteren Frau in das angrenzende Zimmer. Die Spannung in Xerxes stieg. Sein williges Opfer war auf dem Weg das Mal zu benutzen. Voller Triumph spürte er die Energie aus seinem eigenen Handgelenk fließen, den Weg über den Arm und die Schulter nehmen und in dem Buch verströmen. Der Kraftschub endete bei Richard und floss durch dessen Mal. Es war eine perfekte Verbindung. Die Frau sank vor Richard in die Knie. Ja, er ging seinen Weg gehorsam weiter. Er okkupierte die dortigen Eingeborenen, betete seinen Satz. Xerxes grunzte zufrieden.

Unvermutet war der hellhaarige Kerl da. Richards Herz schlug schneller. Xerxes spürte es in seinem eigenen Blut. Richard regte sich auf, verfolgte diesen Mann. Sie diskutierten heftig. Wo kam dieser Fremde plötzlich her? Xerxes hatte ihn noch nie gesehen. Warum okkupierte er ihn nicht einfach?

Die beiden trennten sich und Richard ging, um sich zu entkleiden. Das war gut. Dieser blonde Mann war ihm unangenehm.

Xerxes blieb noch eine Weile in Richard, während er sich mit fließendem Wasser reinigte. Kam es ihm so vor oder berührte der Mann sich anders als sonst? Bisher hatte er sich zügig gewaschen, danach hart abgetrocknet. Xerxes hielt inne. Richard streichelte sich unter der Dusche, ließ die Hände an seinem Körper hinabgleiten, betastete sein Geschlecht länger. Es war ihm, als spürte er es selbst auf seinem Leib. Ihn schauderte. Irgendetwas musste mit dem Mann geschehen sein, seit er ihn zuletzt überwacht hatte. Richard berührte seine Brust, massierte die Brustwarzen mit den Handflächen.

Rah! Das war zu viel! Xerxes riss den Kopf aus dem Energetikon. Was waren denn das für Empfindungen? Er schüttelte sich angeekelt. Niemand hatte ihn jemals angefasst. Das hätte er auch nicht geduldet. Berührungen waren für einen Piscanier völlig undenkbar – Intimitäten absurd. Lediglich die Mischlinge mit den Flossen waren durch eine enge Kopulation entstanden, wie die Auraner sie praktizierten, indem die Männer den Weibchen das Sperma direkt in den Körper spritzten. Die Piscanierinnen, die zuließen, dass die Eier in ihrem Leib befruchtet wurden, standen gesellschaftlich auf der untersten Stufe – noch tiefer als das von ihnen hervorgebrachte Gewürm.

Das Volk auf Richards Planeten betrieb ebenfalls diese Art der Fortpflanzung. Das hatte er durch dessen Augen gesehen. Es war ihm nur zu lieb gewesen, dass Richard immer außen vor geblieben war, diese Kopulationsriten offensichtlich nur beobachtete.

Er steckte das Buch in seine Hülle. Diese Entwicklung war ihm gar nicht recht. Sich so anzufassen. Die von Richard zu ihm gedrungenen, unerwünschten Gefühle hatten ihn aufgewühlt.

Seine Neugierde siegte. Xerxes zog sein Gewand hoch und legte die intakte Hand auf sein Geschlecht. So hatte Richard das gemacht. Er umfasste sein gekrümmtes Glied. Drückte fest zu. Das war stimulierend. Er presste die Faust stärker um seinen Penis, so stark, dass sich die Krallen in seinen Handballen bohrten. Schwarzes Blut drang aus dem gequälten Fleisch. Xerxes wölbte genussvoll die Brust. Das war mehr als angenehm. Er sah sein Blut im Wasser davontreiben, gab intuitiv etwas Energie in seine Hand. Plötzlich brach es hervor. Aus seinem malträtierten Glied schoss eine heiße Welle, fuhr durch seinen Unterleib, raste seinen Rücken hinauf und explodierte in seinem Gehirn. Zuckend sah er aus seinem Penis eine milchige, dünne Fahne entweichen: Sperma!

Der Rausch war abrupt zu Ende. Aber das war gleichgültig. Ich kann mich vermehren, schoss es ihm durch den Kopf. Ich werde Nachkommen zeugen können, dachte er. Er hatte sich für impotent gehalten. Ein einziges Mal war ihm durch Zufall das weibliche Paarungspheromon der Piscanierinnen in die Geruchsorgane gedrungen, aber das hatte ihn nicht gereizt. Seine Versuche sich Tabathea zu nähern waren kläglich gescheitert, denn sie hatte sich mit einem Steinmesser verteidigt.

Er zog sein Algengewand hinunter. Zorn kroch in ihm hoch. So gut, wie ihm diese neue Erkenntnis gefiel, so sehr ärgerte ihn, dass die Manipulation durch die Male offensichtlich beidseitig war. Richard hinterließ Spuren bei ihm. Eine Auswirkung, vor der er sich gern geschützt hätte. Die Frage war wie.

Jake stand in dem in Cremefarben und Brauntönen gehaltenen Gästezimmer nackt vor dem Spiegel des Einbaukleiderschranks und begutachtete sich. Ich sehe scheiße aus, dachte er – bin zertrümmert wie ein mittelalterlicher Krieger, der auf hunderten Schlachtfeldern war. Er betrachtete die alten, wulstigen Narben von dem Bacani-Angriff, die seinen gebräunten Leib verunstalteten. Nun war noch ein Loch in der Schulter dazu gekommen. So langsam war es fast egal. Er grub die Zehen in den dicken Langhaarteppich. Wie sollte er mit dem Verband duschen? Das ging nur, indem er sich eine Plastiktüte darum wickelte und diese mit Klebeband verklebte. Vielleicht hatte Richard so etwas in seiner Küche.

Jake zog den flauschigen, weißen Bademantel aus dem Gästebad an. Die Schulter schmerzte noch heftig. Er bedauerte, nicht doch Schmerztabletten aus dem Krankenhaus mitgenommen zu haben. Er lief barfuß die Marmortreppe ins Erdgeschoss hinunter und schaute sich um. Richard war nirgendwo zu sehen. Also machte er das Licht in der Küche an und begann in den Schränken nach einer Plastiktüte zu stöbern. Ja, da waren welche, von der Haushälterin ordentlich gefaltet. Nun noch Klebeband. Er durchwühlte die Schubladen. Fehlanzeige.

»Suchst du etwas?« Richard stand in der Küchentür in einem glänzenden, schwarzen Kimono, auf dem sich rote Drachen ringelten.

»Ja, Klebeband. Ich muss den Verband mit Plastikfolie zukleben, damit er beim Duschen nicht nass wird.« Er schwenkte die Plastiktüte.

Richards Miene blieb ausdruckslos. »Klebeband habe ich im Arbeitszimmer. Komm mit.«

Jake betrachtete Richards feuchtes, dunkles Haar, als der vor ihm her in das Zimmer mit dem ausladenden Schreibtisch ging. Der Mann bereitete ihm Kopfzerbrechen. Er hatte gesehen, dass er bei der Haushälterin die gleiche Bewegung gemacht hatte wie bei ihm im Krankenhaus. Auch war ihm der Satz bekannt vorgekommen. Hatte Richard Ryan den nicht genau so zu ihm gesagt? Das Handgelenk. Leider waren

Richards Kimonoärmel zu lang, so dass Jake seine Handgelenke nicht sehen konnte.

Der holte eine Rolle graues Montageband aus den Tiefen seines Schreibtischs und sah ihn fragend an. »Soll ich dir helfen? Das schaffst du doch nicht alleine.«

Hmm. Er war unter dem Bademantel nackt. Aber vielleicht würde er bei dieser Aktion endlich sehen können, was ihn so brennend interessierte. Er nickte und ließ den Mantel zu Boden fallen.

Richard starrte ihn an. Irgendwie erinnert mich das Ganze an ein Katz- und Mausspiel, dachte Jake. Nur war noch nicht heraus, wer die Katze war, vielmehr, in ihrem Fall, der Kater.

Richard legte ihm die Plastiktüte auf den Verband und fing an sie rundherum zu verkleben. Jake versuchte, dabei einen Blick auf dessen Hände zu erhaschen.

»Wenn du so zappelst, kann ich das nicht richtig festkleben«, bemerkte Richard. Er hantierte geschickt – und zu schnell.

Jake riss der Geduldsfaden. Er packte Richards Hände hart und drehte die Innenseiten zu sich. Er betrachtete die bläulichen, vernarbten Kratzspuren, die aussahen wie von Klauen gezogen. Ein Mal längs und ein Mal quer in die dünne Haut des linken Handgelenks geritzt. Das musste weh getan haben.

»Und? Hast du gefunden was du gesucht hast?«, keuchte Richard.

Solutosan tätschelte Sana und zog sich an der Eingrenzungsmauer hoch, auf der Ulquiorra mit angezogenen Beinen saß. Es gab ihm einen kleinen Stich ins Herz. So hatte Xanmeran auch immer auf der Mauer gehockt.

»Wer war das?«, fragte sein Freund.

»*Eine angebliche Freundin meiner Schwester namens Lulli*«, antwortete er. »*Eine kleine Piscanierin.*« Solutosan setzte sich neben ihn und hielt nachdenklich inne. »*Wirklich interessant,* was sie mir berichtet hat: Xerxes scheint die Macht in Piscaderia übernommen zu haben. Tertes ist tot. Und sie hat unsere Vermutung bestätigt, dass die Piscanier die Squalis jagen. Sie meinte, die würden ihnen die Fische wegfressen. Was für ein Unfug!« Er rieb sich die Stirn. Diese Sache verursachte ihm Kopfschmerzen.

»Das ist ungünstig, Solutosan. In Piscaderia ist Xerxes unangreifbar. Dieser Warrantz! Meine Entführung war vorbereitet und der Putsch, die Führung dort zu übernehmen, wird es ebenfalls gewesen sein. Xerxes ist ein brutales Monster und er ist intelligent. Das macht ihn umso gefährlicher. Aber das mit den Squalis verstehe ich nicht. Kommt das nicht einer Kriegserklärung an die Auraner gleich?«

Solutosan nickte bedächtig. »Mir ist nicht klar, was er damit bezweckt. Was ich allerdings weiß: Wenn er weitermacht, werden die Auraner aktiv. Mit mir oder ohne mich. Sie werden sich zusammenrotten und Piscaderia angreifen. Das müssen wir unbedingt verhindern. Wir werden unser Wissen so lange wie möglich für uns behalten. Ich denke meine Anordnungen beschäftigen die Auraner erst einmal. Wir müssen die Squalis beschützen.«

Ulquiorra stand auf und stellte sich hinter ihn. Er legte die Hände an seine Schläfe und massierte sie, strich den Hinterkopf entlang zum Nacken. Er ließ ein wenig Kraft durch seine Finger fließen. Solutosan schloss die Augen und entspannte sich. Was er spürte, waren die filigranen Hände von Ulquiorra und nicht die kraftvollen Pranken seines Vaters. Erstaunlich, wie er mit dem Körper umgeht, dachte Solutosan. Er überließ sich ihm ganz. Seine Kopfschmerzen verflogen.

Ein Räuspern störte sie in ihrer Versunkenheit. Troyan stand auf der Terrasse. Sehr zu Solutosans Bedauern ließ Ulquiorra die Hände sinken.

»Ulquiorra hat mir wegen meiner Migräne geholfen«, erklärte er und bemerkte sofort Troyans verwirrten und erstaunten Blick. Beim Vraan, er wusste ja nichts von Xans Tod. Aber er ging nicht weiter darauf ein. »Hast du alles erledigt?«, erkundigte er sich.

»Ja, und es sind viele Männer zum Treffpunkt gekommen. Wir sollten ebenfalls dorthin, um die Wachen einzuteilen.«

»*In Ordnung.*« Er stand auf. »Auf dem Weg werden wir dir alles erklären.« Er sah zu Ulquiorra, der nickte und mit einem Schritt auf der Mauer war. Der zögerte keinen Moment, sprang mit einem eleganten Hechtsprung ins Wasser. Er bekommt den starken Körper immer besser in Griff, dachte Solutosan. Und ich fange an, mich an sein Aussehen zu gewöhnen.

Solutosan lief die Uferstege entlang und beobachtete den Schiffsverkehr der Segelboote und Squali-Gespanne. Die Sonne stand hoch am Himmel und reflektierte das strahlende Weiß des Riffs, der Dächer und Mauern der vielzahligen, auranischen Häuser und blitzte auf den Spitzen der kleinen Wellen. Die Auraner grüßten ihn mit einem freundlichen Kopfnicken oder Lächeln. Er war auf Sublimar inzwischen bei jedermann bekannt.

Er war sich nicht sicher, ob die Wache an Land Erfolg haben würde. Das Riff hatte so viele Nischen und Verstecke. Es war für die Piscanier einfach dort zu lauern und sich einen Squali zu greifen. Deshalb schwammen zusätzliche Wächter im Wasser die Stadtgrenzen ab. Er hatte sich bewusst für den Landdienst einteilen lassen, um Präsenz zu zeigen. Er spürte, dass die Auraner durch seinen Anblick beruhigt wurden. Ruhe und Frieden hatten Priorität.

Er blickte zur Sonne, die sich allmählich zum Horizont bewegte. Sein Dienst, der in der Morgendämmerung begonnen hatte, würde gleich zu Ende sein. Er winkte dem Auraner, der ihm entgegen kam. Die Wächter trugen einen roten Gürtel, um für die Bevölkerung erkennbar zu sein.

»Es ist alles ruhig«, meldete er dem Mann. »*Ich komme morgen früh wieder zur ersten Schicht.*« Der goldhaarige Auraner nickte. »*Gut, Solutosan. Lass uns die Squalis schützen!*«

Solutosan sprang ins Wasser, um zur Residenz zu schwimmen. Er teilte den Optimismus des Wächters nicht. Sana, Marlon und ein Jungtier Sanas, die am Ufer gewartet hatten, kamen an seine Seite. Sie stupsten ihn fröhlich an. Ja, sie hatten recht. Seine Grübeleien würden nichts ändern. Er tätschelte ihre glatten Köpfe. »*Wettschwimmen nach Hause?*«, fragte er. Was für eine Frage! Kaum ausgesprochen preschten die Tiere durchs Wasser und er musste sich sputen, war aber chancenlos. Marlon gewann das Rennen. Lachend zog Solutosan sich an der Mauer der Residenz-Terrasse hoch. Zwei Männer hielten sich dort auf, saßen im Schatten auf den niedrigen Flechtpolstern. Ulquiorra war ins Gespräch vertieft. Nein, nicht mit Troyan. Es war Pallasidus, der bei ihm saß!

»Was ist das? Wo hast du das her?« Jake stand nackt vor ihm, die Plastiktüte hatte sich durch ihr Gerangel halb von seiner Schulter gelöst. »Ist das die Ursache deiner Macht?«

»Macht!« Richard spie dieses Wort regelrecht aus. »Hier geht es nicht darum, andere beherrschen zu wollen!«

Jakes Augen blitzten. »Na klaaar«, meinte er gedehnt. »Das habe ich an deiner knienden Haushälterin gesehen, die dich ja geradezu angebetet hat.«

Richard hielt inne. Was sollte er nun sagen? Konnte er Jake alles erzählen? Einem Reporter? Auf der anderen Seite war Jake ein guter Polizist und wusste vielleicht einen Weg, wie er den Spuk beenden konnte. Aber wollte er das überhaupt? Ja, er wollte, denn er war gut genug, um seine Ziele auch ohne Manipulation zu erreichen. Er hatte es die ganze Zeit über verdrängt. Tatsache war, dass etwas nicht mit rechten Dingen zuging. Irgendetwas Übernatürliches spielte mit ihm.

»Du wirst mir nicht glauben«, antwortete Richard ausweichend. »Und wenn ich es dir erzähle, kannst du es für deine Schlagzeilen ausnutzen.«

Jake nahm ihm das Klebeband aus der Hand und mühte sich, um die Plastiktüte weiter um den Verband zu kleben.

»Und wenn ich dir verspreche, alles, was du mir anvertraust, nicht zu veröffentlichen?«

Richard knöpfte ihm kopfschüttelnd das Klebeband ab und beendete das Abkleben schnell. »Wie kann ich dir glauben?« Er ging zu seinem Schreibtisch, warf das Band in die Schreibtischschublade und lehnte sich mit beiden Händen auf die polierte Tischplatte. Seine Kieferknochen mahlten. »Du hast allerhand auf dich genommen, um ein Interview zu bekommen. Und nun willst du darauf verzichten? Einfach so?«

Jake näherte sich dem Schreibtisch und stützte von der anderen Seite die Hände auf die Platte. »Ja, einfach so. Ich glaube, dass du dringend Hilfe brauchst.«

So standen sie sich gegenüber und blickten einander fest in die Augen, das Möbelstück zwischen sich.

Wenn Jake die Wahrheit über die Erschaffung der Farak-Bank und die Existenz der Love-Society veröffentlichte, war er gesellschaftlich ruiniert. Auf der anderen Seite spürte er beängstigend stark, dass er von etwas besessen war. Die Träume, die Verletzung, die veränderten Augen, die plötzliche Macht. Er würde dafür einen Preis bezahlen müssen. Eventuell sogar mit seinem Leben. Auf Jake wirkte diese Macht nicht. Vielleicht war er wirklich der Einzige, der ihm helfen konnte. Jake hatte sich liebevoll um ihn gekümmert. Wenn er tief in sich hinein horchte, flüsterte ihm sein verwirrtes Herz zu, dass da Sympathie war – von beiden Seiten. Die Tatsache, dass er heterosexuell war, trug zu seiner Verunsicherung bei.

Sein Magen knurrte lautstark. Er musste eine Entscheidung fällen.

»Geh duschen. Ich werde uns eine Pizza bestellen, dann erzähle ich dir alles.«

Die Pizza »Fantasia« hatte einen wahrlich phantastischen Belag. In viele Dreiecke eingeteilt, konnten sie zwischen

Thunfisch, Mozzarella, Vier-Käse, Salami, Schinken, Spinat und etlichem mehr wählen. Sie aßen schweigend. Jake hatte sich nicht angezogen, sondern saß ihm in dem Bademantel gegenüber.

»Meine Bank steht und fällt mit deiner Diskretion, Jake«, begann er. »Willst du ein soziales Projekt zerstören, das so vielen Menschen helfen wird?«

Jake kaute in Ruhe, betrachtete ihn mit seinen grauen, prüfenden Augen und schluckte das Stück Pizza hinunter. Er schüttelte den Kopf. »Nein, Richard, natürlich nicht.«

»Glaubst du an übersinnliche Dinge?«

»Was meinst du mit übersinnlich? Geister und sowas?«

»Nein«, Richard wischte sich den Mund mit einer Papierserviette ab. »Besessenheit.«

Jakes Miene blieb ernst. »Ich habe in den letzten zwei Jahren so viel Außergewöhnliches erlebt. Ich kann mir inzwischen alles vorstellen.«

Nun gut. Richard legte den Arm auf den Tisch und schob den Ärmel des Kimonos zurück, so dass Jake das Mal in Ruhe betrachten konnte.

»Es fing mit einem Traum an. Ich träumte, dass ich in meinem Auto saß. Ich klappte die Sichtschutzblende nach unten und sah im Spiegel ein Ungeheuer. Es war wirklich gruselig. Ein Monster wie aus einem Horrorfilm, mit verknöchertem, zerstörtem Gesicht, spitzen Zähnen und einer langen, schlängelnden Zunge. Ich bin schreiend aufgewacht.« Er schluckte in Erinnerung an den Traum. »Einige Zeit später bin ich morgens mit zerfetztem Handgelenk hochgeschreckt. Die Schnitte waren so tief, dass der Arzt kommen musste, um sie zu nähen. Ich schien mir die Verletzung selbst beigebracht zu haben.« Die Anwesenheit des dümmlichen, weiblichen Fickstücks verschwieg er lieber. »Die Wunde verheilte derartig schnell, dass ich am gleichen Abend auf eine Party gehen konnte.« Er hielt inne. »Ach ja, ich hatte früher grau-blaue Augen, ähnlich wie deine, nicht dieses seltsame Anthrazit. Meine Augen waren verändert.«

Nun unterbrach Jake ihn. »Deine Augenfarbe hatte sich in einer Nacht gewandelt? Die tiefe Wunde war innerhalb eines Tages verheilt? Sag mal, hat dich das nicht alarmiert?«

Richard nahm eine Gabel und stocherte gedankenverloren in einem kalten Stück Pizza. »Das hätte es wohl müssen, aber ich blieb ganz gelassen. Als würde mir jemand sagen: Hey, das ist alles richtig so. Na ja, die Geschichte geht ja noch weiter.« Während er das sagte, spürte er, wie er plötzlich freier atmen konnte – der innere Druck wich. Es war erlösend endlich einmal darüber sprechen zu können.

»Am Abend war ich auf einer Party. Da waren fast nur Leute, die ich kaum kannte. Ich habe keine Ahnung, was mich dazu brachte, das Handgelenk einer Bekannten zu nehmen und diesen Satz zu sagen. Ich weiß ehrlich gesagt nicht einmal was er bedeutet: Mákalo da Fárak. – Ich hielt die Reaktion des Mädchens zunächst für einen Witz. Ich dachte, ich wäre bei »Die versteckte Kamera« gelandet und sie wollte mich verarschen. Also versuchte ich es bei den anderen Gästen. Nach kurzer Zeit waren mir sämtliche Leute ergeben.«

»Wow!« Das war alles, was Jake staunend hervorbrachte.

Richard nickte. »Ja, sie erklärten sich urplötzlich bereit, meine Wünsche zu erfüllen. Völlig gleichgültig, was es war. Und ... und dann hatte ich eine Idee: Mir ist schon immer die Oberflächlichkeit meines Bekanntenkreises auf die Nerven gegangen. Sich alles kaufen zu können hat auch echte Nachteile, Jake. Man findet niemanden, der einen wirklich liebt.« Er schluckte. Noch nie hatte er dieses Eingeständnis so offen ausgesprochen. »Ich gründete die Love-Society.«

Jake blickte ihn fragend und gespannt an.

»Die Love-Society soll den Mitgliedern geben, was sie oftmals vermissen: liebevollen Zusammenhalt, Vertrauen, aber natürlich auch körperliche Liebe.«

Jake schnaufte.

»Da gibt es nichts zu schnaufen, Jake«, bemerkte er tadelnd. »Ich habe den Mitgliedern einiges abverlangt. Es ist viel Kapital geflossen. Ich habe das Wissen und die Beziehungen der Anhänger benutzt, um die Bank zu gründen.

Dafür musste ich im Gegenzug etwas bieten. Und zwar etwas, das sie sich nicht kaufen konnten: Liebe!«

»Die Liebe von jungen Mädchen?«, fragte Jake mit ironischem Unterton. »Die unter normalen Umständen diese alten Banker garantiert nicht beglückt hätten? Richard, was du da gemacht hast, ist Blendwerk. Du hast deine neue Macht eingesetzt, um die Leute zu täuschen. Du hast sie für deine Zwecke benutzt, so edel deine Motivation auch gewesen sein mag.«

»Sie waren glücklich – und sind es noch«, verteidigte er sich.

»Aber ihre Angehörigen, die du nicht manipuliert hast, sind es offensichtlich nicht. Was der Schuss auf dich eindeutig beweist.«

»Diese Frau war nur eifersüchtig. Sie hat geglaubt, ich verführe ihren Mann zu etwas Unmoralischem. Dabei hat er nur die Liebe erlebt!« Richard biss die Zähne zusammen. Jake verstand ihn nicht. Er gehörte einer anderen Gesellschaftsschicht an. War das nicht zu erwarten gewesen?

»Richard, sieh den Tatsachen ins Auge. Der Frau hat es einfach nicht gepasst, dass ihr Mann plötzlich in deiner Love-Society „Ringelpiez mit Anfassen" mit jungen Mädels gespielt hat.« Jake griff sich ein sauberes Messer vom Küchentisch, zog den Bademantel von der Schulter und schob es vorsichtig unter den Verband. »Oh Gott, jetzt fängt die Scheiße an zu jucken.«

»Mach das nicht!« Er packte Jakes Handgelenk und entwand ihm das Messer. »Du wirst die Wunde wieder aufreißen!« Er starrte das Messer in seiner Hand an. Hatte Jake recht? Vielleicht war ihm der Sinn für die Realität wirklich abhandengekommen und er hatte eine Luftblase erschaffen, die sehr schnell platzen konnte.

»Wie lange hält die Wirkung deiner Hypnose an?«, erkundigte sich Jake, der nun mit den Fingerknöcheln an dem Verband herumschabte.

»Ich weiß es nicht. Lange. Bisher sind selbst die Mitglieder der Party noch unter ihrem Bann. Es ist halt so, dass es bei dir …«

Jake hielt inne.»... dass es bei mir nicht gewirkt hat. Stimmt's?«

Richard nickte.

»Und du weißt nicht warum.« Jake nahm ihm das Messer aus der Hand. »Du wolltest mich der Love-Society einverleiben. Aus welchem Grund? Ich bin kein Reicher oder Banker. Weil ich Reporter bin?«

Richard starrte auf den Tisch, schob die Pizza-Krümel hin und her. »Ich weiß es nicht. Ich wollte dich einfach dabei haben. Ich ... ich mag dich.«

»Ach!« Jake wich zurück. »Eine seltsame Art jemanden zu mögen. Ihn zu hypnotisieren, damit er einem gehorcht.«

Richard stützte den Kopf in die Hand. Jake hatte recht. In allem. Aber wären nicht weniger redliche Menschen als er mit dieser Kraft völlig anders umgegangen? Viele hätten sich zum König der Welt erklärt, sie hätten sich bereichert. Er hatte versucht, damit etwas zum Positiven zu verändern.

»Ich habe mich bemüht, mit dieser Fähigkeit Gutes zu tun«, sagte er tonlos. »Aber alle fühlten sich wohl – bis auf mich. Mir wurde keine Liebe zuteil. Nur diese aufgesetzte Demut.« Bis du kamst, dachte er. Du warst der Erste, der alles freiwillig getan hat. Der mich beschützt und verwöhnt hat. Sein Herz wurde schwer. Er würde Jake mit seinem Geständnis verloren haben.

Jake hatte sich erhoben, stand vor dem Küchenfenster und starrte in die Dunkelheit. Es war totenstill im Haus. Nur das leise Ticktack der kleinen, braunen Küchenuhr in der Ecke. Die Minuten vergingen.

Ich bin der Sache so müde, dachte Richard. Aber ich weiß nicht, wie ich den Spuk beenden soll.

Jake dreht sich um. »Du brauchst Hilfe. – Ich werde dir helfen. Ich denke, ich habe die Möglichkeit dazu. Ich kenne einen guten Arzt.«

Richard schoss hoch. »Na klar, weil ich ja irre bin! Ab in die Klapse mit ihm! Ich habe mir das ja alles nur eingebildet. Hier!« Er schwenkte sein Handgelenk vor Jakes Nase herum. »Das hat der Wahnsinnige sich ja selbst zugefügt!«

Jake packte seinen Arm und zog ihn zu sich heran. Er blickte ihm ganz nah ins Gesicht. Ihre Nasen stießen fast aneinander. »Du bist ein Dummkopf, Richard Ryan«, stellte er fest. Und dann küsste er ihn. Nein, nicht brüderlich auf die Wange, sondern zart auf den Mund. Richard wurde steif vor Schreck. Er wurde von einem Mann geküsst. Jake löste seine Lippen.

Einhundert Gefühle stürzten auf Richard gleichzeitig ein, tausend Gedanken rasten durch seinen Kopf. Jedoch ein einziger Wunsch übertönte alle anderen: Er soll seinen Mund dort lassen! Er ist weich, warm, tröstlich. Ich will, dass er da bleibt. Im selben Moment schoss heiß die Lust in seinen Unterleib, sein Schwanz bäumte sich auf. Das war in dem Morgenrock garantiert deutlich zu sehen. Er wagte nicht, nach unten zu blicken. Oh nein, was würde Jake von ihm denken? Diese vorwurfsvolle Stimme sprach nun zusätzlich zu all den wirren anderen in seinem Kopf. Jedoch ein Gedanke setzte sich durch: Küss ihn zurück! Mach es! Was riskierst du? Du hast dich doch bereits komplett bloßgestellt. Was soll schon passieren?

Er blicke Jake in die erwartungsvoll lächelnden Augen. Dann hob Richard die Hände und umfasste seinen Kopf, zog ihn näher. Alle Stimmen verstummten schlagartig, als er Jakes Mund berührte. Ruhe kehrte ein. Sie öffneten die Lippen, umschlangen die Zungen. Richard schloss die Augen, streichelte Jakes Haar, glitt mit den Fingerspitzen über die Ohrmuscheln, fuhr in den Nacken, betastete die Muskeln und den weichen Haaransatz. Jemand vom gleichen Geschlecht. So fremd und doch so vertraut.

Jake hatte seinen eigenen Bademantel geöffnet und löste den Gürtel seines Kimonos. Ihre nackten Körper berührten sich. Sie stöhnten beide gleichzeitig auf. Er wünschte sich, der Kuss würde endlos dauern. Jake hielt ihn eisern an sich gepresst. Sein hartes Glied pochte an Richards Schenkel. Ich will mich verschenken – ich möchte mich ihm schenken. Dieser Gedanke setzte sich in seinem Kopf fest. Niemals zuvor hatte er so etwas gedacht! Er keuchte und löste sich. Das war zu heftig. Er war ein Macher, ein Nehmer. Nun wollte er sich hingeben?

Sie blieben Stirn an Stirn stehen, schwer atmend. Er blickte nach unten. Beide Glieder glitzerten von kristallenen Fäden, tropften wehmütig. Das war alles ein bisschen zu viel. Lass es zu, sagte seine innere Stimme. Das ist Liebe. Wenn nicht jetzt – wann dann?

Weit entfernt, in einer anderen Galaxie, saß Xerxes auf seinem Meerschaumsessel, mit der verkrüppelten Klaue presste er das Energetikon an seine Stirn. Die linke Hand hielt schmerzhaft fest sein blutiges Glied, in dessen lederne, glatte Haut er seine Krallen gebohrt hatte. Das Buch sank zu Boden. Erregt und irritiert blickte er auf das schwarze Blut, das sich mit seinem Sperma zu einer dünnen Spur vermischte. Erneut innerhalb einer kurzen Zeitspanne hatte er sich berührt – durch Richard verführt. Zum ersten Mal hatte Xerxes das Gefühl, dass er nicht mehr Herr der Lage war. So stark ihn diese Lust faszinierte – so sehr hasste er sie auch.

Solutosan blieb verblüfft stehen. Ulquiorra sprach in aller Ruhe mit Pallasidus.

»*Komm bitte, Solutosan.*« Ulquiorra wandte sich ihm zu. »*Ich habe deinem Vater eben erzählt, was passiert ist – was Xerxes mir, Tabathea und deiner Tochter angetan hat.*«

Pallasidus stand plötzlich vor ihm. »Ist es wahr, dass die Piscanier Squalis töten? Ich habe ihre gequälten Schreie bis in ein weit entferntes Planetensystem gehört.«

Solutosan knirschte mit den Zähnen. Jetzt endlich fiel es seinem Vater ein, auf Sublimar zu erscheinen. Nachdem das ganze Unglück bereits geschehen war! Er bemühte sich ruhig zu bleiben, zumal Ulquiorra ihn bittend ansah. »*Wir wissen es nicht genau, Vater. Es ist nur eine Vermutung, denn eine kleine, unbedeutende Piscanierin hat uns diesen Hinweis gegeben. Es ist auch nur ein Gerücht, dass Xerxes König Tertes vom Thron gestoßen hat und nun geschützt in Piscaderia an den Kernadern sitzt. Ich persönlich glaube den Gerüchten.«*

Pallasidus schwieg. Sein altersloses, majestätisches Gesicht blieb nachdenklich. Er schwebte ein Stück über dem Terrassenboden, von seiner starken Energie getragen. Das weiße, spinnwebartige Gewand bewegte sich um ihn, obwohl es windstill war. Solutosan betrachtete ihn gebannt.

»Er sitzt an den Kernadern«, wiederholte sein Vater. *»Das schützt ihn. Er ist klug. Ich werde ihn zur Rede stellen, aber vorher muss ich wissen, was er sich am meisten wünscht.«*

Ulquiorra erhob sich und gesellte sich zu ihnen. *»Mehr als alles andere wünscht er sich einen intakten Körper. Dafür ist er bereit alles zu tun. Er hat meine Kraft gestohlen, ich bezweifle jedoch, dass er es schafft, sie zu materialisieren.«*

»Lass uns mitkommen nach Piscaderia«, bat Solutosan, aber sein Vater schien ihn nicht zu hören, was ihn sofort wieder ärgerte. Wie üblich kam er sich neben ihm unbeachtet und minderwertig vor.

»Ich werde ihn zur Rechenschaft ziehen.« Pallasidus' Körper fiel in sich zusammen, als wäre er lediglich eine Holographie gewesen, und war verschwunden.

»Beim Vraan!«, stieß Solutosan zornig hervor. *»Ich könnte ihn erwürgen! Immer das Gleiche mit ihm. Keine Antwort auf meine Fragen.«*

Ulquiorra legte ihm beschwichtigend die Hand auf den Arm. *»Seltsamerweise hat er mit mir völlig normal gesprochen.«*

Solutosan zog die Augenbrauen hoch.

»Ja, er hat mich nach meiner Familie gefragt und was ich für ein Verhältnis zu dir habe. Ganz besonders stark hat ihn offensichtlich meine Großmutter interessiert. Er wollte wissen, woher ihre Vorfahren kamen, aber ich konnte es ihm nicht sagen. Er spricht in Metaphern, das stimmt. Soweit ich heraushören konnte, gibt es nur eine einzige Blutlinie, in der Energetiker vorkommen.«

Solutosan stockte einen Moment der Atem und er überlegte fieberhaft. Folglich war es möglich, dass Ulquiorra und er den gleichen Ursprung hatten. Xanmeran war Ulquiorras

Vater, daran bestand kein Zweifel. Also konnten sie schon einmal keine Brüder sein. Aber sie würden wahrscheinlich aus unterschiedlichen Zweigen einer großen Energetikerfamilie stammen.

»*Ich hasse es, dass er keine Informationen von sich gibt. Er hat jedoch versprochen, dass er mir alles erzählt, wenn die Zeit dafür reif wäre. Die Frage ist nur, wann das sein wird*«, setzte er unzufrieden hinzu.

Sein Freund schlang die starken Arme um ihn.

Solutosan seufzte. »*Und was hast du ihm über unser Verhältnis erzählt?*« Er hielt Ulquiorra in Armeslänge von sich.

»*Dass wir uns lieben, Solutosan.*« Ulquiorra lächelte.

Jake löste sich von Richard. Das war so alles nicht geplant gewesen. Besonders nicht, dass sie sich so nahe gekommen waren. Er spürte Richards Bestürzung, seine Geilheit, seine Verwirrtheit, zog seinen eigenen Bademantel zusammen und verknotete liebevoll den Gürtel von Richards Kimono.

»Das sollten wir ein anderes Mal fortsetzen«, sagte er leise und bestimmt. Sein Herz klopfte hart, wenn er Richard da so stehen sah, die Augen immer noch gesenkt. Er durfte ihn nun nicht mehr aus seinem Bann lassen, bis Patallia den Mann gesehen hatte. »Bitte Richard, lass mich dir helfen. Der Bekannte, zu dem ich dich bringen will, ist zwar Mediziner, aber kein Psychologe. Er ist Forscher und sehr bewandert, was übersinnliche Dinge angeht.« Richard hob den Kopf. Seine ungewöhnlichen Augen flackerten. »Bitte vertraue mir.« Was sollte er jetzt noch sagen? Dann fiel ihm ein wichtiges Argument ein. »Er kann uns vielleicht auch erzählen, warum die Hypnose bei mir nicht gewirkt hat.«

Dieser Satz brachte Leben in Richard. »Noch jemanden einweihen? Unterliegt er denn der Schweigepflicht?« Jake nickte. Patallia würde garantiert nie an die menschliche Öffentlichkeit treten, also war das keine Lüge.

»Es ist drei Uhr. Wir können doch bestimmt nicht mitten in der Nacht zu ihm.« Richard blickte auf die kleine Küchenuhr. Jetzt erst nahm Jake ihr Ticken wieder wahr.

Wenn er Richard nicht sofort nach Seafair brachte, würde dieser vielleicht über Nacht seine Meinung ändern. Die einzige Möglichkeit das zu verhindern, war, dort weiterzumachen, wo sie kurz zuvor aufgehört hatten ... Jake schwankte einen Moment. Er hatte es in der Hand. Richard war reizvoll und verunsichert. Er selbst war frei.

Lächelnd legte er den Arm um Richards Schulter und führte ihn ins Schlafzimmer.

Wie lange war es her, seit er das letzte Mal eine Gänsehaut auf dem ganzen Körper hatte? Richard erinnerte sich nicht mehr. Aber sie bedeckte seinen Leib, als er schlafwandlerisch mit Jake in sein Schlafzimmer lief, es zuließ, dass der Mann ihm den Morgenrock abstreifte und ihn sanft auf das Bett drückte. Wieso schien Jake immer genau zu wissen, was er brauchte? Auch jetzt war es wieder so. Denn er legte sich auf die linke Seite neben ihn, polsterte die verletzte Schulter mit einem kleinen Kissen ab – zog sorgfältig eine Decke über sie beide.

Im gleichen Moment überfiel Richard eine bleierne Müdigkeit. Die vergangenen Stunden hatten ihn aufgewühlt und ausgelaugt, nein, eigentlich waren es die letzten Tage gewesen. Was dachte er da? Bereits seit dem unheilvollen Traum war sein Leben aus dem Lot geraten und hatte sich in einen bizarren Alptraum verwandelt. Nun, in Jakes Armen, schien sich alles wieder zum Guten zu wenden.

»Die Love-Society ist kein Fehler gewesen, Jake«, sagte er leise. »Ich bin wirklich der Meinung, dass die Menschen Liebe brauchen.« Jake schob langsam den linken Arm auf seinen Brustkorb. Die Handfläche kam auf der Brustwarze zum Liegen. Wie zufällig. Oder war es Absicht?

»Ich verstehe dich.« Jakes Stimme war mehr ein Schnurren als ein Brummen. »Nur war der Weg dorthin falsch. Wir sollten jetzt nicht weiter darüber diskutieren, sondern uns ausruhen.«

Seine Hand war warm auf der Brust. Er streichelte sie behutsam.

»Hast du noch Schmerzen in der Schulter?«

»Es geht so. Sie werden mich bestimmt nicht davon abhalten dich zu berühren.« Jake lächelte. »Entspann dich einfach.«

»Ich bin …«. Sollte er nun erwähnen, dass er heterosexuell war? War er das überhaupt? Er hatte sich auf Frauen fixiert und Männer nie in Betracht gezogen. Vielleicht weil Homosexualität in seiner Clique verpönt gewesen war und betuschelt wurde. Als Homosexueller hätte er niemals die rasante Karriere als Anwalt hinlegen können, wie er sie gemacht hatte. Es war selbst als Bisexueller unklug, in der Öffentlichkeit von Seattle ein Wort über die eigene Sexualität zu verlieren.

Jakes Finger waren bei seinem Bauchnabel angelangt. Nun war es nicht mehr weit bis zur Spitze seines erigierten Gliedes, das sich der streichelnden Hand entgegenreckte.

Jake drehte sich zu ihm und küsste ihn. Einfach so, ohne ein Wort. Die Hand hatte seinen Schwanz erreicht, hatte besitzergreifend zugepackt. Jakes Zunge vereinnahmte seinen Mund. Es war so angenehm. Er erwiderte den Kuss, ließ sich fallen, versank.

Seine Erregung wuchs. Und mit ihr keimte die Neugierde wie sich Jake wohl anfühlen würde. Schwanz ist Schwanz, dachte er. Aber war das wirklich so? Er tastete, griff zu. Ein zähfließender Erregungsfaden befeuchtete seine Hand, legte sich auf seinen Handrücken. Diese Winzigkeit ließ ihn aufstöhnen. War da noch mehr? Forschend fuhr er mit den Fingern über Jakes glatte Eichel. Ja, sehnsüchtige Tropfen hatten sich gelöst, die er über Jakes Penisspitze verstrich. Ein großer, starker Schwanz. So lang wie sein Eigener, aber vielleicht ein wenig dicker. Er umfasste ihn. Er lag wunderbar in der Hand. Mit einem Keuchen löste Jake den Mund von seinem. »Reib ihn«, raunte er. »Hör nicht auf. Ich platze sonst.«

Während er das sagte, steigerte Jake bei ihm das Tempo. Er war geschickt, wusste genau, was er zu tun hatte, wie schnell und wie stark. Keine Frau hat mich jemals so berührt. Sie sind zu ungesch ...

Ein drängendes Ziehen in seinem Unterleib und seinen Hoden ließ ihn vergessen, was er eben noch denken wollte. Er passte sich an Jakes rasches Reiben an. Sie stöhnten, kamen nicht mehr dazu sich weiter zu küssen.

Jake versteifte sich, keuchte laut und benetzte Richards Hand mit seinem warmen Saft. Dieses Gefühl brachte ihn zum Überlaufen. Er entlud sich wie noch nie in seinem Leben. Es fühlte sich endlos an. Hirnlos stammelte er unsinnige Wortfetzen. Erleichterung folgte, eine Wohltat. Ich will mich ihm schenken, dachte er wieder – und dann war der Rausch vorbei. Ruhe kehrte ein. Jake brummte zufrieden, ließ die Hand auf seinem Glied liegen, streichelte es weiterhin, knetete seine nachlassende Härte sanft.

Normalerweise würde ich jetzt aufspringen und ins Bad rennen, dachte Richard, aber dafür war die Situation viel zu angenehm. Duschen konnte er auch später und das Bettzeug konnte die Haushälterin wechseln. Nein, er würde seine ungewohnte und wunderbare Lage noch ein wenig ausnutzen. Er suchte Jakes Mund, dessen Lippen sich bereitwillig öffneten. Er wusste nicht, wie lange sie knutschten, leise dummes Zeug tuschelten, sich wieder küssten und streichelten, denn irgendwann war er einfach eingeschlafen.

Xerxes blickte sich suchend um. Wo war denn nur sein Fäkalieneimer? Missmutig schwamm er zur Tür seines Gemachs und wollte sie öffnen, als er draußen im Vorraum eine Unterhaltung vernahm. Er hielt erschreckt inne. Seine Instinkte schrien regelrecht Alarm! Er öffnete die Tür nur einen Spaltbreit, sah aber lediglich den Schergen, der Wache stand und der ihn aufmerksam anblickte. Xerxes legte den Finger auf die Lippen, schlich zu dem Spalt zwischen Tür und Wand und spähte durch die Ritze. Was er sah, ließ sein Blut gefrieren. Gregan lag vor seinem Vater auf den Knien. »*Bitte Herr, Ihr könnt mir vertrauen. Ich weiß alles.*« Sein Adjutant hob den Kopf. Seine Augen schienen noch weiter hervorzuquellen. »*Ich informiere Euch umfassend, wenn ihr mich bei der Thronvergabe berücksichtigt.*«

Pallasidus verharrte reglos, das Gesicht unbewegt, strahlend und golden.

»*Er hat die Piscanier aufgewiegelt gegen die Squalis vorzugehen, hat behauptet, sie würden zu viele Fische fressen. Aber wir wissen ja alle, dass das nicht wahr ist. ER ist der alleinige Initiator! Er hat Tertes ermordet und den Thron eingenommen. Dabei will er im Grunde nur sitzen und in dieses Buch starren. Er ist ein schlechter Regent.*« Gregan stockte.

Nun rührte sich Pallasidus zum ersten Mal. »*Was für ein Buch?*«, donnerte er.

Gregan senkte wieder demütig den Kopf und Xerxes durchfuhr es eiskalt. Dieser Verräter würde seinem Vater nun von dem Energetikon erzählen! Er war in hochgradiger Gefahr!

Sein Notfallplan! Nun musste er diesen extremsten Plan auf den Weg bringen. Er deutete dem Schergen mit Handzeichen. Verhaspelte sich in seiner Nervosität. Der Wachmann verstand ihn nicht. Er konzentrierte sich und gab seinen Befehl mit zitternder Hand noch einmal. Die verkrüppelten Finger wollten kaum gehorchen.

Der Scherge riss die Augen auf. Nun war klar, dass seine Anweisung angekommen war. Xerxes fletschte kurz bedrohlich die Zähne. Gestikulierte, dass der Mann des Todes wäre, wenn er seine Anordnung nicht weitergäbe. Der Scherge nickte und entfernte sich unauffällig.

Gregan hatte Pallasidus inzwischen berichtet, was er wusste. »*Nun wisst ihr alles, Herr. Bitte verschont mich. Ich habe mit all dem nichts zu tun. Ich bin nur ein Befehlsempfänger.*«

»*Du bist ein Wurm*«, donnerte Pallasidus und streckte Gregan mit einem Energiestoß nieder. Xerxes hatte keinen

Zweifel, dass diese Geste tödlich gewesen war. So schnell seine Flosse ihn forttrug, wandte er sich um und schwamm zu seinem Meerschaumsessel, setzte sich auf das Energetikon und riss den am Boden liegenden Königsstab mit dem Monumentskristall an sich. Keinen Moment zu früh, denn Pallasidus stand vor ihm, golden strahlend, das Gesicht wie aus Stein gemeißelt.

»Vater! Bevor du irgendetwas sagst oder tust, höre mich an.« Er bemühte sich, seiner Stimme Festigkeit zu verleihen, klammerte sich an den Stab. »Ich habe den Befehl gegeben, dass in dem Moment, in dem mir jemand diesen Stab entreißt, die Kernadern gesprengt werden.« Von Pallasidus kam keine Regung. Xerxes setzte hinterher. »Der Planet wird vernichtet – einfach zerplatzen.« Triumph schlich sich in seine Stimme. »Deshalb überlege gut, was du nun tust.«

Pallasidus senkte bedrohlich den Kopf. »Du hast deinen Onkel ermordet und einen Krieg angezettelt, hast mein Enkelkind sowie deinen Bruder verletzt und den besten Freund meines Sohnes zerstört. Wenn ich den Worten deiner rechten Hand glauben darf, bist du im Besitz eines Buchs, das mir gehört. Vielmehr, das ich selbst geschrieben habe, um es meinen Nachfahren zu vererben.«

»Ich bin dein Nachfahre!«, ereiferte Xerxes sich. »Ich bin dein leiblicher Sohn, vergiss das nicht!«

Pallasidus senkte die Stimme. »Ja, du bist mein Sohn. Deswegen bist du auch noch nicht tot. Aber du bist unwürdig – von schlechtem Blut.«

Wut schoss in ihn, hämmerte in seinem Schädel. »Ja, ich bin nicht dein geliebter Troyan oder dein begnadeter Solutosan. Jedoch bin ich als Herr der Kernadern der König dieses Planeten.«

Pallasidus stand weiterhin vor ihm, den Kopf gesenkt. Lange Zeit.

Ja, Götter haben Zeit, dachte Xerxes, und Furcht kroch in jede Ader seines Leibes. Er biss die Zähne zusammen. Ich werde nicht vor ihm kriechen und werde ihm weder die Regierungsgewalt noch das Buch kampflos geben. Er umkrampfte den Regentenstab.

»*Ich will das Energetikon*«, die Stimme seines Vaters knisterte. »*Du kannst die Regentschaft behalten, aber wirst sofort die Jagd auf die Squalis einstellen. Kein Krieg!*«

Das war gut, Xerxes blieb jedoch auf der Hut. »*Und was bekomme ich dafür?*«, fragte er lauernd.

»*Ich werde dir einen neuen, intakten Leib geben.*«

Fast wäre ihm vor Überraschung der Stab entglitten. »*Du bist fähig mich in einen anderen Körper zu transportieren?*« Sein Blut pulste vor Aufregung. »*Ich will so eine Gestalt wie Troyan hatte!*« Er konnte vor lauter Gier nicht sprechen. Ein genialer Plan schoss durch seinen Kopf: Er würde ihm das Energetikon geben, das ja, aber er würde die Seiten, die ihn zu Richard führten, herausreißen. Den Rest des Buches hatte er sowieso nie lesen können. Dann war er der Gewinner auf ganzer Linie: Ein bildschöner König von Piscaderia, der bald sein nächstes Reich erobern würde: Richards Planeten Erde.

Er wollte sich nicht erheben, denn sonst hätte Pallasidus vielleicht das Buch erspäht. Also schwang er huldvoll den Königsstab. »*So sei es.*«

»*Ich brauche drei Sonnenzyklen Zeit, um für dich den passenden Körper zu besorgen. Du wirst dich allerdings kurz aus Piscaderia bemühen müssen, um ihn in Empfang zu nehmen.*«

Aha, da war er – der Haken an dem Handel. Sein Vater wollte ihn aus der Stadt locken. Aber das würde ihm nichts nützen.

»*Nein, bring ihn her!*«, befahl er.

»*Deine Brüder werden Zeugen deiner Transformation sein, Sohn. Solutosan und Troyan haben geschworen, Piscaderia nie wieder zu betreten!*«

Xerxes stieß einen Ton aus, der an ein Lachen erinnern sollte. Diese Feiglinge! Es war klar, dass sie nun Angst vor ihm hatten. Alle! Die ganze Bande! Natürlich würde sein Gefolge und die Wachen ihn begleiten. Zur Sicherheit ein volles Regiment. Auch sie durften Zeuge seines Wechsels zur Schönheit sein. Es würde ein Triumph werden.

»*Ich erwarte dich zum vereinbarten Zeitpunkt am Fuß der großen Klippen im mittleren Meer.*« Pallasidus Gestalt löste sich vor seinen Augen auf.

Xerxes starrte auf den zurückgebliebenen, goldenen Schimmer. Er hatte gesiegt!

Richard stand vor dem großen Spiegel, rasierte sich und ärgerte sich darüber, dass er ihn immer noch nicht ersetzt hatte. Das Glas war beschlagen und er musste ständig den Wasserdampf fortwischen, den seine ausgiebige Dusche dort hinterlassen hatte.

Jake trat hinter ihn, presste seinen nackten, schlafwarmen Leib an ihn und legte den Kopf auf seine Schulter. Sofort schoss die Erregung wieder in sein Glied. Er hielt kurz den Atem an, denn sonst hätte er sich geschnitten.

»Vorsicht«, raunte Jake und blickte ihn im Spiegel an. Er lächelte, was kleine Fältchen an seinen freundlichen Augen hervorrief. Dann spähte er neugierig nach unten. »Bist du schon immer schwul gewesen?«, fragte er.

Richard warf den Rasierer in das Waschbecken und fuhr herum. »Ich bin nicht schwul! Das war ich noch nie und werde ich auch niemals sein!«

Jake betrachtete weiterhin seinen steifen Schwanz. Dann grinste er. »Okaaay«, meinte er gedehnt. »Es war schön mit dir, du Hetero.« Damit drehte er sich um und ging ins Schlafzimmer zurück.

Richard hörte, wie er sich anzog. Verdammt! Das war nach dieser Nacht eindeutig die falsche Antwort gewesen. Er wusch sich kurz den restlichen Schaum aus dem Gesicht, trocknete sich ab und ging Jake hinterher. »Zieh bitte nicht wieder die alten Klamotten an. Die sind dreckig. Nimm etwas von mir.«

Jake hielt inne mit der Jeans in der Hand, hob sie dann hoch und betrachtete sie. »Stimmt.« Er lief Richtung Kleiderschrank.

»Jake?« Der blieb stehen, ohne sich umzudrehen.
»Hmm?«
»Es war auch schön mit dir.« Richard schluckte trocken.

Jake verschwand schweigend in seinem begehbaren Kleiderschrank.

Er lief ihm hinterher. Jake wühlte in einem Stapel Hosen. »Egal welche?«

»Ja.«

Richard stand still und betrachtete sie beide in dem mannshohen Spiegel auf der schmalen Seite des Schranks. Ein blonder und ein dunkelhaariger, nackter Mann. Er war schlanker und nur wenig größer, weißhäutig, feingliedrig. Jakes Körper war eher drahtig, muskulös, gebräunt und voller Narben. Ein Krieger und ein Gelehrter, dachte er. Passte das zusammen? Er war sich nicht sicher.

Jake hatte inzwischen alles gefunden, hielt seine erbeuteten Schätze auf dem Arm und bemerkte seinen Blick. Jake stellte sich neben ihn. »Wir sind ziemlich unterschiedlich«, meinte er. »Gegensätze ziehen sich ja bekanntlich an.« Er grinste schief.

»Jake?«

Jake zog den Slip hoch und hob den Kopf.

»Bist du sicher, dass es richtig ist, was wir hier tun?« Richard stockte. »Wird der Mann wieder alles einrenken können?« Während er das sagte, merkte er, wie verunsichert er war. Eigentlich war er nicht der Typ dafür. Er war beherrscht und hatte die Dinge im Griff. Aber seit Jake in sein Leben gekommen war, hatte er das Gefühl, dass seine Fassade bröckelte.

Jake nickte und zog sich weiter an. »Ich bin ganz sicher – in beiden Punkten. Ich muss nur kurz vorher anrufen. Nicht, dass er aus allen Wolken fällt. Wir müssen nach Vancouver.«

Richard war froh wieder Auto fahren zu können. Die Folgen der Gehirnerschütterung hatte er gut verkraftet. Das hatte er Jake zu verdanken, der nun mit ihm zusammen an einer kleinen Uferstraße aus dem Lamborghini stieg.

Die Größe des Hauses, das weiß und unauffällig direkt an der Straße lag, war von außen kaum zu bestimmen. Jake schien sich sehr gut dort auszukennen, denn er gab einen Code in eine Art Computerterminal unbekannter Bauart ein, woraufhin sich die Haustür öffnete. »Komm!« Er winkte ihm. Selten hatte Richard ein so schlichtes und wenig gestyltes Heim gesehen. Die Besitzer legten offensichtlich keinerlei Wert auf Dekoration oder Bilder. Er folgte Jake einige Treppenstufen hinunter in den Kellertrakt, wo er an eine Tür klopfte.

»Patallia?« Ein glatzköpfiger Mann in einem weißen Laborkittel öffnete die Tür und bedachte ihn mit einem silbrigvioletten, tiefgründigen Blick. Solche Augen hatte er noch nie gesehen. Der Fremde war mittelgroß, schlank und bewegte sich fließend, als er die Tür vollends aufzog und sie einließ. »Hallo Richard.« Ein zurückhaltendes Lächeln erhellte sein Gesicht und gab ihm für einen Moment eine Schönheit, die ihn mit offenem Mund auf den Mann starren ließ. »Ich bin Patallia.«

Wo war sein gutes Benehmen? Es war unhöflich so zu stieren. Schnell reichte er dem Mann die Hand. »Ich freue mich, Ihre Bekanntschaft zu machen«, antwortete er steif. Jake, der neben ihm in den Raum getreten war, lachte leise auf. »Ich denke mal, Patallia hat nichts dagegen, wenn du ihn duzt, stimmt's?«

Der Mediziner machte eine einladende Handbewegung zu einigen einfachen, weißen Stühlen. Jetzt erst blickte Richard sich um. Er war in einem Labor, dessen Bestimmung er nicht deuten konnte, denn die Gerätschaften und Dinge, die sich in den mit Regalen bedeckten Wänden stapelten, hatte er noch nie zuvor gesehen. Jake nahm neben ihm Platz.

»Worum geht's?«, fragte Patallia freundlich.

In diesem Moment öffnete sich die Tür. Ein blonder Mann stand im Türrahmen in einer zerfetzten Jeans und einem Sweatshirt mit einem aufgedruckten Nilpferd, das dabei war eine Palme zu verschlingen. Richard war völlig perplex. Nicht aufgrund des geschmacklosen Pullis, sondern weil der Mann kein anderer war als Samuel Goldstein, der von ihm beauftragte Privatdetektiv. Was machte er in diesem Haus? Er blickte zu Jake, dessen Gesicht zu einem Pokerface erstarrt war. Eine Verschwörung. Er sprang auf! Hier war etwas äußerst faul. Man hatte es auf ihn abgesehen!

Jake stand auf, ruhig und gelassen, legte ihm die Hand auf den Arm. »Ich kann dir das erklären. Bitte, ich möchte, dass du die Wahrheit kennst.« Seine Miene war freundlich und undurchdringlich.

Goldstein hatte die Tür geschlossen und lehnte an einem der Tische. »Hallo Richard.« Er klang normal und nicht bedrohlich.

Sein Pulsschlag beruhigte sich allmählich. Er setzte sich. »Ich höre.«

»Ich hatte Monica gefunden«, begann Goldstein, »und zwar in den Moment, als du mich aus dem Club anriefst und mir mitteiltest, dass ich die Ermittlungen abbrechen soll. Ich stand an der Tanzfläche und sah dich mit Monica.« Er legte den Kopf leicht schief. »Die Absage wäre ja okay gewesen, aber du sagtest wortwörtlich, dass du kein weiteres Interesse an ihr hast. Während du mich anlogst, starrtest du Monica zwischen die Beine. Das hat mich verblüfft. Noch viel mehr hat mich allerdings erstaunt, als zwei hübsche Mädchen an deinen Tisch kamen und sich vor dich knieten. In dem Moment hattest du meine Neugierde geweckt.«

Richard hielt die Luft an. Das durfte ja wohl alles nicht wahr sein!

»Ich bat meinen Freund Jake um Hilfe, denn ich wollte wissen, was bei dir vorging.«

Ein Ruck ging durch seinen Leib. Jake war auf ihn angesetzt gewesen! Was passiert war, hatte einen rein beruflichen Hintergrund. Sein Kopf fuhr herum.

»Ich möchte allein mit ihm sprechen.« Jake sah ihm fest in die Augen. »Es ist wirklich wichtig. Bitte Smu und Patallia.«

Die beiden Männer blickten sich an, nickten und verließen den Raum.

»Du ... du Blender! Du Lügner! Du ... « Richard fand keine Worte, sprang auf und lief zwischen den Tischen umher. »Ich gehe!« Er eilte zur Tür.

»Nein!« Jakes Stimme war ein Aufschrei. »Ich habe dir nie etwas vorgemacht. Alles, was ich gesagt habe, ist wahr. Du hast Nachforschungen über mich angestellt. Du weißt, wer ich bin. Ich habe nie ein Geheimnis daraus gemacht, dass ich alles von dir wissen will«, sagte er beschwörend.

Richard blieb stehen. Das stimmte. Jake war ohne Umwege auf sein Ziel losgegangen, hatte ihn sogar offen gefragt, was auf Mercer Island war. Was machte es für einen Unterschied ob Goldstein auch noch dahinter steckte – genauso neugierig war. Es war sein unseliges Verhalten gewesen und das der Love-Mädchen, das die Männer auf ihn aufmerksam gemacht hatte. Er fühlte, wie sein Puls sich senkte. Jake hatte ihm nichts vorgespielt.

»Ich war ehrlich«, flüsterte Jake. »Es war alles echt.« Er blickte ihn mit offenem Blick an. »Alles.«

Richard ging zu dem Stuhl zurück, setzte sich neben ihn und nahm seine Hand. Jakes Argumente hatten ihn überzeugt. »Es tut mir leid. Einen Moment lang hielt ich dein Verhalten für eiskalte Berechnung.«

Jake schüttelte nachdrücklich den Kopf. »Nur mein Besuch auf der Pressekonferenz war geplant. Was danach kam ... – nein, das bestimmt nicht.« Er fuhr mit dem Daumen sanft über seine Handknöchel. »Kann ich die beiden anderen wieder hineinbitten?« Richard nickte.

»Und? Alles geklärt?« Samuel Goldstein grinste vielsagend.

»Es gibt Dinge, die gehen dich nichts an, Smu«, wies Jake ihn zurecht, was dessen dummes Grinsen noch verstärkte. Jake winkte ab.

Dieser Satz ließ Richard richtiggehend fröhlich werden. Warum eigentlich? Er blickte Patallia gespannt an. Aber Moment mal, er war ja derjenige, der um Hilfe bitten wollte. Er räusperte sich. »Ich bin gekommen, weil ich einen Rat brauche. An meinem Körper ist eine Verletzung erschienen – sie war einfach an einem Morgen da und, obwohl die

Wunde tief und gefährlich war, verheilte sie innerhalb von Stunden. Er zog den Ärmel seines Sakkos hoch und zeigte Patallia die Narben, der sie interessiert betrachtete. »Dieses Mal befähigt mich, die Leute zu manipulieren. Seit ich es habe, geistert ein Satz in meinem Kopf herum, den ich immer, wenn ich jemanden okkupiere, benutze: Mákalo da Fárak.«

Patallias Kopf fuhr hoch. »Der König wird kommen«, zitierte er wie aus der Pistole geschossen. In diesem Moment wurde sein Gesicht auf seltsame Weise durchsichtig. Ihm war, als könnte er die Knochen und Organe unter dieser transparenten Haut sehen.

»Was?« Goldstein sprang auf. »Du verstehst das?«

Der glatzköpfige Mann nickte. »Es heißt: Der König wird kommen!«

»Was ist denn das für eine Sprache?«, fragte Jake gespannt.

»Piscanisch«, antwortete der Mediziner tonlos.

Piscanisch? Das sagte ihm nichts. Aber die anderen Männer hatte dieses Wort in Alarmbereitschaft versetzt.

»Bitte erzähl ganz von Anfang an«, bat ihn Patallia, dessen Haut nun wieder weiß war. Vielleicht hatte er sich diese Mutation nur eingebildet. »Lass möglichst keine Einzelheit aus.«

Es war eine lange Geschichte geworden. Jake hatte zwischendurch Kaffee geholt und ein Glas Milch für den Mediziner. Er hatte ihm auch ein Käsesandwich mit einer Gurkenscheibe gebracht, denn Richards Magen hatte laut und energisch geknurrt. Erst dann war ihnen eingefallen, dass sie ja nicht gefrühstückt hatten.

»So war es«, beendete Richard die Erzählung und nippte an seiner Tasse. »Der Kaffee ist gut, Jake.« Dieser Satz unterbrach die bleierne Stille im Raum.

»Wo ist Tervenarius?«, stieß der Mediziner heiser hervor. »Wir müssen Solutosan rufen.«

Noch mehr Leute einweihen? »Muss das sein?«, fragte Richard.

»Du bist da in eine Sache geraten ...« Patallias Gesicht war ernst. »Ich kann das ganze Ausmaß im Moment nur vermuten – aber wir brauchen Hilfe.«

Solutosan lief unzufrieden in seinem Zimmer in der Residenz auf und ab. »*Und jetzt? Und jetzt? Wie weiter?*«, stieß er hervor.

»*Bitte leg dich doch erst einmal hin und beruhige dich.*« Ulquiorra zog die Decke über seinen Leib und bettete sich bequem ins Kissen.

»*Dass du jetzt schlafen kannst!*«, empörte Solutosan sich.

»*Pallasidus regt mich wirklich in keiner Weise auf*«, stellte sein Freund ruhig fest. »*Ich finde es gut, dass er Xerxes zur Rechenschaft ziehen will. Du solltest dich nicht übergangen fühlen. Er hat das gewiss nicht so gemeint.*«

»Nicht so gemeint«, wiederholte er schnaubend. »*Er macht doch nur was er will, ohne nach rechts und links zu schauen. Ich bin für ihn lediglich eine Marionette, bei der er nach Belieben die Fäden ziehen kann, wenn ihm danach ist.*«

Ulquiorra seufzte. »*Er wird den drohenden Krieg wegen der Squalis verhindern.*«

»*Bist du dir da sicher?*« Solutosan blickte zum Bett. Ulquiorra hatte die Augen geschlossen.

Er stieß unwillig die Luft aus. Vielleicht hatte sein Freund ja recht. Was nützte es ihm, wenn er nun in der Residenz tobte und sich ärgerte? Er selbst hatte ja keine Lösung für das Problem gehabt. Hatte er sich nicht ein paar Mal Pallasidus herbeigewünscht? Und nun war er da und löste die Dinge auf seine Art.

Solutosan ließ sein blaues Serica-Gewand neben das Bett auf den Boden fallen und warf sich zu Ulquiorra auf die Seegras-Matratze. »*Du hast recht. Ich benehme mich wie ein kleiner, dummer Junge.*«

Ulquiorra stützte den Kopf in die Hand und blickte ihn ruhig an. »*So ist das mit den Vätern und Söhnen. Diese Verhältnisse können kompliziert sein. Ich kenne das aus Erfahrung.*«

Ihr Götter, das stimmte wohl, wenn er Ulquiorra im Körper seines Vaters betrachtete. Solutosan ließ sich ins Kissen sinken und schloss demonstrativ die Augen. Angenehm beruhigt fühlte er die Finger seines Freundes über die Wange streichen, die Stirn berühren, der Daumen strich sanft über seine Lippen. Er brummte. Nach dem ärgerlichen Vorfall mit seinem Vater konnte er sich kein Liebesspiel vorstellen, aber er war nicht abgeneigt, ein wenig zu schmusen.

Ein scharfes Ziehen in der Brust ließ ihn plötzlich hochfahren. Ulquiorra hatte es ebenfalls gespürt und saß sofort aufrecht im Bett. »*Tervenarius! Das ist ein dringender Ruf! Ich muss los.*«

»*Ich komme mit. Ich habe dir doch gesagt, dass ich dir in der nächsten Zeit folgen werde.*« Solutosan nickte und warf sich das Gewand über. Ja, Ulquiorras Aufbauphase war noch nicht vollendet. Er brauchte Solutosan weiterhin. Was würde geschehen, nachdem er ganz wiederhergestellt war? Hoffentlich bleibt er dann trotzdem noch bei mir, dachte Solutosan und wartete den kurzen Moment bis Ulquiorra die Beine aus dem Bett geschwungen und sich angekleidet hatte.

Er öffnete das Tor und gemeinsam schritten sie aus dem Ring im Wohnzimmer in Seafair, wo ein besorgt blickender Tervenarius und ein durchsichtiger Patallia bereits auf sie warteten.

»*Sagt euch der Satz »Mákalo da Fárak« etwas?*«, stieß Patallia aufgeregt hervor.

»*Hört sich an wie piscanisch. Aber ich kann das nicht besonders gut*«, antwortete Solutosan. »*Warum fragst du?*«

»Dann setzt euch mal hin ihr zwei, ich muss euch etwas erzählen.«

Sie nahmen auf der Leder-Garnitur Platz und lauschten gebannt Patallias Geschichte.

Solutosan spürte, wie sich im Laufe des Berichts seine Kieferknochen verhärteten, seine Brust sich mit Wut füllte und sich sein Körper aufrichtete. »Was?«, brüllte er. »Dieser Warrantz!«

»Halt!« Es war Ulquiorras energische Stimme, die sich in diesem Moment nicht von der Xanmerans unterschied. »Du wirst jetzt keinen Wutanfall bekommen, Solutosan. Und du wirst auch nicht herumbrüllen. Damit ist uns überhaupt nicht geholfen. Wir müssen dem Mann gefasst gegenübertreten. Hast du mich verstanden?«

Solutosan setzte sich. Seit Ulquiorras Leib so ausgesaugt worden war, seit er sein Kind gefoltert und seinen Bruder zerstört gesehen hatte, war er nicht mehr der Alte. Er war froh, nicht mehr der Leiter der Duocarns zu sein, die einen bedächtigen und kühl taktierenden Chef brauchten wie Tervenarius, der ihn mit seinen goldenen Augen ruhig fixierte. Sein Zorn wich. »Danke! Ich weiß nicht, was immer in mich fährt. Ich bin etwas dünnhäutig geworden seit dem Überfall auf meine Familie. Entschuldigt.«

Die Männer nickten.

»Und ausgerechnet dieses Opfer von Xerxes schleppt Jake hier an?«, fragte Tervenarius noch einmal nach. »Er bringt ihn zielsicher zu dem einzigen Ort, an dem man dem Spuk ein Ende setzen kann? Jetzt stellt euch vor, das Schicksal hätte nicht so entschieden. Er hätte die Menschheit schleichend okkupiert im Namen der Nächstenliebe. Und wir hätten niemals die Quelle des Übels auch nur vermutet.« Er wandte sich an Solutosan. »Es gibt deshalb höchstens einen Grund einen Freudentanz aufzuführen, statt einen Tobsuchtsanfall zu bekommen.«

Oh ja, Terv hatte recht. Nur, wie konnten sie die Sache beenden? Sein Vater war auf dem Weg Xerxes zurechtzuweisen. Wie hatte dieses Monster überhaupt in Richard gelangen können?

Ulquiorra blickte nachdenklich in die Runde. Als hätte er Solutosans Gedanken geahnt fragte er: »*Wie konnte Xerxes durch die Galaxien reisen? Er besitzt wohl die Energie, die er mir gestohlen hat, aber diese erlaubt ihm nicht die Anomalie zu benutzen. Sie gibt ihm auch nicht die Kraft ein Tor zu öffnen, das groß genug für ihn wäre.*« Er machte eine Pause. »*Und selbst wenn ihn der Diebstahl befähigt hätte – man kann als Energetiker nur die Wege sehen, die vorgegeben sind und durch die bereits ein Ruf erfolgt ist. Hat Richard einen energetischen Ring in der Brust? Als Mensch? Wohl kaum.*«

Solutosan fiel die Geschichte ein, die Ulquiorra ihm während seiner Lehrstunden erzählt hatte. »*Du hast mir doch einmal von einem Buch berichtet ...*«

»*Das Energetikon?*« Ulquiorras Haut wandelte sich schlagartig von Schwarz zu Grau, seine goldenen Schlieren bewegten sich schneller.

Das Buch der Energetiker. Die unbegrenzte Art zwischen den Welten zu reisen. Ulquiorras größter Wunschtraum. Solutosan blickte seinen Freund interessiert an.

»*Xerxes könnte das Buch haben, ja. Ich denke, wir werden mehr wissen, wenn wir uns unseren Besucher einmal angeschaut haben.*« Ulquiorra erhob sich und er sprang auf.

»*Moment.*« Patallia hob die Hand. »*So könnt ihr euch nicht zeigen. Ihr müsst euch umziehen und schminken.*«

Das stimmte. Solutosan hatte es in seinem Eifer vergessen.

»*Ich werde nicht mitkommen*«, beschloss Tervenarius. »*Der Mann wird bereits mit eurem Anblick mehr als beschäftigt sein. Jake, Patallia, Solutosan und Ulquiorra. Wenn ich noch dazu komme ...*«

»*Und Smu*«, erinnerte Patallia ihn. Tervenarius winkte ab. »*Nein, das Team ist komplett. Haltet mich bitte auf dem Laufenden. Ich bleibe im Haus solltet ihr mich brauchen.*«

Solutosan machte impulsiv ein paar Schritte auf ihn zu und umarmte ihn kameradschaftlich und dankbar.

»*Dann lasst es uns vorsichtig angehen. Keine Sorge, ich beherrsche mich.*« Er zwinkerte Ulquiorra zu.

»Nein, danke.« Richard winkte ab, als Jake ihm einen weiteren Kaffee anbot. Wo dieser Mediziner wohl blieb? War es unhöflich jetzt einfach zu gehen?

»Was mich interessieren würde ...«, Samuel Goldstein, genannt Smu, rückte näher an ihn heran, »wie das mit dem Mal funktioniert. Mach es bei mir.«

Richard hörte, wie Jake erstaunt die Luft anhielt. »Bist du verrückt, Smu?«

»Nein«, der Blonde schüttelte den Kopf. »Ich will wissen, ob es bei mir gewirkt hätte.«

»Und wenn es wirkt, wirst du gleich vor Richard auf den Knien herumrutschen, du Idiot!«, gab Jake freundlich zu bedenken.

Richards anfängliche, heimliche Befürchtung, dass Smu und Jake vielleicht ein Pärchen waren, zerstob in diesem Augenblick. Das war eine raue Männerfreundschaft.

Er sah den neugierigen Privatdetektiv an. Ja, ihn interessierte es selbst auch. Smu gehörte zu dem Kreis in dem Haus. Würde es wirken?

In dem Moment öffnete sich die Tür und der Mediziner kam zurück. Mit ihm traten zwei Männer in den Raum, bei deren Anblick ihm der Atem stockte. Ein glatzköpfiger und ein weißhaariger Bodybuilder. Beide in schwarzer, enganliegender Kleidung. Selten hatte er derartig perfekte Körper gesehen. Der Weißhaarige trug das Haar zu einem Pferdeschwanz gebunden, der ihm lang den Rücken hinunter hing. Sein ernstes Gesicht, mit scharf geschnittenen männlichen Zügen, einem sinnlichen Mund ... Richard stockte in seiner Betrachtung. Der Mann hatte eine erotische Ausstrahlung. Wieso bemerkte er das überhaupt. Lag es an seinem Erlebnis mit Jake? Der Glatzköpfige erinnerte ihn an einen Indianer, mit Adlernase und dunklen, forschenden Augen. Ein beeindruckendes Paar. Die beiden standen ruhig da und ließen sich betrachten. Offensichtlich waren sie es gewöhnt begafft zu werden. Peinlich berührt senkte Richard den Blick.

»Ich bin Solutosan.« Die Stimme des Weißhaarigen war rauchig und angenehm. Er streckte ihm die Hand hin, die er zögernd nahm. Ein kühler, fester Händedruck. »Das ist Ulquiorra.« Der muskelbepackte Riese nickte. Ulquiorra?, dachte er. Wenn das mal nicht ungewöhnliche Namen waren.

»Sehr erfreut.« Richard rang sich zu einem Lächeln durch. Wie konnten diese Männer ihm weiterhelfen? Allmählich wurde die Sache bedrückend und er hatte das Bedürfnis, dem eng werdenden Raum zu entfliehen. Er fühlte Jakes beruhigende Hand auf seinem Arm. »Es ist alles okay«, raunte er. »Jetzt ist das Team komplett.«

Die beiden neu Angekommenen nahmen auf den Tischen Platz und musterten ihn interessiert.

Smu schnaufte. »Wir wollten eben ausprobieren, ob das Mal bei mir wirkt.«

»Du bist verrückt, Smu!« Dieser heftige Einwand kam von Patallia. »Willst du als sein Diener enden?«

»Nö, aber ich will wissen, womit wir es hier zu tun haben. Und zwar live.«

»Die okkupierten Mitglieder verändern ihr allgemeines Verhalten nicht. Sie sind nach der Manipulation lediglich beseelt mir jeden Wunsch zu erfüllen«, klärte Richard sie auf.

»Das werde ich zu verhindern wissen«, knurrte Patallia.

Richard musste wider Willen lächeln. Nun war klar, zu wem Smu gehörte.

»Ich für meinen Teil würde es gern sehen«, schaltete sich Solutosan nun ins Gespräch ein.

»Los komm, Richard!« Smu rutschte mit seinem Stuhl näher und hielt ihm das Handgelenk hin.

Ohne zu zögern ergriff er seine Hand, presste das Mal ans Gelenk. »Mákalo da Fárak«, sagte er. Die Kraft war da. Das fühlte er. Das Mal wurde aktiv. Das altbekannte Ziehen.

Mit einem Schritt war der Mann, der sich Ulquiorra nannte, zu ihnen gestürzt und starrte auf die Verbindung ihrer Hände. Dann blickte er mit aufgerissenen Augen zu Solutosan. »Mákalo da Fárak«, wiederholte Richard, denn Smu schien unbeeindruckt zu bleiben.

Und so war es. »Hmm«, Smu kratzte sich in seiner blonden Löwenmähne. »Ich habe nicht das Bedürfnis dir zu gehorchen.«

Richard blickte hoch. Da passierte etwas zwischen Patallia, Solutosan und Ulquiorra. Unterhielten sie sich lautlos? Das war sehr unheimlich. Richard zog unwillig die Schultern zusammen. Die ganze Situation wurde ihm langsam zu viel. »Es wirkt nicht«, stellte er fest. »Ich denke, ich werde nun gehen.«

»Entschuldige.« Patallia trat lächelnd an ihn heran und legte ihm die Hand auf dem Arm. Hatte er einen kleinen Stich gespürt? Er konnte sich auch täuschen. Er rieb die Stelle, blickte Jake an, dessen Miene er nicht zu deuten vermochte.

»Könnt ihr helfen?«, fragte Jake an seiner statt.

Ja, er wollte, dass sie ihm halfen. Richard fühlte sich ruhig und entspannt. Nur die Tatsache, dass das Mal erneut versagt hatte, gab ihm zu denken.

»Ja«, antwortete Ulquiorra ernst. »Da ist etwas in ihm, das dort nicht hingehört. Ich habe es gesehen. Solutosan kann es entfernen.«

»Möchtest du das, Richard?«, fragte Patallia prüfend.

Ja, er wollte das alles endlich loswerden. Sein Leben lag am Boden. Er wollte nicht, dass die Leute ihm willenlos gehorchten. Das war keine echte Liebe. Hatte er nicht die wirkliche Liebe bereits gefunden? Er blickte in Jakes besorgtes Gesicht. Der sah seinen Blick und ein Strahlen erschien in seinen Augen, breitete sich aus. Er lächelte zuversichtlich und nickte. Ich bin da. Das war die klare Botschaft.

Richard streckte das Handgelenk weit vor. »Macht es weg«, sagte er bestimmt.

Nun musste er jede Kleinigkeit bedenken. Xerxes bemühte sich, ruhig zu bleiben. Zunächst würde er das Wichtigste erledigen. Er zog das Buch hervor, legte es auf die Knie. Die schwarzen Schlangen auf der Umhüllung wanden sich. Inzwischen war er sicher, dass dies keine optische Täuschung war. Er strich mit den beiden verkrüppelten Fingern darüber. »*Ich werde dich weggeben müssen, mein Schatz*«, krächzte er leise, »*aber nicht vollständig.*« Er zog das Energetikon aus seiner Schutzhülle und betastete die sich windenden Wesen, die ebenfalls den Einband zierten. Er würde ihr Geheimnis wohl nie lüften. Das war ihm jedoch inzwischen gleichgültig.

Ohne zu zögern schlug er das Buch in der Mitte auf. Er fand die Stelle sofort, denn in seine Doppel-Seite hatte er sorgsam das blaue Leseband gelegt, das an dem Energetikon befestigt war. Es gab auch einige rote Bänder, violette und grüne. Aber blau war ihm passend erschienen.

Mit einem Ruck zerrte er an der Buchseite, die ihn zu Richard führte. Das Blatt war zäh. Das Energetikon widersetzte sich. Er zog, gab schließlich etwas Energie auf seine Hand – und das Papier riss. Geschafft! Das war seine Beute! Er schloss das Buch und stopfte es achtlos in seine Hülle zurück, hob das Hinterteil und setzte sich wieder darauf. Wohin mit der Seite? Er blickte sich in dem Raum um. Schutz, sein Schatz musste gut verwahrt werden, während er fort war, um seinen neuen Körper zu holen. Xerxes hielt inne. Die alte Göttin. Er würde ihn in den verfallenen Höhlentempel bringen, in dem die Göttin Diritas wohnte. Die grausame Göttin, von der sich die Piscanier vor langer Zeit abgewandt hatten. Niemand würde dort suchen. Der Tempel hatte den großen Vorteil, dass er nah an den Gemächern des Regenten lag.

So gut er konnte, rollte Xerxes mit unbeholfenen Fingern das Blatt, umschlang es mit einem Algenfaden, den er aus seinem Gewand zog, und ließ es darunter verschwinden.

Mit einem Hochgefühl schwamm er zur Tür. Halt. Er bremste. Gregan war tot. Seine rechte Hand – sein Zeremonienmeister. Er benötigte einen Neuen. Zielstrebig nahm Xerxes seinen Regentenstab und schloss mit dem Monumentskristall die kleine Pforte zur Schatzkammer auf. Die Kristalle glitzerten im schummrigen Licht der Pilze. Ich bin reich, ich bin mächtig und bald bin ich auch schön, dachte er und ein heiseres Keuchen entrang sich seiner Brust. Er suchte einen mittelgroßen Kristallring heraus und verließ die Schatzkammer, verschloss sie sorgfältig und schob den Regentenstab in den Gürtel seines Gewands. Das Buch musste er ebenfalls noch sichern. Entschlossen packte er es unter seinen Meerschaumsessel, so dass es nicht zu sehen war. Hatte er etwas vergessen? Nein. Den Ferrculan-Stab mit dem Squali-Gebein brauchte er nun nicht mehr. Er ließ ihn achtlos in der Ecke stehen.

Xerxes öffnete die Tür. Wie er erwartet hatte, hielt der Scherge, der ihm so gut gehorcht hatte, dort Wache. »*Hol einen Kollegen*«, befahl er ihm. Um seinem Befehl Nachdruck zu verleihen, löste er etwas Energie. Er fühlte sich regelrecht übermütig.

Er wandte sich an die beiden zurückgekommenen Soldaten, die mit demütig geneigten Köpfen vor ihm standen. »*Du wirst mein neuer Zeremonienmeister sein! Und du bist Zeuge!*« Er streifte dem Schergen den Kristallring über die glitschige Klaue. Der verneigte sich. »*Danke, Herr! Danke!*«

Er winkte ab. »*Du wirst Gregans Behausung beziehen. Dort findest du den Zeremonienstab.*« Er pikte dem anderen Schergen mit der Kralle in die Brust. »*Und du wirst von nun an vor meinem Domizil Wache halten.*«

Zufrieden schwamm er den langen Gang in Richtung Tempel davon. Ob überhaupt noch jemand außer ihm den Weg dorthin kannte? In jüngeren Jahren war er in regelmäßigen Abständen von Tabathea gestützt von seiner Höhle durch die verschlungenen Wege zu dem Heiligtum gelaufen. Er war der Göttin vor die Füße gesunken und hatte um Rache gebeten, um Unheil für seine Feinde. Die Statue der Göttin mit dem aufgerissenen Maul besaß eine ebenso große Öffnung in ihrem Bauch, um dort die Feinde verschwinden zu lassen. Genau dorthin würde er seinen Schatz bringen.

Alles war vorbereitet, um am nächsten Sonnenaufgang seinen Vater an den Klippen zu treffen. Er würde nichts dem

Zufall überlassen. Seine Schergen waren sorgfältig instruiert. Der Hofstaat würde ebenfalls um ihn versammelt sein. Xerxes kicherte. Ich bin genial, dachte er.

Solutosan blickte den dunkelhaarigen Mann an. Es war ihm ernst. Er wollte befreit werden. Ulquiorra hatte mit Bestürzung seine Kraft wiedererkannt, die gestohlene Energie, deren Diebstahl ihm zum Verhängnis geworden war. Solutosan fühlte Ulquiorras zitternde Hand auf seinem Arm. Er würde nun dieses Gewürm aus Richard Ryan ziehen. Er nickte Patallia und Jake zu, die ihre Stühle eng an Richards Sitz geschoben hatten und jederzeit bereit waren zuzugreifen, um den Mann zu bändigen. Ulquiorra konnte er unmöglich für diesen Job einsetzen. Dessen Nerven vibrierten. Das merkte er mit jeder Faser.
    Er machte einen Schritt auf Richard zu, packte dessen Handgelenk und schloss die Augen. Er sah die Energie. Aber sie schien sich zu ringeln, unwillig, wie ein gefangener Wurm. Wie hatte Xerxes das bewerkstelligt? Er hatte die Kraft gefesselt.
    Behutsam löste er die Wundränder der inneren Narben. Er wollte Richard so wenig wie möglich verletzen. Nun floss die Energie bereits ruhiger. Sie hatte jedoch keine Verbindung zu Xerxes. Ob diese Verknüpfung durch den Satz entstand?
    »Sag den Satz!«, knurrte Solutosan. Richard versuchte zurückzuweichen, aber Solutosan hatte ihn eisern im Griff. Gleichzeitig packten die Männer neben ihm Ryan an der Schulter. »Sag ihn«, wiederholte er.

Gespannt stand Xerxes, umringt von seinen Schergen und Gefolgsleuten, seinem Vater am Fuß der großen Klippe gegenüber. Die Strömung war an diesem Ort recht stark, aber das war ihm gleichgültig. Er presste mit dem verkrüppelten Arm das Energetikon an sich, mit der linken Klaue hielt er den Regentenstab. Er hatte nur Augen für das Wesen, das reglos neben seinem Vater stand. Sein neuer Körper. Er war so wunderschön! Der Mann ähnelte sogar Troyan ein wenig. Er hatte die Augen geschlossen. Für diesen Leib würde er das nutzlose Energetikon gern entbehren. Er packte den Stab mit dem Monumentskristall fester. Solange er den hielt, war er in Sicherheit. Wenn Pallasidus ihm diesen entreißen wollte, würde sofort einer der Schergen nach Piscaderia schwimmen und den Befehl für die Kernadern geben. Er hatte für diesen Auftrag einen extrem schnellen und guten Boten ausgewählt. Aber Pallasidus würde seinen eigenen Sohn nicht töten. Hochgefühl breitete sich in seiner eingefallenen Brust aus. Nein, er wollte trotzdem nicht vor seinem Vater mit seiner Energie protzen – zumal dieser mehr davon besaß als Wassertropfen im Meer waren.

»*Wie willst du mich in diesen Leib transferieren?*«, fragte Xerxes.

»*Zuerst das Energetikon*«, forderte sein Vater dröhnend.

»*Natürlich.*« Xerxes schwamm einen Flossenschlag näher und reichte ihm das Buch, kehrte sofort um und ging wieder in Position. »*Wie ...*«

Der Schlag traf ihn unvorbereitet. Sein linker Arm wurde emporgeschleudert. Er konnte den Stab im letzten Moment halten. Ein entsetzlicher Schmerz fräste durch sein Handgelenk, kroch seinen Arm empor, fuhr in die Schulter. »*Was machst du?*«, röchelte er.

»Mákalo da Fárak.« Richards Stimme war nur ein Krächzen. Und das Mal strömte. Ein wenig nur. Für Solutosan war diese Menge ein Witz. »Gib mir mehr!« Er fühlte Richards sinnlose Anstrengung, die Kraft zu verstärken. Nun setzte er an, ergriff den goldenen Strang mit aller Macht und zog. Das war Ulquiorras Energie, die ihn seinen wunderbaren Körper gekostet hatte. Er saugte. Da kam Widerstand. Gleichgültig!

Solutosan zog weiter. Vor seinem geistigen Auge sah er Ulquiorra stehen, lächelnd vor seinem Bett im Silentium, zu seinen Füßen das Gewand, wie eine weiße Wolke. Rache! Er setzte stärker an und zog an dem Strang, bemerkte kaum, dass sich Patallia, Jake und Smu an den brüllenden Richard klammerten, dass das Fleisch des Handgelenks geplatzt war, Blut hervorspritzte. Er würde sich zurückholen, was seinem Geliebten gestohlen worden war. Alles! Der Strom wurde dünner, versiegte.

»*Ich mache nichts*«, antwortete Pallasidus mit echter Verwunderung. Der reißende Schmerz fuhr in seine Brust, in seinen Leib. Dann sog etwas an ihm. Die Energie. Er verlor die Kraft. Sie strömte auf unerklärliche Weise aus seinem Handgelenk, das golden pulsierte. Richard! Jemand war bei Richard! Nutzte ihre Verbindung. Er ging in die Knie. Was für ein unerträglicher Schmerz! Er heulte auf, blickte auf seinen neuen Körper – und was er sah, traf ihn bis ins Mark: Der wunderschöne Leib löste sich in der Strömung auf. Algen – er hatte aus weißen Algen bestanden! Pallasidus wollte ihn betrügen! Er krampfte, denn die Kraft war nur noch in seiner Schulter, hatte seinen Brustkorb schmerzhaft verlassen, seine Brust, die zusammenfiel, so als hätte nur noch diese Energie seinen Leib zusammengehalten. Ich sterbe, dachte er, aber ich werde euch alle mitnehmen, alle, wie ihr da steht. Er ließ den Stab los, der langsam zu Boden sank.

Sein letzter Blick ruhte auf einem Szenario von unfassbarem Ausmaß. Das Wasser um ihn war mit goldenen Blitzen erleuchtet, die alles Leben in seinem Blickfeld vernichteten. Getroffen von dem Sternenstaub und der wuchtigen Energie seines Vaters gingen die Piscanier um ihn herum zu Boden. Die Schergen und Gefolgsleute starben in einem Sekundenbruchteil. Tote Fische erfüllten das Wasser. Er sah nur noch verschwommen, wie das goldene, unheilvolle Licht seines Vaters langsam erlosch. Dann wurde alles dunkel.

Solutosan ließ Richards Arm fallen. Blickte wie betäubt um sich. Sah in Ulquiorras aufgerissene Augen, in die sich ein Strahlen schlich, das sich auf seinem ganzen Gesicht ausbreitete – wie Sonne durch Wolken brach. Sein Freund stürzte auf ihn zu, riss ihn in seine Arme, drückte ihn schmerzhaft stark, umhüllte ihn mit seiner Kraft voller Freude und Dankbarkeit. Du hast sie wieder zurückgeholt, sagte die Woge. Du hast ihm alles entrissen! Ich danke dir!

Er war benommen, konnte das nicht erwidern. „Was ist mit Richard?", fragte er besorgt und drehte sich um.

Der dunkelhaarige Mann lag auf dem blutbefleckten Teppichboden des Labors. Er hatte viel Blut verloren und war ohnmächtig geworden. Patallia kniete neben ihm und versorgte sein Handgelenk.

„Braucht er eine Blut-Transfusion?", drang Jakes besorgte Stimme wie durch Watte zu ihm.

„Nein, ich denke, das wird er aushalten." Patallia legte Richard eine Hand auf die Stirn und schloss die Augen. „Es ist eine Ohnmacht, kein Koma. Bitte helft mir, ihn auf den Tisch zu legen."

Ulquiorra hatte seine Energie zurückgezogen, klammerte sich jedoch immer noch an seinen Arm. Solutosan spürte seine Bestürzung. *„Es ist in Ordnung, wenn du dich gefreut hast",* beschwichtigte Solutosan ihn. *„Richard wird heilen und gesund sein. Ganz bestimmt."*

Er beobachtete, wie Patallia das zerstörte Handgelenk schloss. „Ich kann alle Adern und Nerven wieder verbinden, aber es werden Narben zurückbleiben. Ich brauche etwas Zeit und Ruhe. Bitte lasst uns allein."

„Darf ich bleiben?", fragte Jake sofort. „Bitte." Patallia nickte wortlos.

„Lasst uns gehen", raunte Solutosan zu Ulquiorra und winkte Smu, der immer noch mit offenem Mund auf die Szenerie stierte. „Xerxes ist fort."

Schweigend lief Solutosan zusammen mit Ulquiorra und Smu die Treppen zum Parterre. Er blieb mit seinem Freund vor der Küchentür stehen, während Smu in Gedanken versunken weiter die Stufen hinauf tappte.

Solutosan hörte Geräusche im oberen Stockwerk. Eine Kinderstimme und darauf die ruhige, klangvolle Stimme von Tabathea. Er hatte Sehnsucht nach dem Kind, aber er wusste, dass es sich an ihn klammern würde, wenn es ihn sah. Das durfte in diesem Moment nicht sein. Noch mehr als das Bedürfnis bei seiner Tochter zu sein, drängte es ihn, die Sache mit Pallasidus endgültig zu klären. Marina war gut versorgt.

»*Wir müssen zurück nach Sublimar, Ulquiorra. Ich fühle es. Komm mit.*« Ohne eine Antwort abzuwarten, öffnete Solutosan das Tor und zog Ulquiorra an der Hand hinein.

Sie kamen im Wohnzimmer der Residenz an. Alles war ruhig.

»*Hier ist es so still*«, flüsterte Ulquiorra.

Er lauschte. Die Brunnen plätscherten. Sana und Marlon lagen in der Squaliöffnung im bunten Steinfußboden des Wohnzimmers und quiekten zur Begrüßung.

»*Psst, seid ruhig, ihr Lieben!*« Er kniete sich zu den Tieren und tätschelte sie beruhigend. Wie kann ich erfahren, was mein Vater getan hat?, dachte er, und wo ist mein Bruder?

»*Troyan sitzt auf der Terrasse*«, sagte Ulquiorra unvermittelt, der ans Fenster getreten war. »*Und er ist nicht allein.*« Mit einem Satz war Solutosan neben ihm. Pallasidus! Und der saß in aller Seelenruhe bei Troyan und sprach mit ihm. Warum konnte sein Vater mit jedermann gemessen und klar sprechen, nur mit ihm nicht? Er spürte kalten Zorn seinen Rücken empor kriechen.

»*Beruhige dich*«, mahnte sein Freund.

»*Nein*«, knirschte er. »*Dieses Mal nicht! Ich werde nun hinuntergehen und ihm die Meinung sagen. Und er wird mir zuhö-*

ren!« Mit Ulquiorra an seiner Seite rannte er die Treppen hinunter und stürzte auf die Terrasse.

Sein Vater unterbrach seine Rede und blickte ihn an. »*Gut, dass du kommst, Solutosan*«, begrüßte er ihn freundlich. Kein Dröhnen, kein Bollern. Einfach nur ein liebenswürdiger Satz. Seine Wut verrauchte augenblicklich.

»*Setzt euch.*« Pallasidus deutete auf die Flechtkissen auf dem Boden. »*Xerxes ist tot. Ich werde Tabathea als Regentin Piscaderias vorschlagen. – Es wird Zeit, dass sie dort das Lachen einführt.*« Solutosan blickte ihn überrascht an. »*Troyan wird das Oberhaupt der Auraner sein.*«

Das waren ja echte Neuigkeiten! Er wurde also quasi enterbt. Solutosan schüttelte fassungslos den Kopf. »*Warum? Wieso bist du eigentlich nie zufrieden mit mir? Immer setzt du mich zurück, behandelst mich, als wäre ich zu dumm irgendetwas zu verstehen!*« Er kam richtig in Fahrt. »*Nichts ist dir gut genug! Ich könnte tausend Enkel zeugen, Millionen Probleme aus der Welt schaffen. Niemals wäre mir deine Achtung gewiss!*« Er brach ab. Es war sinnlos so etwas zu Pallasidus zu sagen. Das waren Gefühle, die dieser garantiert nicht nachvollziehen konnte. Er würde sich damit abfinden müssen. Solutosan senkte den Kopf.

Pallasidus stand urplötzlich vor ihm. Er drückte ihm einen schwarzen Gegenstand in die Hände. Ein Buch in einer Hülle. Er hörte, wie Ulquiorra neben ihm die Luft scharf ansog.

»*Ich gebe Troyan deshalb die Regentschaft, weil ich annehme, dass du und dein Freund viel auf Reisen sein werdet. Ich vermache dir das Energetikon, das ich vor sehr langer Zeit für dich geschrieben habe. Du sollst die Wege des Kosmos kennen, denn ich werde mich verabschieden.*«

Fasziniert blickte Solutosan auf das mächtigste Buch aller Zeiten, dessen Hülle sich zu bewegen schien. Kleine, schwarze Schlangen bewegten sich darauf, wanden sich. Beim genauen Hinschauen, sah er feine, goldene Muster auf ihren schlanken Leibern. Die Wesen verließen die Umhüllung, schlängelten sich glatt und geschmeidig um seine Finger, fanden ihren Platz auf seinem Mittel- und Ringfinger und kamen dort zur Ruhe.

»*Die Wächter haben dich angenommen*«, stellte Pallasidus lächelnd fest. »*Gib das Buch deinem Freund.*«

Immer noch gebannt reichte Solutosan das Energetikon an Ulquiorra weiter, der das Buch aus der Hülle zog.

»*Es war wohl nicht für zwei Energetiker gedacht, aber wir können es versuchen.*« Pallasidus' Stimme klang amüsiert.

Auch das Schriftstück selbst besaß sich schlängelnde Wesen auf seinem Einband. Ulquiorra hielt es fest umklammert, als die Geschöpfe sich lösten und auf seine Hand krochen. Sie wanden sich auf seinen Handrücken und einen Moment dachte Solutosan, dass sie den Rückzug auf den Buchdeckel antreten wollten. Erleichtert sah er, dass sie sich ebenfalls einen Platz suchten, den kleinen Finger und den Ringfinger von Ulquiorras Hand umschlangen und dort zur Ruhe kamen, als würden sie schlafen.

»*Sehr gut. Ich habe mich nicht getäuscht, Ulquiorra. Du gehörst zur Familie. Die Wächter haben dich erkannt.*«

»*Familie? Wir sind verwandt?*« Ihr Götter, bitte lass ihn nicht sagen, dass wir Brüder sind! Solutosan überlief es heiß und kalt.

»*Nein, ihr seid keine Brüder.*« Pallasidus lächelte sanft. »*Ich werde euch zum Abschied unsere Familiengeschichte erzählen. Bitte gebt sie an eure Nachfahren weiter. Ich muss erwähnen, dass ich bislang in ihr keine rühmliche Rolle gespielt habe.*« Sein Lächeln wurde milde.

»*Unsere energetische Familie ist sehr mächtig gewesen. Sie haben keinen Namen, aber ich werde sie „Die Alten" nennen. Vor langer Zeit reisten die Alten zwischen den Planeten. Keine Galaxie war ihnen unbekannt, keine der bewohnten und unbewohnten Welten und Sterne. Sie hatten es sich zur Aufgabe gemacht, Frieden zwischen den Planeten zu stiften, traten in Erscheinung, wo es Reibereien gab. Sie schlichteten. Ging es nicht in Einigkeit, taten sie es mit Nachdruck. Und genau diese Härte wurde ihnen zum Verhängnis, denn sie bemerkten, dass sich ihr Hang zur Gewalt verstärkte. Immer öfter waren die Völker uneinsichtig, bestanden auf ihre Kriege. Das war der Zeitpunkt, an dem die Alten beschlossen,* sich in einen weit von sämtlichen Lebewesen entfernten Teil des Universums zurückzuziehen. Mich ließen sie zurück.« Er brach ab. Blickte vor sich hin.

»*Aber warum?*«, fragten Solutosan und Troyan, von der Geschichte gefangen.

»*Ich hatte einen großen Fehler begangen. Ihr wisst ja, dass ich dem weiblichen Geschlecht sehr zugetan bin. Das wurde mir von meinen Vorfahren auch nie verübelt, bis - bis ich mich in meine Schwester Dadamee verliebte und sie schwängerte.*«

Solutosan schluckte trocken. Das war allerdings eine erstaunliche Wendung der Geschichte.

»*Ich blieb auf einem Planeten namens Zentaurus verbannt, bis das Kind geboren war. Dann zog sich Dadamee mit den anderen zurück.*« Er machte eine Pause.

»*Nachdem ich von deinen Vorfahren, Ulquiorra, gehört habe, kann ich nur folgendes mutmaßen: Meine Schwester hat unser Kind auf dem Planeten Duonalia geboren und zurückgelassen.*«

»*Meine Urgroßmutter?*«, fragte Ulquiorra gespannt.

Pallasidus nickte. »*Das ist anzunehmen. - Die Energie wird wohl auch von den Frauen der Familie vererbt, aber zerstört sie nach einem Zeitraum. Sie sind sterblich, während die männliche Linie weiterbesteht.*«

»*Also bin ich ebenfalls unsterblich?*«, fragte Troyan atemlos.

»*Nein, denn du hast die Eigenschaften deiner Mutter geerbt, genau wie Tabathea und Xerxes.*«

»*Ja, wir können gut singen*«, flüsterte Troyan mit gesenktem Kopf.

»*Komm her, Troyan!*«

Widerwillig stand sein Bruder auf und näherte sich Pallasidus.

»*Beuge dich zu mir.*«

Troyan tat wie ihm befohlen.

Verblüfft sah Solutosan, wie Pallasidus das Wunder vollbrachte, das Patallia nicht geschafft hatte. Seine strahlenden Finger fuhren über Troyans zerstörtes Antlitz, glätteten die Narben, ebneten die Haut. Pallasidus ließ die Arme fallen.

»*Danke!*« Troyan betastete sein Gesicht. »*Danke, Vater!*« Er wollte Pallasidus' Hände ergreifen, um sie zu küssen, aber der zog sie fort.

Sein Vater wandte sich ihm zu. »*Ich werde euch nun verlassen, denn die Zeit meiner Buße ist vorüber und ich darf zu den anderen gehen, werde sie wiedersehen. Halia und Marina haben ein besonderes Schicksal. Achte gut auf meine Enkelinnen.*« Er lächelte – strahlend und allumfassend. Sein Bild fiel in sich zusammen. Nur eine unscheinbare, sechsbeinige Schildkröte blieb auf seinem Flechtkissen zurück.

Solutosan stürzte zu ihr, nahm sie in die Hand. Sie strampelte erbost. Es war nur eine einfache, kleine Wasserschildkröte, die nun mürrisch nach seinem Finger schnappte.

Lachend ging Solutosan zur Umgrenzungsmauer und ließ sie ins Wasser gleiten.

Richard schlug die Augen auf. Verwirrt stellte er fest, dass er sich in seinem Schlafzimmer in Seattle befand. Er konnte sich nicht erinnern, dass er schlafen gegangen war. Die hellgrauen, zugezogenen Vorhänge bewegten sich leicht im Wind. Jemand musste das Fenster geöffnet haben. Hatte er das selbst gemacht? Maria ging doch nie in sein Schlafzimmer, wenn er darin war.

Richard betastete sich. Er war nackt, wie immer wenn er schlief. Wohlig streckte er sich und gähnte. Ich fühle mich ausgeruht und so gut wie schon lange nicht mehr, dachte er. Ich könnte Bäume ausreißen. Er wollte die Decke zurückschlagen, als sein Blick auf sein Handgelenk fiel. Wie sah das denn aus? Voller roter Narben.

Er schoss hoch, saß aufrecht, wie unter Strom gesetzt, im Bett. Die Erinnerung stürzte auf ihn ein. Oder hatte er das alles geträumt? Er stierte auf sein Handgelenk. Nein, die Narben sahen nicht aus wie Krallenspuren – ein Mal längs und ein Mal quer. Es waren feine, rosafarbene Linien in einem ungleichmäßigen Muster.

Jake! Der Mediziner! Die beiden Männer! Solu... Solutosan und ... Der zweite Name fiel ihm nicht mehr ein. Wie war er in sein Haus zurückgekommen? Er war mit Jake nach Vancouver gefahren. Jake! Sein Herz schmerzte regelrecht bei diesem Namen. Besessen! Er war besessen gewesen und Solutosan hatte seine Hand genommen. Unsagbare Schmerzen – durch jede Zelle seines Körpers. Jetzt wusste er es wieder. Lieber Gott, das war unerträglich schmerzhaft gewesen. Von diesem Zeitpunkt an erinnerte er sich an nichts mehr. War er befreit?

Richard sprang auf und stürzte ins Badezimmer, in das die Morgensonne strahlend den wertvollen, schwarzen Marmor zum Glänzen brachte. Vor dem Waschbecken prallte er vor seinem eigenen Anblick zurück. Nicht weil er so schlimm aussah. Er sah toll aus! Wie ein Filmstar. Richard trat näher an den Spiegel heran. Seine Augen. Er hatte wieder die kühlen, grau-blauen Iris. Nicht so ein warmes Grau wie ... wie Jake! Wo war er? Warum war er nicht bei ihm?

Er wollte aus seinem Zimmer stürzen, bremste aber, rannte zurück zu seinem Kleiderschrank und riss einen roten Seidenkimono vom Bügel. Im Laufen streifte er ihn hastig über.

Verwirrt stand er im Wohnzimmer. Das großflächige Zimmer war leer, von der blassen Morgensonne beleuchtet. Sein Blick schweifte zum Fenster. Das Meer lag ruhig und grau, einige Möwen kreisten. Alles war wie immer.

Da klapperte etwas in der Küche. Er stürzte in den Raum.

Seine Perle Maria fuhr vor Schreck zusammen. »Herr Ryan! Jetzt habe ich mich aber erschreckt!« Sie streifte den Teig, den sie knetete, von den Händen. »Ich habe so viele Nachrichten für Sie. Moment!«

Er stand wie angewurzelt da, war sich immer noch nicht sicher, ob alles mit rechten Dingen zuging, beobachtete Maria, die sich die Hände an der Spüle wusch, abtrocknete und dann ein Blatt Papier vom Tisch nahm.

»Also«, begann sie. »Ein Mike Davidson hat angerufen. Er fragt, ob es Ihnen nicht gutgeht, weil Sie nicht zur Vorstandsitzung der Bank erschienen sind. Ihr Vater hat sich ebenfalls gemeldet. Er hätte Ihnen etwas Wichtiges mitzuteilen. Ich wollte wirklich nicht wissen, was es war«, ihr Gesicht wirkte betroffen, »aber er sagte mir, dass er sich von Ihrer Mutter scheiden lassen will.« Sie schluckte. »Das tut mir sehr leid.« Sie nahm den Zettel wieder hoch. »Ach ja, und dann hat ein Mister Bruno hier angerufen und gefragt, ob es seine Richtigkeit hätte, dass das Haus auf der Insel nun gänzlich unbewohnt wäre, denn er hätte so keine Arbeit mehr.«

»Mercer Island«, antwortete Richard tonlos. Die Love-Society. »Hat er gesagt, wieso dort niemand wohnt?«, fragte er.

Maria nickte. »Er sagte, dass die Damen ausgezogen wären.« Sie blickte ihn fragend an.

»Ist das alles?«, forschte er. »Hat jemand angerufen der Michaels heißt? Jake Michaels.« Die Haushälterin schüttelte den Kopf.

Er ließ die angespannten Schultern fallen. Jake hatte sich aus dem Staub gemacht. Er hatte ja erfahren, was er wissen wollte. Ob er das veröffentlichen würde? Entgegen seinen Versprechungen? Ach, inzwischen war ihm das fast egal. Er drehte sich um und ging zurück ins Wohnzimmer.

»Ach so«, vernahm er Marias Stimme hinter sich. »Das Gästezimmer räume ich dann morgen auf. Der junge Mann darin scheint sehr lange zu schlafen. Ist das in O ...?«

Richard hörte nicht mehr weiter zu, denn er war bereits auf dem Weg ins obere Stockwerk, nahm zwei Treppenstufen auf ein Mal. In welchem der vier Gästezimmer war er? Richard riss die erste Tür auf. Leer. Halt, er musste leise sein, wenn Jake noch schlief. Die nächste Tür öffnete er vorsichtig und spähte hinein. Ein blonder Schopf im Bett. Er war noch da! Ein paar braungebrannte, nackte Arme auf dem Kissen. Jake schlief auf dem Bauch. Er trat näher. Einen Moment befürchtete er, dass Jake von seinem laut pochenden Herzen aufwachen würde. Glücklich stand Richard neben dem Bett, betrachtete ihn und nahm gierig alle Einzelheiten in sich auf. Da war eine kleine Narbe auf dem Unterarm. Vielleicht wieder eine Verletzung durch seinen Beruf. Er hätte sie gerne berührt, doch das hätte ihn bestimmt geweckt. Das Haar, im Nacken kurz rasiert, das Deckhaar recht lang und wirr. Jake war so ein attraktiver Mann, aber diese Frisur! Er würde mit ihm seinen Friseur Sascha besuchen. Da bekäme er einen ordentlichen und passenden Haarschnitt.

Was dachte er denn da? Wieso sollte Jake mit ihm zum Haareschneiden gehen? Er sah sich wirklich bereits mit ihm im Friseursalon und auch im Fitness-Studio. Beide schweißüberströmt an irgendwelchen Geräten, sie grinsten sich an. Er konnte sich ihn auf dem Tennisplatz vorstellen in knapper Tenniskleidung, wie er den Ball auf den Boden prallte, bevor er ihm ihn zuspielte. Ja, und er würde sich an den Anblick gewöhnen können, Jake im Bett zu sehen – der sich in diesem Moment umdrehte und ihn mit schlafverhangenen Augen ansah.

Die untergehende Sonne Sublimars schickte ihre rotglühenden Strahlen in das gemütliche Zimmer mit dem bunten Steinfußboden. Solutosan blickte sich zufrieden um. Sie waren alle da, saßen in den Korbstühlen: Troyan unterhielt sich leise mit Tabathea, die Marina auf dem Schoß hielt. Die Kleine knüpfte mit konzentriertem Gesicht aus Strähnen ihres nachtblauen Haares ein dünnes Zöpfchen. Ulquiorra hatte das Energetikon auf den Knien, als warte er nur auf den Startschuss endlich loszuziehen, um neue Galaxien zu erforschen. Die Abendsonne zauberte Lichtreflexe auf seinen Armreif. Die Squalis dümpelten friedlich in ihrer Öffnung im Fußboden. Seine Familie. Selbst Xanmeran scheint bei uns zu sein, dachte er und lächelte glücklich.

»*Zeit zum Schlafengehen, Marina!*« Tabathea erhob sich.

»*Ooch!*« Marina schob die Unterlippe vor und blickte hilfesuchend zu ihm. Solutosan nickte und winkte sie zu sich. Mit einem Satz hopste die Kleine von Tabatheas Schoss und stürzte sich in seine Arme. Sie war so dünn und zerbrechlich. Dabei konnte er sehen, wie sich ihre Energie mit jedem

Tag steigerte. Sie würde eine wunderschöne Frau werden, schlank, mit riesigen Sternenaugen und einer ungeheuren Kraft. Er war begierig mit Ulquiorra zu reisen, wusste aber auch, dass er für sie da sein musste. Es war seine Aufgabe ihr zu helfen die Energie zu meistern. Nein, nicht nur Pflicht – er würde das Zusammensein mit ihr genießen. Er streichelte ihren grün-goldenen Arm. Die Schuppen waren nachgewachsen. Nichts war mehr von der Misshandlung durch Xerxes Schergen zu sehen.

»*Tabathea hat recht. Du musst schlafen. Weißt du denn nicht, dass man im Schlaf wächst?*« Er lächelte.

Marina überlegte. Sie streichelte die kleinen schwarzgoldenen Schlangen, die wie Tätowierungen seine beiden Finger der rechten Hand zierten. »*Wohnen die jetzt für immer da? Kann ich irgendwann auch so welche haben?*«

Er lachte. »*Ich denke schon, dass sie bleiben werden. Sie sind hübsch, nicht wahr? Mal sehen, vielleicht mögen sie mich ja eines Tages nicht mehr und wollen zu dir.*«

Marina überlegte. Die Aussagen schienen ihr augenscheinlich zufriedenstellend. Sie küsste ihn auf die Wange und rutschte von seinem Schoß. »*Bis morgen, Papan.*« Marina stürzte zu Tan und gab ihm ebenfalls einen Kuss auf seine Schnauze, dann rannte sie aus dem Zimmer. Tabathea folgte ihr lächelnd und schloss leise die Tür.

»*Will sie wirklich die Regentschaft in Piscaderia antreten?*«, fragte Ulquiorra.

»*Ich denke schon. Sie steht in der Thronfolge an nächster Stelle. Aber ich glaube nicht, dass sie sich ununterbrochen in Piscaderia aufhalten wird*«, antwortete er.

»*Nein, Solutosan*«, erwiderte Troyan. »*Sie will nicht ständig unter Wasser sein. Die Residenz ist auch ihr zu Hause. Außerdem ist Marina hier. Sie werden beide pendeln. Während sie nicht in Piscaderia ist, werden ihr Adjutant und der Zeremonienmeister sie vertreten. Soweit ich weiß, hat sie schon jemanden für den Posten gefunden, der vertrauenswürdig genug ist.*«

Solutosan lachte. »*Lulli!*«

Troyan stimmte nicht in sein Lachen ein. »*Sie hat sich stark verändert. Ist reifer und erwachsener geworden und platzt vor*

Stolz. Ich glaube, sie wird ihre Aufgabe gut meistern. Sie hat ja keine Entscheidungskraft. Die Regierung obliegt Tabathea. Aber Lulli darf auf den Monumentskristall aufpassen, wenn sie nicht dort ist.« Nun musste Troyan ebenfalls lächeln.

Solutosan betrachtete ihn versonnen. Ein echtes Lächeln von seinem Bruder. Endlich wieder. Er hatte ihn so lange nur gequält den Mund verziehen sehen.

»*Ich gehe auch schlafen*«, brummte Ulquiorra neben ihm. »*Es war eine anstrengende Zeit. Ich fühle mich, als könnte ich Urlaub gebrauchen.*«

Urlaub? Wann hatten sie zuletzt Ferien gemacht? In Vancouver, eine Woche lang. Bevor Ulquiorra ...

»*Ich bin dabei!*« Solutosan stand auf. Sein Freund blickt ihn fragend an. »*Beim Schlafengehen und in den Ferien*«, grinste er. »*Komm.*«

»*Jetzt sag bitte nicht, dass du das Buch sogar mit ins Bett nehmen willst, Ulquiorra.*«

»*Ich will es lediglich flüchtig durchsehen. Es steht so viel darin. Nicht nur die Wege zu den Galaxien, sondern auch welche Wesen sie bewohnen.*« Ulquiorra saß neben ihm, bequem an ein großes Seegraskissen gelehnt. »*Was ist das denn?*« Er blätterte eine Seite vorwärts und wieder zurück.

»*Was ist los?*« Solutosan fühlte sich gestört, denn er war in diesem Moment dabei, mit der Hand unter der Bettdecke zu Ulquiorras Schenkel zu rutschen.

»*Da fehlt eine Buchseite!*«

»*Was?*« Er richtete sich auf und blickte in das Buch.

Ulquiorra hatte recht. Jemand hatte ein Stück aus dem Energetikon gerissen. Man sah noch kleine, verbliebende Fetzen im Bundsteg.

Ulquiorra las schnell. »*Auf der vorherigen Seite ist von einem blauen Planeten die Rede. Dann kam besagte Seite und hiernach ...*«. Seine dunklen Augen schweiften eilig über den Text, »*danach werden Humanoide beschrieben.*«

Solutosan ließ sich ins Kissen zurückfallen. »Xerxes!«, stöhnte er. »*Dieser Warrantz hat die Verbindung zur Erde entfernt.*« Er stützte den Kopf auf. »*Brauchen wir diese Seite denn? Wir kennen den Weg doch.*«
Ulquiorra starrte weiterhin auf das Energetikon. »*Er hat es verletzt. Das ist nicht einfach ein normales Buch. Es lebt.*« Er strich leicht über die schwarzen Wesen, die nun wie eine dekorative Tuschezeichnung auf seinem Finger wirkten. »*Wir sollten zumindest versuchen, die Seite zu finden. Sie muss in Piscaderia sein. Mit Xanmerans Körper kann ich mich ungehindert bewegen. Lass uns bitte hinschwimmen.*«

»*Aber erst morgen.*« Solutosan kuschelte den Kopf ins Kissen und sah zufrieden, dass sein Freund endlich das Buch zur Seite legte.

Da fiel ihm noch etwas ein. »*Sag mal, hast du eine Ahnung, warum Smu und Jake nicht auf Richards Mal reagiert haben.*«

Ulquiorra nickte. »*Natürlich. Die beiden sind doch mehrmals mit mir in der Anomalie gereist. Jede ihrer Zellen ist bereits mit der Energie in Berührung gekommen – dematerialisiert und wieder materialisiert worden. Ich denke, sie sind schlichtweg immunisiert und der Energiestoß durch das Mal war nicht stark genug, um sie zu beeinflussen.*« Ulquiorra ließ sich in sein Kissen sinken. »*Wieso empfinde ich Vancouver inzwischen auch als mein zu Hause?*«

»*Weil du in meinem Zimmer bist und in meinem Bett?*«, murmelte Solutosan.

Er war liebebedürftig und wollte so gerne schmusen. Solutosan tastete sich langsam mit seiner Energie zu seinem Freund vor – floss in ihn, streichelte ihn vorsichtig. Er drang tiefer ein, denn er spürte keinen Widerstand. Da war die Verunsicherung. Der Grund für Ulquiorras Zurückhaltung.

Ich mag deine äußere Hülle, sagte Solutosan. Ich mochte sie schon immer, auch als sie deinem Vater gehörte. Ich habe ihn geliebt, wenn auch auf brüderliche Weise. Aber du bist du. Deine innere Schönheit ist unverändert und sie strahlt so stark, dass sie die Umhüllung vergessen lässt. Der Leib und du ihr seid nun eins. Also lass mich dich lieben so, wie du jetzt bist.

Solutosan schob sich ganz an ihn und rutschte ein Stückchen tiefer, legte den Kopf in Ulquiorras Schoß und schmiegte die Wange an sein weiches Glied. Wohlig spürte er die Hand seines Freundes, die ihm zärtlich über das Haar strich. Er schloss die Augen, denn nun strömte Ulquiorras Kraft, verband sich mit der seinen, umschlang ihn. Ihre Herzen schlugen im gleichen Takt.

Ich habe nie aufgehört dich zu lieben, sagte Ulquiorras Fluss. Ich wünsche mir nur mein Haar zurück, das du so gemocht hast.

Solutosan lachte. Sein Leib wurde erschüttert von seiner Heiterkeit. »Ist das dein einziges Problem?«, fragte er und blickte belustigt hoch. Ulquiorra nickte.

Dazu konnte er nichts mehr sagen. Er wandte sich lieber diesem nahen, verführerischen Geschlecht zu, küsste die Eichel, umzüngelte das Bändchen und lutschte genussvoll seinen Penis, bis er hart und steif wurde und Ulquiorras Hände in seinem Haar verkrampften.

Er konnte nicht anders, erregt und immer noch amüsiert sandte er die Botschaft in seinen goldenen Fluss: Haare sind unwichtig, teilte er Ulquiorra mit – dafür wird meine Bewunderung für deinen prachtvollen Riesenschwanz in alle Ewigkeit grenzenlos sein.

Am darauffolgenden Morgen machten sie sich auf den Weg. Zum ersten Mal empfand Solutosan die Reise nach Piscaderia als angenehm. Er blickte zu Ulquiorra, der mit Sana und Marlon an seiner Seite schwamm, und blinzelte ihm zu. Ihr Verhältnis hatte sich nach der vergangenen, liebevollen Nacht merklich entspannt. Sie gingen nun wieder ein Stück weit selbstverständlicher miteinander um. Sie waren beide verunsichert gewesen, hatten aber von Neuem näher zueinandergefunden.

Manchmal ist Sex wahrhaftig ein gutes Mittel um Verkrampfungen zu lösen, überlegte er, und spürte beim Gedanken an Ulquiorras vorteilhaft verändertes Genital Erregung in sein Glied fließen. Eine Erektion war in diesem Moment wirklich völlig unangebracht. Er rollte genervt mit den Augen und dachte an die bevorstehende Suche, was seinen Schwanz wieder beruhigte.

Bis zu diesem Zeitpunkt waren sie keinen Wächtern begegnet, was ihn verwunderte. Das weiße Eingangstor Piscaderias kam in Sicht. Es wurde von einem einzigen Wachmann flankiert. Zumindest nahm er an, dass es sich um einen Mann handelte. Er war reinrassig mit blutroten Tentakeln, die aus seiner knöchernen Rüstung quollen, wie sich windende, fettglänzende Würmer. Solutosan hatte auf seinen Reisen während der Bacani-Jagd weitaus widerlichere Monster gesehen, bemerkte aber, dass Ulquiorra den Blick abwandte. Der Wächter beachtete sie nicht, deshalb ignorierten sie ihn ebenfalls und durchschwammen die Pforte.

»*Die Frage ist, in welche Richtung wir nun suchen sollen. Ich habe keine Lust mich zu verirren.*« Solutosan heftete Sternenstaub an die schwach beleuchtete Wand des ersten Ganges. Er sah wie Ulquiorra irritiert auf seine Hand blickte.

»*Warte, Solutosan. Schau dir das an!*« Er schwamm näher zu ihm und zeigte Solutosan seine Hand. Die beiden schlangengleichen Wesen hatten sich von seinen Fingern gelöst. Sie glitten sein Handgelenk entlang und setzten sich auf den Armreif.

»*Zeig mal her.*« Er zog Ulquiorras schwarzen Arm näher zu sich heran, um besser sehen zu können. Er erinnerte sich noch sehr gut an den Tag in den Mangroven, an dem er Ulquiorra das Schmuckstück materialisiert und die labyrinthartige Dekoration frei erfunden hatte. Nun hatten sich die kleinen Buchwächter an dessen Muster geheftet.

»*Was hat das zu bedeuten?*«, fragte Ulquiorra.

»*Ich weiß es nicht. Aber komm, lass uns einfach weiterschwimmen. Vielleicht passiert noch etwas.*«

Gespannt setzten sie ihren Weg fort.

Mit ihrem Positionswechsel verschoben sich auch die filigranen Wesen in dem Labyrinth des Reifs.

»*Sie zeigen uns den Weg*«, staunte Solutosan. »*Wie kann das denn sein?*«

»*Du hast eine Karte von Piscaderia in den Ring geprägt?*« Ulquiorra war genau so überrascht wie er selbst.

»*Damals wusste ich doch noch gar nichts von der Stadt. Es ist mir unerklärlich. Meinst du, sie leiten uns zu der Seite?*« Abenteuerlust erwachte in ihm. »*Komm, wir wollen sehen, wo sie uns hinführen. Schwimm du voraus.*«

Solutosan nahm nicht an, dass die Wesen sie in eine Falle lockten. Zumindest hoffte er das. Sicherheitshalber hinterließ er gelegentlich Sternenstaub in den Gängen, die sie durchschwammen, und die sie immer tiefer in das Herz Piscaderias führten.

Vor einer kleinen Höhlenöffnung angekommen, schob Ulquiorra einige verzweigte Algenarme von der Öffnung und verschwand in der Höhle. Er folgte ihm sofort, denn einen Moment lag fuhr die Angst um seinen Freund in ihn und drückte ihm einen Herzschlag lang die Kehle zusammen.

Seine Sorge war unbegründet. Ulquiorra stand in der kleinen Höhle vor einer Art Altar mit einer schaurig aussehenden Götterstatue. Das dargestellte Wesen glotzte mit aufgerissenem Maul, hielt sich mit langen, knöchernen Klauen seinen aufgequollenen Leib, in dem eine tiefe Höhlung eingelassen war.

»*Na, wenn das mal nicht eine sympathische Gottheit ist*«, grunzte Solutosan. »*Was machen die Buchwächter?*«

Ulquiorra hielt ihm den Arm hin. Die Wesen saßen wie filigrane Tuschzeichnungen auf zwei seiner Finger, verschmolzen fast mit seiner Haut. Der Ring glänzte matt in dem orangenfarbenen Licht.

»*Ich deute das einmal als »Auftrag erledigt«, oder?*« Solutosan grinste.

Ulquiorra reckte sich auf die Zehenspitzen, spähte der Figur ins Maul und schüttelte den Kopf. Er hob die Hände und schoss eine Bündel Energie aus den Handflächen, um so die Bauchhöhle zu beleuchten. »*Gefunden!*« Vorsichtig griff er in den Bauch der Statue und holte die gerollte, mit einem grünen Band umwickelte Seite hervor. Er zog den Streifen ab, entrollte die Buchseite und betrachtete sie kurz. »*Ja, sie ist es!*«

Eilig wickelte er das Blatt zusammen und schob es in die Tasche seines Serica-Gewandes. »*Komm, und nun lass uns schnell verschwinden. Wenn ich noch länger hier bleibe, werden schlimme Erinnerungen wach.*«

Das werde ich zu verhindern wissen, dachte Solutosan, und freute sich über Ulquiorras strahlendes Gesicht. Sie hatten alles geschafft!

Unverzüglich packte er seinen Freund unter dem Arm und schoss mit einem großen Flossenschlag aus der Höhle. Auch die Squalis schwammen freudig im Kreis, als sie den Rückweg antraten. Nein, in Piscaderia fühlte sich kein gefühlvolles, warmblütiges Wesen wohl.

Den Weg zum Eingangstor durch die dämmrigen Gänge legten sie in hoher Geschwindigkeit zurück – nichts wie raus! Ehe sie sich versahen, spie das Tor sie in das warme, türkisfarbene Wasser von Sublimar. Der Wächter stand nach wie vor unbeweglich. Außer ihm waren sie keinem lebenden Wesen begegnet, was ihnen nur allzu recht war.

Solutosan war einfach nur froh. Er schäumte quasi über vor Glück. Alles war wieder in Ordnung. Seine Familie war in Sicherheit – das Energetikon komplett. Es war ihm gleichgültig, was der Wächter denken mochte. Er packte Ulquiorra übermütig um die Mitte und schwang ihn herum. Der ruderte unwillig mit den Armen. »*Bitte mach das, wenn ich wieder Boden unter den Füßen habe*«, ärgerte sich sein Freund.

»*An Land bist du mir zu schwer.*«

»*Na gut, dann lass uns nach Vancouver gehen in das Salzwasserbecken und uns dort vergn ...*« Ulquiorra brach ab und wäre seine Haut nicht schwarz gewesen – Solutosan hätte gewettet, dass er errötet war.

Richard

Epilog
Einhundert Jahre später: Las Vegas

»*Solutosan, deine Fliege sitzt schief.*« Ulquiorra trat hinter ihn, während er vor dem mannshohen Spiegel stand, schlang die Arme um seinen Hals und zupfte die rote Krawattenschleife gerade. Sie grinsten sich an.

»*Tja, das hättest du nicht gedacht mich mal im humanoiden Abendanzug zu seh'n, was?*« Solutosan wandte sich um und betrachtete Ulquiorra von oben bis unten. »*Bei dir hat Delicitus auch ganze Arbeit geleistet. Der Smoking sitzt wie angegossen.*«

»*Na ja, das mag sein*«, Ulquiorra zuckte leicht missmutig mit den Schultern. »*Ich finde ihn etwas eng.*«

»*Der muss so sitzen! Figurbetont.*« In Kleidungsfragen waren sie nach wie vor oftmals unterschiedlicher Meinung. Aber so kurz vor der Premiere hielt die Aufregung sie beide in Schach und sie erklärten sich in dieser Hinsicht zu Kompromissen bereit.

Ulquiorra lächelte. »*Hauptsache er gefällt dir.*«

Aha, heute nutzte sein Freund ihre verschiedenen Ansichten nicht für ein Wortgeplänkel, sondern bemühte sich, die freudig erwartungsvolle Stimmung zu erhalten.

Solutosan nickte, zog mit beiden Händen Ulquiorras Kopf zu sich und küsste ihn ausgiebig.

»*Ich finde es sehr angenehm, dass wir uns dieses Mal nicht zu schminken brauchen. Wir werden in der Masse untergehen.*«

»*Wir haben noch Zeit, Solutosan. Die Vorstellung fängt erst um zehn Uhr an.*« Ulquiorra ließ sich in einen der ausladenden blauen Sessel in ihrem Hotelzimmer fallen. Sie hatten ihr gemeinsames Haus auf Duonalia zu früh verlassen. Die Zeitmessung zwischen den Planeten war nach wie vor ein Problem, aber Ulquiorra arbeitete an einer Uhr, die ihnen zumindest für Sublimar, Duonalia und die Erde gleichzeitig die jeweilige Uhrzeit ausweisen konnte.

»*Wer kommt denn alles?*«, erkundigt sich Ulquiorra.

»*Ich schätze mal, dass Tervenarius und Mercuran schon im Hotel sind. Patallia und Smu wollten sich das Spektakel ebenfalls nicht* entgehen lassen. Smu wollte sogar mitmachen. Ich glaube, Smu kann steinalt werden, er wird immer ein Kindskopf bleiben.« Solutosan strich sich das offene weiße Haar über die Schultern zurück und blinzelte Ulquiorra im Spiegel zu.

»Patallia hat sein Medikament so eingestellt, dass es Smu regelrecht konserviert, Solutosan. Ob das noch lange gutgeht? Wie alt ist er jetzt?« Sein Freund blickte besorgt.

»Ich schätze, er geht auf die 150 zu. Ich habe ihn länger nicht gesehn, nur mit ihm telefoniert. Er hörte sich unverändert an.«

Sie sahen sich an und jeder wusste, was der andere dachte. Ihre Gedanken waren bei den Freunden und Bekannten, die sie im Laufe der letzten Jahre verloren hatten. Chrom und Psal waren gestorben. Pan und Frran hatten Nachwuchs bekommen und bewirtschafteten nun mit den Kindern und Kindeskindern die Tierstation in Vancouver.

Die Bacanars hatten die Erde verlassen. Ihr größter Wunsch war es irgendwann gewesen, nach Duonalia zu gehen und sich dort in der Nähe der Quinari anzusiedeln.

Richard Ryan und Jake waren gemeinsam alt geworden und 2060 fast zur gleichen Zeit gestorben. Sie hatten die entsetzlichen Seuchen nicht mehr erlebt, die die Menschheit kurz darauf befielen. Bisher war es Tervenarius und Patallia, die inzwischen einen großen medizinischen Konzern in Seattle leiteten, nicht gelungen, die Seuche namens »Die Kälte« aufzuhalten, die ein plötzliches Absinken der Körpertemperatur verursachte und die Menschen quasi erfrieren ließ. Krebs und Aids waren besiegt, jedoch hatte „Die Kälte" die Menschheit um die Hälfte dezimiert – nochmals, nachdem während der Hungerkatastrophe im Jahr 2048 Milliarden Humanoide in der Dritten Welt verhungert und verdurstet waren. Diese Dezimierung der Weltbevölkerung hatte die massiven Wasserprobleme zumindest vorübergehend gelöst.

Solutosan war immer klar gewesen, dass die Menschheit in ihr Verderben rannte. Umso mehr freute ihn die positive Entwicklung auf Sublimar. Troyan war ein guter Führer geworden. Er hatte Maurus und die Aquarianer gebeten, ihn zu unterstützen, die seitdem nahe der Residenz im Meer wohnten und sich mit den Auranern vermischten. Dass sich Tabathea in einen aquarianischen Krieger verliebt und ihn geheiratet hatte, trug viel zu dem guten Verhältnis bei. Marina war zur Ausbildung ins Südmeer zu den Sirenen gegangen. Seitdem war sie kurz angebunden und verschlossen. Ob sie sich dort verliebt hatte? Sie war so anders als Halia, die Luzifer auf Schritt und Tritt begleitete.

»Es ist eine Menge passiert, mein Freund«, sagte Solutosan versonnen. »Und sehr viel Schlimmes. Deshalb finde ich die Idee, die Menschen aufzuheitern und abzulenken wirklich gut. Komm, lass uns gehen. Schließlich sind wir eingeladen, die Helden vor der Vorstellung zu begrüßen.«

Er streckte Ulquiorra die Hand hin, der sich von ihm aus dem Sessel ziehen ließ. Solutosan sah ihm in die dunklen Augen. Sie besaßen eine solche Tiefe, nach all den Dingen, die sie gesehen hatten, seit sie im Besitz des Energetikons waren. Er blickte seinen Freund an und versank richtiggehend in ihnen. Er war glücklich an Ulquiorras Seite. Sie waren zusammen gereist, göttergleich, jedoch hatte jeder seine eigenen Erfahrungen gemacht, die Dinge differenziert betrachtet. Sie erlebten jeder für sich und ergaben in den Ruhephasen ein Ganzes. Denn es drängte sie nach wie vor das dringende Bedürfnis, ihre Energien zu verschmelzen und so die Erkenntnisse des Partners zu betrachten und zu verstehen. So wurde alles, was sie erlebten, zu einer Einheit. Sie waren Yin und Yang auf der Suche nach der Vollendung.

»Du bist heute so nachdenklich«, bemerkte Ulquiorra.

»Ja, weil wir sie alle wiedersehen werden. Ich glaube, das wird richtig aufregend. Sehe ich gut aus?« Er zupfte an den Ärmeln seines Smokings.

Ulquiorra nickte lächelnd. »Komm, lassen wir sie nicht warten.«

Sie verließen das Hotelzimmer des AWP-Hotels und begaben sich in den gigantischen, an das Hotel angebauten, Entertainment-Trakt des Kasinos. Bereits die Rezeptionisten und Mitarbeiter des Resorts waren in witzige und gut gelungene Kostüme von extraterrestrischen Monstern gekleidet. Sie grüßten freundlich. Im Nebengebäude wurde die Menge der Angestellten und Besucher zu einem wirbelnden, bunten Haufen Außerirdischer. Die Verkleidungen gingen von schwabbeligen Gummimonstern bis zu vampirartigen, in schwarze Umhänge gehüllten, mit Gesichts-Holographien unkenntlich gemachten, Aliens. Den Gästen war anzumerken, dass sie, trotz Wassermangel, Krisen und Seuchen, einfach nur Spaß haben wollten – sie hatten das Bedürfnis, für einige Stunden ihre Sorgen zu vergessen. Und wo ging das besser als in Las Vegas in der gigantischen Alien Show – dem »Alien War Planet«? Einem Resort, das alles an Amüsement bot, angefangen von einem Spielcasino im SciFi-Stil, Monstershow bis hin zum passend gestylten Hotel.

Solutosan und Ulquiorra liefen staunend durch die Gästeschar. »*Die Menschen haben ja witzige Vorstellungen davon, wie die Bewohner von anderen Planeten aussehen*«, bemerkte Solutosan und grinste. »*Erinnerst du dich an die schleierhaften Wesen der fünfzehnten Seite? Wie schön sie waren und friedvoll? Und die winzigen, schleimigen Amphibien der neunzehnten Seite, die so wunderbar singen konnten?*«

Ulquiorra nickte. »*Sie waren fähig die Zeit anzuhalten. Eine erstaunliche Eigenschaft. Ich würde sie gern erlernen.*«

»*Das wird sich alles finden, mein Freund. Wir werden noch viel sehen und lernen.*« Solutosan ergriff seine Hand und schleuste ihn in Richtung des ausgeschilderten, hinteren Bühneneingangs.

»Halt!« Ein Krieger der Quinari baute sich vor ihnen auf.

Solutosan stutzte. »Aricon? Bist du es wirklich?«, fragte er auf duonalisch. Ein Strahlen erschien auf dem Gesicht des Mannes.

»Solutosan!« Er blickte zu Ulquiorra. »Ich freue mich euch zu sehen. Kommt doch bitte mit!«

Sie folgten Aricon in einen fensterlosen Raum mit bequemen roten Plüschmöbeln und verstreuten, runden Tischen, an denen eine Vielzahl Gäste und Akteure saßen und entspannt plauderten.

Da waren sie, die Wesen, die Solutosan liebte, und die sein Leben so lange Zeit begleitet hatten: Patallia und Smu, Tervenarius mit Mercuran, Meodern und Cesare, Arishar und Arinon, Luzifer und Slarus, etliche Quinari-Krieger und natürlich Halia, die sich auf ihn stürzte und ihn so heftig umarmte, dass ihm fast die Luft wegblieb. Einige von ihnen hatten Ulquiorra und er schon vor Monaten und Jahren auf die Erde gebracht. Nun endlich wollten sie vorführen, was sie gemeinsam geschaffen hatten. Es war die mit Spannung erwartete Premiere.

Mit Halia noch am Hals hängend, sah er Arishar auf sich zukommen. Er schien kein Jahr älter geworden zu sein. Der Quinari knuffte ihm gegen die Schulter, ohne Halia weiter zu beachten, die sein Gesicht weiterhin mit Küssen bedeckte. »Na Solutosan«, grinste er. »Erinnerst du dich? Friede und Glück werden Kampf und Krieg für immer beenden!« Er deutete mit der Klaue auf seine breite Brust in dem hellblauen Shirt auf dem mit großen Buchstaben die Worte »Alien War Planet« prangten. »Das ist daraus geworden.«

Solutosan löste Halia sanft von seinem Hals und stellte sie lächelnd auf den Boden. Er wusste nicht was er zuerst sagen, wen er zunächst begrüßen sollte. Also schlug er Arishar herzlich auf die Schulter. »Es ist einfach umwerfend, euch alle zu sehen«, antwortete er und strahlte. »Du bist so wunderschön wie deine Mutter, Halia«, sagte er zärtlich. »Ich bin schon sehr auf deinen Auftritt gespannt.« Solutosan zwinkerte Halia in ihrem glitzernden Kostüm zu, die sich lachend umwandte und in der Menge der Gäste verschwand. Was für ein tolles Mädchen. Er platzte fast vor Stolz.

Blitzschnell drehte er sich zu Arishar und seine Stimme schlug um in ein Knurren, während seine Augen lachten. »Und dir muss ich wohl mal wieder zeigen, was Alien War Planet wirklich heißt, Arishar! Wir sollten noch mal einen kleinen Übungskampf planen.«

Der Quinari-König bleckte die Zähne, packte seinen ganzen Arm und schüttelte ihn erfreut. »Ich übe ständig. Das wirst du nachher sehen. Komm, ich stell dir meine Söhne vor.« Er winkte drei Krieger mit mächtigen Hörnern heran, die Solutosan nicht kannte, da Ulquiorra sie nach Las Vegas geleitet hatte. »Arison kanntest du ja schon als Knaben. Das sind Arifan und Aribal. Könntest du Nala bei Gelegenheit auch auf die Erde holen? Sie bekommt unser sechzehntes Kind und ich möchte sie nicht aus den Augen lassen.« Die jungen Männer verneigten sich höflich.

»Selbstverständlich, Arishar. Ich kümmere mich darum.« Insgeheim bewunderte er, mit was für einer enormen Potenz Arishar nun bereits seit einem Jahrhundert mit Nala Kinder zeugte. Das scheint allerdings bei den Quinari nicht immer die Regel zu sein, dachte er und nickte Arinon zu, der ebenfalls zu ihnen getreten war, um ihn zu begrüßen. Der Quinari schwieg. Seine gelben Augen funkelten. Es hatten sich etliche Falten in sein Gesicht gegraben, aber er ging aufrecht und war stark wie eh und je. Ein grauer, einsamer Wolf. Er umarmte Solutosan wortlos. Sie brauchten nicht zu sprechen. Das Vertrauen und die Freundschaft der gemeinsamen Zeit verband sie für immer. Solutosan war angenehm berührt.

»Entschuldigt mich nun.« Er blickte sich suchend nach Ulquiorra um, der mit Patallia, Meodern, Mercuran, Smu und Tervenarius in einer Sitzecke saß. »Ich freue mich schon auf die Show. Lasst es richtig krachen, Männer!« Die Quinari grinsten breit.

Sie trugen alle Smokings. Sogar Smu. Der hatte sich einen Roten ausgesucht. Solutosan musste grinsen. Smu sah gut aus für sein Alter. Lediglich seine Haare hatten sich im Laufe der Jahre verabschiedet. Sturköpfig trug er das lange, weißblonde Haar des verbliebenen, spärlichen Haarkranzes zu einem Pferdeschwanz gefasst. Sein Herz schlug schneller, als er den anderen Duocarns in die Augen blickte. Seine besten Freunde! Er reichte allen nacheinander die Hände und setzte sich. Nun konnte er sich endlich in Ruhe umsehen.

Die beiden Trenarden in der Ecke grinsten und Luzifer winkte ihm zu, während Halia versuchte, dessen rote Mähne mit einem grobzinkigen Kamm in eine Frisur zu verwandeln. Bei ihnen saß der blonde Cesare, der auf einem Computer mit kleinem Holographie-Bildschirm herumtippte.

Er blickte seine Freunde an. »Dieses „Alien War Planet" ist eine irre Idee. Wer hatte die?«

Die Männer lächelten. Patallia beantwortete seine Frage. Er sprach wegen Smu und Mercuran laut. »Nala. Sie hatte es nicht mehr ausgehalten, wie sehr Arishar sich gelangweilt hat, nachdem der Duonat die Warrantz-Zucht beschränkt hat, um zu verhindern, dass sie den ganzen Planeten mit ihrem Kot verunreinigen. Arishar hatte uns Anfang des Jahrtausends einmal in Seafair besucht und war dort dem menschlichen Fernsehen verfallen. Die Zauberershow von Siegfried und Roy faszinierte ihn besonders. Sie hat ihn wohl noch lange beschäftigt. Und so ist die Idee gereift, hier in Las Vegas ganz frech eine Alien-Show aufzuziehen. Das Kapital kam von den Duocarns. Selbst Luzifer und Slarus gehen in dem verrückten Trubel der Aufführung und der Kostüme unter. Na du wirst es ja gleich selbst sehen.«

Solutosan sah Tervenarius an. Die Duocarns waren an dem Projekt beteiligt. Ja, er hatte mit ihm die richtige Wahl getroffen, was die Führung der Duocarns anbelangte. Terv und Mercuran waren völlig unverändert, beide in perfekt sitzenden Smokings. Sie unterhielten sich leise. Ihre starke Liebe war noch vorhanden – das spürte er.

Auch Patallia und Smu hatten unter Garantie viel erlebt, denn Vancouver hatte sich durch das Ansteigen des Meeresspiegels verändert. Sie wohnten nun mit Terv und Mercuran in einem bequemen Chalet in den Bergen oberhalb von Vancouver. Mercuran hatte sich vom Häusermakler zum Architekten entwickelt. Entwürfe und Bau des Chalets, sowie des Firmensitzes in Nord-Vancouver, waren sein Werk.

Solutosan war gierig darauf, sich all diese Erlebnisse erzählen zu lassen und alte Geschichten aufzuwärmen, aber an diesem Abend war keine Zeit dazu.

»Ich denke, ich werde jeden von euch in den nächsten Monaten einmal besuchen. Es ist so viel passiert. Das können wir jetzt gar nicht alles besprechen«, antwortete er und sah seine Freunde an.

»**Wir** werden kommen«, lächelte Ulquiorra, und stieß ihn mit dem Ellenbogen in die Rippen.

Die Männer nickten grinsend.

Meo sah ihn mit blitzenden grünen Augen an. »Die Saison dauert den Winter über. Danach wird es hier zu heiß und die Entsalzungsanlagen für das Meerwasser haben Probleme. Dadurch ist der Aufenthalt in Las Vegas nicht mehr angenehm. Das heißt, im Frühling werde ich dich spätestens rufen, weil wir alle nach Hause wollen. Bevor Trianora richtig sauer auf mich ist ...«. Er kicherte.

Arishar klatschte in die Hände. »Leute, es wird Zeit. Auf in den Kampf!«

Vermeintliche Aliens in ausgefallenen Latex-Kostümen geleiteten sie zu ihren Logenplätzen in luftiger Höhe unmittelbar vor der riesigen Kasino-Bühne. Solutosan staunte nicht schlecht.

Die phantastische Handlung der Bühnenshow wurde begleitet von einer Vielzahl von Helfern in Alien-Kostümen, die immer wieder mit akrobatischen Kunststücken, kleinen zusätzlichen Feuerwerken und Späßen am Rande agierten.

Die Geschichte war einfach und leicht zu verstehen: Die Eisprinzessin Primanina, gemimt von Halia, wurde von zwei Feuerteufeln entführt, um dann als Gattin dem Herrn der Unterwelt zu dienen, der durch keinen anderen als Arishar verkörpert wurde. Die drei Söhne des Fürsten waren gegen diese Verbindung, denn sie befürchteten das Einfrieren der Hölle. Diese Söhne, gespielt von Arison, Arifan und Aribal, wirkten in bizarren Uniformen, die ihre ausgeprägten Muskeln betonten, wahrlich furchterregend. Die beiden Guten, der König der Oberwelt und sein Sohn, dargestellt von Meodern und Cesare, hatten selbstverständlich andere Pläne mit der Eisprinzessin. Sie sollte dem hübschen Prinzen eine Menge blonder Kinderchen gebären, was sie auch getan hätte, wenn, genau, wenn sie nicht von den Feuerteufeln entführt worden wäre.

Eine einfache Handlung, die mit einem Ungetüm an Technik aufgewertet wurde, wie Solutosan es noch nie in seinem Leben gesehen hatte. Lichteffekte, holographische Projektionen, Duftstoffe, Rauch, eine gigantische Akustik und mitten drin Halia, die Eisprinzessin, die Krieger mit

Wasser überschüttete und einfror, Sternenstaub verpulverte, um sich zu wehren. Dazu die voll gerüsteten Trenarden, die Lava spien, ihre blitzenden Waffen schwangen, mit dem Flammenschwert und dem Feuerring kämpften. Arishar, beeindruckend gewappnet, die goldenen Beschläge seiner Hörner poliert, mit seiner Kampfaxt und dem zweischneidigen Schwert. Das Ganze geschickt ergänzt durch seine drei ölig glänzenden Söhne, die irrwitzige Stunts lieferten. Dazu natürlich Meodern und Cesare, die sich mit blitzartiger Geschwindigkeit bewegten, um der Eisprinzessin habhaft zu werden. Aber ach, immer stand einer der Feinde im Weg. Es war ein Kampfspektakel ohne gleichen, bei dem die Bühne kunstgerecht zerlegt wurde, und Solutosan den Mund vor Verblüffung nicht mehr zu bekam.

Er sah sich in der Halle um. Begeisterung, Ungläubigkeit und Erstaunen stand nicht nur seinen Freunden, sondern dem ganzen Publikum ins Gesicht geschrieben. Die AWP-Show hatte alles aufgefahren, was technisch realisierbar war. Die Gaben der Akteure vermischten sich so geschickt mit dieser Technik, so dass es nicht mehr möglich war zu unterscheiden, was echt war oder gespielt, was künstlich erzeugt wurde oder Realität war. Er sah sogar ein paar Tränen in Smus Augen blitzen, als es dem Herrn der Unterwelt gelungen war, die zarte Eisprinzessin in die Knie zu zwingen. Natürlich gab es ein Happy End auf der völlig demolierten in einen Eiskristall verwandelten Bühne. Dann wurde das Kasino dunkel. Erst als die regulären Lichter der Halle langsam strahlten, kamen die Leute in die Realität zurück. Ein Beifallssturm erhob sich. Das Publikum stand auf, klatschte, stampfte und tobte. Die Premiere war gelungen.

Solutosan blinzelte. In der Loge links von ihnen, in der zwei kostümierte Pärchen die Vorstellung verfolgt hatten, stand ein Mann in einem zarten Gewand, lachte und klatschte begeistert. Pallasidus.

Solutosan wandte sich zu Ulquiorra, der, passend zu dem Höllenlärm, bewundernd durch die Finger pfiff. Er wollte ihn auf Pallasidus aufmerksam machen. Doch im nächsten Moment war dieser verschwunden. Hatte sein Vater nicht gesagt, dass er an den Rand des Kosmos gehen wollte? Aber bei ihm war man ja nie vor Überraschungen sicher. Solutosan schüttelte lächelnd den Kopf und applaudierte, während sich die Akteure auf der Bühne verbeugten. Es war alles geklärt – Pallasidus und er waren als Freunde geschieden. Er erhob sich.

Sämtliche Hände waren gedrückt, die Umarmungen verteilt. Sie hatten jedem versprochen, auf einen Besuch zu kommen. Ulquiorra und er traten aus dem klimatisierten Hotel auf die Straße. Es war weit nach Mitternacht und immer noch stickig heiß in der Stadt. Las Vegas tankte am Tag Sonnenenergie, die es nachts in Form von Millionen blinkenden Lichtern auf die schwitzenden Menschen regnen ließ.

Solutosan lockerte seine Fliege. Er sehnte sich danach, seinem Körper wieder Luft und Freiraum zu verschaffen. Ulquiorra neben ihm empfand es ebenso. Er trug das Sakko bereits unter dem Arm. Sie hatten sich einen Abend lang angepasst. Das war genug. Es war an der Zeit, die menschliche Welt hinter sich zu lassen, sie abzustreifen, wie eine Schlange ihre alte Haut zurücklässt.

Solutosan fand eine ruhige Seitenstraße. Die flackernde Straßenbeleuchtung schaukelte im heißen Wüstenwind. Er begann, sich im Laufen auszuziehen. Die Fliege fiel auf die Straße, das Sakko, Ulquiorras Hemd, seine Socken, Slips, Strümpfe. Sie blickten hinter sich auf die Spur von unnötigen Kleidungsstücken.

Solutosan öffnete ein energetisches Tor.

»Komm wir gehen, Geliebter.«
»Wohin?«
»Lass dich von mir führen.«
Ulquiorra blieb abrupt stehen. »Führen? Hast du jetzt nicht etwas vergessen?« Seine Mundwinkel zuckten amüsiert.
»Was soll ich denn vergessen haben?«, fragte Solutosan verblüfft.
»Das kleine Wörtchen ver...«, lächelte Ulquiorra.

Solutosan lachte erwartungsfroh, legte den Arm um seine Schultern und gemeinsam traten sie durch den golden flirrenden Reif.

Ende

Personenliste:

Die Duocarns:

Solutosan – der Sternenkrieger (verbittet sich Abkürzungen und Nicknames) ehemaliger Chef der Duocarns, goldhäutig, weißes, langes Haar, sternenäugig, Energetiker, bisexuell, dominant, humorvoll, sensibel, Waffe aber auch Aphrodisiakum: Sternenstaub. Kanadischer Name: Bruce Farner

Xanmeran – der Ätzende (Spitzname Xan)
Krieger, heterosexuell, zwei Meter groß, Bodybuilder, schwarzäugig, wild, Glatze, rote Hautstreifen (Dermastrien), die er als Waffe und beim Liebesspiel benutzt. Experte für Sprengungen. Kanadischer Name: Bill Angels

Meodern – der Schnelle (Spitzname Meo)
Krieger, heterosexuell, blonde, stachelige Haare, grünäugig, goldhäutig, Frauenheld, kann seinen Körper zum Vibrieren bringen, Schnelligkeit bis Lichtgeschwindigkeit. Meoderns zweite Gabe ist seine tiefe Verbindung zu Pflanzen. Kanadischer Name: Pierre Malcolm

Tervenarius – der Giftige (Spitzname: Terv)
Krieger, Chef der Duocarns, homosexuell, goldene Augen, silbern-weiße Mähne, fungider Hybride. Er kann seine Pilzhaut nach Belieben verdicken und im Kampf Pilzsporen von sich geben. Er simuliert fast alle Pilzarten. Kanadischer Name: Philipp McNamarra

Patallia – der Heiler (Spitzname Pat)
Mediziner, homosexuell, grau/violette Augen, Glatze, weißhäutig bis durchsichtig je nach Emotion. Er kann sämtliche Medikamente in seinem Körper herstellen und per Hand verabreichen und hat ein Sprachtalent. Kanadischer Name: Patrick Mulhern

Die Erdlinge:

David Martinal/Mercuran – schlanker, dunkelhaariger Häusermakler, nach Verwandlung unsterblich, Quecksilber statt Blut, metallisch-weiße Haut, stahlblaue Augen, hartnäckig, sensibel, homosexuell.

Samuel Goldstein – (Spitzname Smu), Jude, Privatdetektiv, blond (wenn nicht gerade verrückt gefärbt), grüne Augen, gepierct, frech und unkonventionell.

Jake Michaels – Polizist aus Vancouver, blond, grauäugig, homosexuell, Hobbygärtner, sportlich, sensibel, häuslich, tolerant.

Richard Ryan – Rechtsanwalt, jüdischer Sohn aus gutem Haus, dunkelhaarig, grau-blaue Augen, beherrscht, zielsicher, romantisch.

Daisy Madison - Prostituierte und Partnerin von Bar. Dunkelhaarig, vollbusig, clever, zielstrebig.

Rosi – Prostituierte, Freundin von Daisy, rothaarig, üppig, neugierig, dreist, kameradschaftlich.

Buddy – Leibwächter von Bar, riesig, gutmütig, treu, ergeben, mäßig intelligent.

Jim – Leibwächter von Skar, riesig, stark, brutal, verschlagen, hinterhältig.

Die Bacanis:

Bar – Anführer, intelligent, brutal, korrupt, nervenstark, nach Verwandlung graublaues, dickes Fell, mit spitzer Schnauze und langem Schwanz. Gründet Drogen-und Swingerclub-Imperium. Alias Brad Butler.

Krran – 1. Offizier, verschlagen, machtgierig, loyal, militärischer Ausbilder, nach Verwandlung rotbraunes hartes Fell, kurze, kraftvolle Schnauze, langer Spiralschwanz. Alias Wesley Trum.

Psal – Navigatorin, schlank, beweglich, intelligent, humorvoll, violette Augen (Telepathin), sehr schnell, nach Verwandlung grau-violett meliert, spitze Schnauze.

Chrom – Bacani, violette Augen, Telepath, Pelz gelb-grau gestromt, arbeitet auf Seiten der Duocarns, blitzschnell, intelligent, warmherzig, Computerfreak, Navigator.

Die Bacanars:

Pan – Sohn von Chrom, violette Augen, kein Telepath, Computergenie, intelligent, herzlich, kooperativ.

Ptar – Sohn von Bar, keine Fangzähne, Spiralschwanz amputiert, hat Klauenhände, dunkeläugig, braunhaarig, zurückhaltend, nüchtern, klug, ausgeglichen.

Skar – Sohn von Bar, keine Fangzähne, Spiralschwanz amputiert, hat Klauenhände, dunkeläugig, schwarzhaarig, rebellisch, ehrgeizig, brutal, zielstrebig, intelligent, verschlagen.

Die Duonalier:

Ulquiorra – Sohn von Xanmeran, Energetiker, Oberhaupt von Duonalia, groß, schlank, dunkles Haar, schwarze Augen, ruhig, sanft, ausgeglichen, intelligent, stark.

Trianora – Genetikerin am Silentium, zierlich, blond, zurückhaltend, silberne Augen, kameradschaftlich, selbstbewusst, ehemalige Assistentin von Ulquiorra, nun Frau von Meodern.

Halia – Tochter von Solutosan und Aiden, grüne Sternenaugen, rotgoldene Locken, temperamentvoll, intelligent, studiert Medizin und Philosophie, beherrscht Sternenstaub, kann Dinge vereisen.

Die Auraner/Piscanier

Vena – Jägerin, grüne, schuppige Haut, riesige grüne Augen, goldenes Haar, meist zu Zöpfchen geflochten. Freiheitsliebend, stolze aber gutherzige Bewohnerin Sublimars.

Marina – Tochter von Solutosan und Vena, Energetikerin, goldgrüne Haut, feinschuppig, grüne Sternenaugen, willensstark, energisch, liebenswert.

Troyan – Halbbruder von Solutosan und Sohn einer Sirene, berückende Schönheit, silberschuppige Haut, waldgrünes Haar, kritisch, ruhig, kühl, edel, verführerische Gesangsstimme.

Tabathea – Halbschwester von Solutosan und Tochter einer Sirene, perfekte Schönheit, weiße, zartschuppige Haut, riesige blaue Sternenaugen, dunkelblaues Haar, kurvenreicher Körper, klug, gerecht, liebevoll, ausgeglichen, hilfsbereit.

Xerxes – Halbbruder von Solutosan und Sohn einer piscanischen Königin, Halbleben, schuppig, verkrüppelt, hasserfüllt, verbittert, intelligent, irre, fanatisch.

Gregan – Adjutant und Helfer von Xerxes, schuppig, schleimig, hervorquellende Augen, machtgierig, verschlagen.

Die Occabellarner

Arishar - König der Quinaris, grauhäutig, stark gehörnt, ungeheuer stark, Schwertkämpfer, Erdwesen, gerecht, trotzig, feinfühlig, Waffe: zweischneidiges Schwert und Kampfaxt.

Arinon – Kampftrainer der Quinaris und Heiler, keine Hörner, intelligent, stark, ruhig, ausgeglichen, sensibel, homosexuell.

Maurus – König der Aquarianer, durchscheinende Alginat-Haut, Wasserwesen, langes, blaues Haar, guter und starker Kämpfer, familiär, aristokratisch und edel, Waffen: Achatschwert und Kristallquarz-Wurfring.

Luzifer – König der Trenarden, schwarzhäutig, rote Mähne, kurze Hörner, glühende Augen, flammende Zunge, Feuerwesen, wild, ungebändigt, dauergeil, lieb, Waffen: Flammenschwert und flammender Wurfring.

Das Duocarns-Universum:
Die Bücher sind als Taschenbücher und Ebooks erhältlich.

Band 1 - "Duocarns – Die Ankunft"
ISBN: 978-3-943764-05-5 – 236 Seiten

Band 2 - "Duocarns - Schlingen der Liebe"
ISBN: 978-3-943764-00-0 – 198 Seiten

Band 3 - "Duocarns - Die Drei Könige"
ISBN: 978-3-943764-10-9 – 212 Seiten

Band 4 - "Duocarns - Adam, der Ägypter"
ISBN: 978-3-943764-02-4 – 204 Seiten

Band 5 - "Duocarns - Liebe hat Klauen"
ISBN: 978-3-943764-13-0 – 216 Seiten

Band 6 - "Duocarns – Ewige Liebe"
ISBN: 978-3-943764-14-7 – 232 Seiten

Band 7 - "Duocarns - Alien War Planet"
ISBN: 978-3-943764-17-8 – 280 Seiten

Band 8 - "Duocarns – Nice Game"
ISBN: 978-3-943764-49-9 – 204 Seiten

Eigenständiges Buch:
"Duocarns – David & Tervenarius"
ISBN: 978-3-943764-42-0 – 240 Seiten

Die Kurzgeschichten zu den Duocarns:
"Duocarns – Suspiricons"
ISBN: 978-3-943764-43-7 – 116 Seiten

Weitere Bücher von Pat McCraw:

Der schwarze Fürst der Liebe
Mittelalterlicher Liebesroman über eine Magierin, Zauberbücher, zwei Männer, Freundschaft, Liebe und Gewalt

ISBN 9783943764291 – 356 Seiten
als eBook und Taschenbuch

Leseprobe:

Lena lag überglücklich in Fürst Mordersbergs Armen. Sie drehten sich im Takt der festlichen Musik. Er war schon immer ein guter Tänzer gewesen und hielt sie fest umfangen.
»In Euren Armen fühle ich mich so sicher, Hoheit«, zwitscherte sie. Sie senkte den Blick, so dass ihre langen Wim-

pern einen verführerischen Kranz auf ihre rosigen Wangen zeichneten.

Mordersberg betrachtete sie hingerissen und entzückt. Was für ein Leckerbissen von Frau. Lena war das absolute Gegenteil seiner Gattin. Wie biegsam sie an seiner Brust lag. Sie war vermutlich überall weich. Diesen Gedanken hätte er besser nicht verfolgt. Mordersberg spürte, dass sich sein Glied straffte. Das konnte er in diesem Augenblick, als Gastgeber auf dem Parkett, natürlich überhaupt nicht gebrauchen.

»Entschuldigt mich einen Moment, meine Liebe.« Er verneigte sich höflich.

»Geht es Euch nicht gut?« Ihr glückliches Strahlen wurde von Besorgnis verdrängt.

»Doch, doch, alles ist in Ordnung. Ich muss nur ...« – nun fiel ihm auf die Schnelle kein richtiger Grund ein sich zu entfernen – »nach den anderen Gästen sehen.«

Sie hakte sich an seinem Arm fest und lächelte. »Darf ich Euch begleiten?«

Lieber Gott, natürlich würde er sie mitnehmen – am besten direkt bis in sein Schlafgemach.

»Entschuldigt mich«, knurrte er, riss sich etwas unsanft los und ging raschen Schrittes die Freitreppe hinauf in Richtung seiner Gemächer.

Er hörte, wie Lena ihm folgte. Hoffentlich hielt sie einer der Diener auf. Mordersberg schloss eilig die Tür seines Ankleidezimmers und blickte an sich hinab. Man sah deutlich seine Erektion in der enganliegenden, hellen Hose. Er musste sie unbedingt verbergen. Schnell wählte er aus seinem umfangreichen Kleiderschrank eine smaragdgrüne Uniformjacke, die zur Galauniform passte.

In diesem Moment riss Lena die schwere Pforte auf und stürzte ungeschickt in das Zimmer. Dabei verfing sich ihr Fuß im Saum des knöchellangen Kleides und sie flog regelrecht in den Raum. Ihre Röcke wallten ihr über den Kopf und entblößten ihre strammen mit weißen Strümpfen und einer hellen, langen Spitzenhose bekleideten Beine ...

www.ingramcontent.com/pod-product-compliance
Lightning Source LLC
Chambersburg PA
CBHW051750040426
42446CB00007B/294